Die Privatärztlichen Verrechnungsstellen im Verband

|11

Franz Porzsolt (Hrsg.)

Grundlagen der Klinischen Ökonomik

Mit einem Vorwort von
Sir JA Muir Gray

Grundlagen der Klinischen Ökonomik

VON

FRANZ PORZSOLT
Klinische Ökonomik
Institut für Geschichte, Theorie und Ethik der Medizin (GTE)
Universität Ulm

VORWORT

SIR JA MUIR GRAY
Professor and Chief Knowledge Officer National Health Service (NHS)
Oxford, UK

UNTER MITARBEIT VON

PETER BRAUBACH
DR. JOHANNES CLOUTH
PROF. DR. HEINER FANGERAU
DAGMAR ITTNER
BASTIAN JEDLITSCHKA
GUY OSCAR KAMGA WAMBO, MPH
VERONIKA MINICH
PROF. DR. AXEL MUTTRAY
DR. JEAN-BAPTIST DU PREL, MPH
MARIA B. SAILER
CHRISTOPH SCHLICHER
PROF. DR. PETER STRASSER
PROF. DR. MANFRED WEISS

ÖKONOMISCHE BEARBEITUNG

KATHRIN DENGLER
GTE, Universität Ulm

STICHWORTVERZEICHNIS

PAUL EBERLE
GTE, Universität Ulm

Der vierteilige Leitsatz der Klinischen Ökonomik

Wir stützen Entscheidungen nicht auf einzelne Kriterien, z. B. „externe Evidenz", sondern auf interne Wertvorstellungen.

Da diese internen Wertvorstellungen durch externe Information geprägt sind, sollte die Information, z. B. die „Evidenz", valide sein.

Information ist valide, wenn gezeigt ist, wie häufig die durch die Information vermittelten Ziele nicht nur angestrebt, sondern auch tatsächlich erreicht wurden.

Um sinnvolle Entscheidungen anhand interner Wertvorstellungen treffen zu können, sollten deshalb die Ziele der Information klar definiert, die Methoden klar beschrieben und die Ergebnisse vollständig berichtet sein.

Übersicht

Vorwort 13

1 Verständnis der Klinischen Ökonomik 15
   1.1 Die wesentlichen Unterschiede zwischen Klinischer Ökonomik und Gesundheitsökonomie. 17
   1.2 Konzepte von Krankheit und Gesundheit — HEINER FANGERAU 21
   1.3 Bedeutung einer zielgerichteten Versorgungsstrategie 25
   1.4 Der Versorgungsbedarf eines Gesundheitsproblems — MARIA B. SAILER. 33

2 Inhalte der Klinischen Ökonomik. 35
   2.1 Klinische Epidemiologie 38
      2.1.1 Validität der Ergebnisse. 39
         2.1.1.1 Validität präventiver und therapeutischer Studien 39
         2.1.1.2 Validität von Diagnostik- und Screeningstudien
           — JEAN-BAPTIST DU PREL & AXEL MUTTRAY. 43
         2.1.1.3 Beispiele systematischer Fehler 56
      2.1.2 Klinische Relevanz der Ergebnisse 61
      2.1.3 Anwendbarkeit von Ergebnissen 61
   2.2 Beitrag der Ökonomie 63
      2.2.1 Grundlagen der Ökonomie
         — JOHANNES CLOUTH & FRANZ PORZSOLT 63
      2.2.2 Theorie der Steuerung des Gesundheitssystems
         — JOHANNES CLOUTH & FRANZ PORZSOLT 77
      2.2.3 Praktische Effekte zur Steuerung des Gesundheitssystems
         — JOHANNES CLOUTH & FRANZ PORZSOLT 85
      2.2.4 Ausblick. 90

3 Beispiele zur Anwendung der Klinischen Ökonomik 91
   3.1 Zur Ethik medizinischer Grenzwerte — PETER STRASSER 92
   3.2 Definition eines Grundleistungspaketes: Kategorisierung
      und Priorisierung von Leistungen im Gesundheitswesen
      — VERONIKA MINICH & FRANZ PORZSOLT. 102
   3.3 Prävention aus Sicht der Klinischen Ökonomik
      — DAGMAR ITTNER & FRANZ PORZSOLT 106
   3.4 Diagnostik aus Sicht der klinischen Ökonomik 112
   3.5 Therapie aus Sicht der Klinischen Ökonomik 118
   3.6 Die systematische Bewertung von Leitlinien
      — MANFRED WEISS & FRANZ PORZSOLT 119

4 Messung und Bewertung klinisch ökonomischer Effekte **125**

4.1 Messung und Bewertung der Validität (USP)
— PETER BRAUBACH & FRANZ PORZSOLT................... 133
    4.1.1 Wir entscheiden weniger anhand von Evidenz als anhand von Werten ... 134
    4.1.2 Die vorhandene wissenschaftliche Literatur wird nicht sorgfältig geprüft . . 144
    4.1.3 Zwei Vorschläge zur Sicherung der Validität wertprägender Aussagen. ... 146
4.2 Messung und Bewertung von Innovationen..................... 150
4.3 Messung und Bewertung von Wirkung und Wirksamkeit.............. 154
4.4 Messung und Bewertung des Nutzens 158
    4.4.1 Oligodimensionale Ansätze.......................... 159
        4.4.1.1 Die kaum vermeidbare Selektion bei der Verbreitung von Wissen. . 159
        4.4.1.2 Gesundheitsbezogene Lebensqualität 162
        4.4.1.3 Sicherheit und „gefühlte Sicherheit".................. 170
    4.4.2 Polydimensionale Ansätze 174
        4.4.2.1 Konzepte, Methoden und Instrumente................. 174
        4.4.2.2 Die Bewertung des Nutzens komplexer Systeme........... 190
        4.4.2.3 Die Bewertung von Behandlungspfaden
            — CHRISTOPH SCHLICHER & FRANZ PORZSOLT 196
        4.4.2.4 Die Bewertung der Labordiagnostik in der Hausarztpraxis
            — BASTIAN JEDLITSCHKA & FRANZ PORZSOLT 199

5 Die nächsten Aufgaben............................. **203**

5.1 Die Rolle der Y-nurse und das Risiko der „gefühlten Sicherheit" 203
5.2 Die Erhebung von Alltagsdaten: Recht oder Pflicht der Patienten?......... 211
5.3 Qualität der medizinischen Ausbildung 215
5.4 Ärztliches Handeln zwischen ökonomischen Forderungen und ärztlicher
    Qualität — GUY OSCAR KAMGA WAMBO & FRANZ PORZSOLT 219

Stichwortverzeichnis **227**

Literaturverzeichnis **231**

Die Autoren..................................... **263**

Impressum 270

Abbildungsverzeichnis

Abb. 1:	ROC-Kurven (AUC = Area Under the Curve = Gesamtgenauigkeit)	48
Abb. 2:	Vergleich zweier diagnostischer Tests mittels Punktediagramm	51
Abb. 3:	BA-Diagramm: Vergleich zweier Verfahren zur Beurteilung von Fahrerschläfrigkeit mittels Videoanalyse	52
Abb. 4:	Lead time bias	57
Abb. 5:	Length bias	58
Abb. 6:	Die Ökonomie im System der Wissenschaften	65
Abb. 7:	Systematik ökonomischer Aussagen	67
Abb. 8:	Beispiele dreier Brückenprinzipien: Realisierungspotential, Kongruenzprinzip und Verknüpfungsprinzip	68
Abb. 9:	Erstes Gossensches Gesetz	80
Abb. 10:	Kriterien für die Erstellung eines Grundleistungskataloges (MBB)	105
Abb. 11:	Graphische Darstellung der durch Screening angestrebten Ziele, Zwischenergebnisse und Ergebnisse	112
Abb. 12:	Erste ökonomische Entscheidung bei Durchführung eines Tests	114
Abb. 13:	Zweite ökonomische Entscheidung bei Durchführung eines Tests	115
Abb. 14:	FIX-FLEX-Protokoll	117
Abb. 15:	APACHE II-Score und Letalität zweier Patientenkollektive	121
Abb. 16:	Erfüllungsgrad der Unterpunkte der SSC 2008 Leitlinie auf der Anästhesiologischen Intensivstation in Ulm	122
Abb. 17:	Erstes Gossensches Gesetz angewendet auf medizinische Therapien	123
Abb. 18:	Charakteristika der Wirkung, Kosten, Wirksamkeit, des Wertes und Nutzens therapeutischer Maßnahmen	127
Abb. 19:	Charakteristika der Wirkung, Kosten, Wirksamkeit, des Wertes und Nutzens diagnostischer Maßnahmen	127
Abb. 20:	Charakteristika der Wirkung, Kosten, Wirksamkeit, des Wertes und Nutzens von Screening-Maßnahmen	128
Abb. 21:	Bewertung des Nutzens komplexer Systeme in der Gesundheitsversorgung	131
Abb. 22:	Ergebnisse des TACT Experiments: assessment und appraisal	138
Abb. 23:	Durchschnittliche Bewertung der Validitätskriterien (Skala 1–6) wissenschaftlicher Publikationen klinischer Studien	141
Abb. 24:	Rangordnung (1–16) der traditionellen und evidenzbasierten Kriterien, erhoben in Ulm, Rom und Niterói	143
Abb. 25:	Interne Konsistenz in der wissenschaftlichen Literatur	146
Abb. 26:	Reifegrad von Innovationen anhand des Erwartungs-Unsicherheits-Diagramms	151

Abb. 27: Gegenüberstellung einer experimentellen Studie, in der geprüft wird, ob sich (hier zwei) Therapien unter idealisierten Bedingungen voneinander unterscheiden (randomized controlled trial; RCT) und einer deskriptiven Studie, in der beschrieben wird, welche Effekte mit verschiedenen Therapien unter Alltagsbedingungen erzielt werden können (pragmnatic controlled trial; PCT) 156
Abb. 28: Zusammenhang zwischen Alltagsentscheidungen, individuellen Wertvorstellungen und wissenschaftlicher Evidenz 158
Abb. 29: Hypothese zur Vorhersage der Publikationswahrscheinlichkeit einer wissenschaftlichen Arbeit. 160
Abb. 30: Anleitung zur strategischen Entwicklung einer Entscheidung über die Anwendung von Gesundheitsleistungen bei verschiedenen Handlungsmöglichkeiten zur Lösung desselben klinischen Problems 179
Abb. 31: Identifizierung der chance to benefit (ctb) 188
Abb. 32: Ausstattung eines Operationssaals mit dem Integrierten OP-System KARL STORZ OR1™ 191

Tabellenverzeichnis

Tab. 1:	Je vier Dimensionen der Zieldefinition und der Zielerreichung.	28
Tab. 2:	Information und Wahrnehmung der Information	32
Tab. 3:	Vierfeldertafel zur Berechnung von Senstivität, Spezifität, positiv und negativ prädiktivem Wert und assoziierter Maße.	45
Tab. 4:	Prädiktive Werte bei hoher Prävalenz z. B. bei Anwendung eines diagnostischen Tests in einer Klinik.	48
Tab. 5:	Prädiktive Werte bei niedriger Prävalenz z. B. bei Anwendung eines Tests bei einem Screening in der Allgemeinbevölkerung.	48
Tab. 6:	Werte zur Interpretation des Kappa-Maßes	50
Tab. 7:	Simpson's Paradoxon am Beispiel der Behandlungserfolge bei Nierensteinen	59
Tab. 8:	Stage Migration	60
Tab. 9:	Gefangenendilemma (Auszahlungsmatrix)	73
Tab. 10:	Erläuterung zum Slutsky-Effekt I	74
Tab. 11:	Erläuterung zum Slutsky-Effekt II	74
Tab. 12:	Erläuterung zum Slutsky-Effekt III	75
Tab. 13:	Der sechste Schritt der evidenzbasierten Medizin	136
Tab. 14:	Fragen und Scoring-System für das twin assessment of clinical trials (TACT)	136
Tab. 15:	Fragen zur Bewertung der Validität wissenschaftlicher Publikationen klinischer Studien.	139
Tab. 16:	Je acht traditionelle und evidenzbasierte Aussagen zur Bewertung der Glaubwürdigkeit wissenschaftlicher Arbeiten	142
Tab. 17:	Schritte einer präventiven Innovation	152
Tab. 18:	Schritte einer diagnostischen Innovation.	153
Tab. 19:	Schritte einer therapeutischen Innovation	153
Tab. 20:	Modell zur Finanzierung von Innovationen	154
Tab. 21:	Vorschlag zur ersten Stufe der Priorisierung von Gesundheitsleistungen	178
Tab. 22:	Vorschlag zur Bewertung des Nutzens komplexer Systeme in der Gesundheitsversorgung.	193
Tab. 23:	Ziele, die von den Partnern des Gesundheitssystems angestrebt werden	197
Tab. 24:	Kriterien für die Durchführung von Tests.	211

Vorwort

UNCONCERN ABOUT COST IS UNETHICAL

There is always one word that expresses the paradigm of healthcare at any point in time and many developed countries. The most important word in the second part of the 20th Century was the word "free", perhaps linked to universal. However, from the 1970's onwards, the paradigm became an expression of the word effective which itself morphed into the term "evidence-based". In the 1990's there was growing concern about cost and therefore "cost-effectiveness" emerged as a key term and for the last 10 years we have sought to address issues of limited resources by introducing services that have strong evidence of cost-effectiveness and deliver them with high quality and with safety.

However, a new word is emerging for the 21st Century – the word "value". Even if an intervention has been shown to be effective and even if it is delivered safely and of high levels of quality they show value emerges, the relationship between effectiveness and cost. Obviously value is subjective. The value of the individual patient may be different from the value of the clinician and the value of the hospital manager, who wishes to see their facility full is often different from the value of the pair for health care who wishes to see the best return for money for their population. There are tensions everywhere because value is a subjective term.

What should the medical profession do? One approach is to retreat and simply cite the Hippocratic Oath saying that the job of the clinician is simply to do everything possible for the patient sitting in front of them. However, a clinician is not only contractually related to the patient in front of him or her. Clinical practices supported by health services funded by whole populations year insured populations or tax populations. Furthermore we know that for chronic diseases in particular those who are seen by the health service are not necessarily in greatest need because social factors influence self referral and referral. Thus the clinician has a responsibility to the whole population as well as to the individual patient but they obviously need to be focused at any one point in time which responsibility is upper most. This book introduces the issue of economics to evidence based decision making and will prove a very valuable platform for clinicians of the 21st Century

Sir JA Muir Gray
Professor and Chief Knowledge Office National Health Service (NHS)
Oxford, UK

1 Verständnis der Klinischen Ökonomik

Die Bezeichnung „Klinische Ökonomik" stammt von meinem (F. P.) früheren Lehrer am Ontario Cancer Institute (OCI) und Princess Margaret Hospital (PMH) in Toronto, Dr. David Osoba. Nach Abschluss des Medizinstudiums war ich mit einem Stipendium der Deutschen Forschungsgemeinschaft an dieses Forschungsinstitut (OCI) gegangen, dem eine Klinik (PMH) angegliedert war. Am OCI sollte ich die Grundlagen wissenschaftlichen Arbeitens erlernen und am PMH die Verbindung der Grundlagenforschung zum klinischen Alltag herstellen.

Meine Lehrer am OCI waren Rick Miller und Bob Philpps, deren Hauptinteresse der Isolierung möglichst reiner Leukozyten-Populationen aus dem Blut galt. In den Jahren 1975/76 haben wir uns mit dem Phänomen der Velocity Sedimentation über Dichtegradienten beschäftigt; ich sah auch zum ersten Mal einen Fluorescence Activated Cell Sorter (FACS), ein Gerät, das Jahre später in allen hämatologischen Laboratorien anzutreffen war.

Einige der eindrucksvollen Lehren, die ich vom OCI mitgenommen habe, betrafen die Aussage, dass wir Deutsche wohl an der Universität nicht gelernt hätten, logisch zu denken und Strategie und Taktik sowie Theorie und Praxis voneinander zu unterscheiden (auch Albert Einstein soll ja gesagt haben, dass eine gute Theorie etwas unheimlich Praktisches ist).

Der klinische Betrieb, an dem ich einmal wöchentlich teilnehmen durfte, unterschied sich ganz wesentlich von dem, was ich als Medizinalassistent zu Hause in Deutschland kennengelernt hatte. In Deutschland hatten die großen

Kliniken in ihren Kellern mehr oder weniger großzügig wissenschaftliche Laboratorien eingerichtet. Am OCI waren wenige Etagen des Forschungsinstituts für die Klinik reserviert. Nahezu jeder Arzt, der am OCI arbeitete, war in Forschungsprogramme involviert und traf seine Kollegen aus den Naturwissenschaften in regelmäßigen Konferenzen und den nicht zu unterschätzenden Kaffepausen. Ich musste lernen, dass interdisziplinäre Kaffepausen wesentlich effizienter als Seminare und Vorlesungen sind, um die Grundlagen wissenschaftlichen Denkens zu erwerben.

David Osoba hat einen oder zwei jüngere Ärzte und mich als Gast in seine Melanom-Sprechstunde eingeladen. Wir sahen dort drei oder vier Melanom-Patienten pro Nachmittag, hatten Zeit, den Patienten zuzuhören, die Probleme zum Teil mit den Patienten selbst zu diskutieren und die Vor- und Nachteile aller Therapievorschläge abzuwägen. Heute, 35 Jahre später, frage ich mich, ob die Erfolge angelsächsischer Medizin möglicherweise etwas mit der Ruhe, der Zeit und der Empathie zu tun haben, die dort den Patienten gewidmet wird. Hier in Deutschland lässt das System diese Arbeitsweise nicht zu.

Ich erzähle diese Geschichte, weil sie mein Verständnis von „Klinischer Ökonomik", der Abwägung von Input und Output oder von Kosten und Konsequenzen alternativer Handlungsmöglichkeiten, entscheidend geprägt hat. „Klinisch" deshalb, weil sie auf den Patienten fokussiert ist, d.h. es geht in erster Linie um den Nutzen, der für den Patienten entsteht, und nicht um den Nutzen, den andere oder die Gesellschaft aus der Erbringung von Gesundheitsleistungen erzielen. Dieser Unterschied in der Fokussierung hat die Fortführung der Kooperation mit bedeutenden Ökonomen in den USA blockiert, weil sie die Perspektive der Gesellschaft und ich die Perspektive des Patienten unmissverständlich priorisiert haben.

Bestärkt war ich durch eine Aussage David Osobas, den ich 16 Jahre nach Ende meines DFG-Stipendiums in Vancouver besucht hatte. Bei einem Spaziergang sprachen wir über meine Tätigkeit zu Hause und deren Fokussierung, wofür er die Bezeichnung „Clinical Economics" prägte. Ich habe diese Bezeichnung übernommen, obwohl die meisten den Unterschied zur Gesundheitsökonomie (siehe Kapitel 1.1) natürlich nicht kannten und davon ausgingen, dass es sich bei der Klinischen Ökonomik um ein Sparkommissariat des Gesundheitswesens handelt.

Viele Kollegen fühlten sich durch „Clinical Economics" bedroht und haben die Verankerung in den Fachgesellschaften und die Einbindung in die Klinik unterbunden. Sogar einige sehr geschätzte persönliche Beziehungen haben dieser Belastung nicht standgehalten. Die ständige Wiederholung der Frage „Cui bono?" (wem nützt es?) hat mich immer wieder darin bestärkt, dass das Konzept der Klinischen Ökonomik authentisch ist und ethisch vertreten werden sollte. Diese beiden Argumente empfand ich als hinreichend, um an diesem Konzept bis heute festzuhalten.

Möglicherweise gelingt es, weitere Kollegen davon zu überzeugen, dass die Frage nach dem „Cui bono" die zentrale Frage ist, um die Qualität und die Finanzierbarkeit eines solidarisch finanzierten Gesundheitssystems zu erhalten.

Dazu müssen Mediziner von Ökonomie so viel verstehen, dass sie erkennen, welche Probleme die Ökonomie lösen kann, welche die Medizin alleine lösen muss und welche die Medizin nur in Kooperation mit der Ökonomie lösen sollte. Ich nenne das die „Ökonomische KMS-Regel (können-müssen-sollen)". Die dazu erforderliche Einstellung, die notwendigen Fertigkeiten und das benötigte Wissen sind in diesem Buch als „Grundlagen der Klinischen Ökonomik" beschrieben.

1.1 Die wesentlichen Unterschiede zwischen Klinischer Ökonomik und Gesundheitsökonomie

Die wesentlichen Unterschiede zwischen Klinischer Ökonomik und Gesundheitsökonomie betreffen die notwendigen Vorkenntnisse zur Prävention, Diagnostik und Therapie, die Problematik eines Höchstbetrages zur Lösung eines Gesundheitsproblems, die Benachteiligung derer, die Solidarität mehr als andere in Anspruch nehmen, das Prinzip der Vorrangigkeit der individuellen Bedürfnisse des Kranken gegenüber den Bedürfnissen der Gesellschaft, die Akzeptanz unterschiedlicher Wertvorstellungen von Gesunden und Kranken und den Freiraum des Arztes, über die Verwendung eines zugewiesenen Budgets eigenverantwortlich entscheiden zu können.

Klinische Ökonomik ist primär konzipiert für Mediziner und das Pflegepersonal vor und nach dem Examen. Klinische Ökonomik sollte aber auch von allen anderen Entscheidungsträgern eines Gesundheitssystems verstanden werden, auch wenn sie das Verständnis medizinischer Zusammenhänge voraussetzt. Die teilweise laienhaften Vorstellungen von Prävention, die unkritische Anwendung von Diagnostik und das erstaunliche Vertrauen in die Therapie können von den Insidern des Systems wegen Befangenheit kaum wahrgenommen werden und von den Außenstehenden nicht wegen ihrer Unkenntnis. Darin besteht der erste Unterschied zwischen Klinischer Ökonomik und der Gesundheitsökonomie. Letztere kann auch ohne Studium eines medizinischen Fachs und ohne praktische Erfahrung in der Gesundheitsversorgung erlernt und praktiziert werden. Klinisch-ökonomische Analysen werden nur gelingen, wenn man selbst erfahren hat, „wie Medizin funktioniert", und zudem die

Möglichkeit hat, in die Rolle eines externen Betrachters zu schlüpfen, um sich aus der Befangenheit des Insiders zu befreien (Porzsolt 2003). Da die klinischökonomische Analyse beide Sichtweisen erfordert, wird verständlich, weshalb Ökonomen oder Spezialisten anderer Gebiete, die niemals eigene Patienten versorgt haben, nur eine der beiden erforderlichen Perspektiven kennen.

Das Buch „Grundlagen der Klinischen Ökonomik" will das Wissen und die Werkzeuge der Klinischen Epidemiologie und der Ökonomie mit Kenntnissen und Fähigkeiten der Medizin, der Psychologie, der historisch fundierten Ethik, der Statistik/Biometrie und der Kommunikation verbinden, um die bestmögliche Gesundheit bei geringstmöglichen Belastungen für die Betroffenen und die Gesellschaft herzustellen. Die Mehrzahl aller Ökonomen wird dieser Aussage heftig widersprechen, weil Ökonomen davon ausgehen, dass jeder danach strebt, mit den verfügbaren Mitteln (Aufwand) das bestmögliche Ergebnis (Ertrag) zu erzielen oder ein definiertes Ergebnis mit den geringstmöglichen Mitteln zu erreichen.

In diesem Punkt unterscheidet sich die Ökonomie von der Medizin: In der Ökonomie kann einer der beiden Endpunkte (Aufwand oder Ertrag) fixiert und der zweite daran optimiert werden. In der Medizin entsteht immer eine unbefriedigende Situation, wenn zunächst ein „Höchstbetrag" zur Lösung eines bestehenden Gesundheitsproblems definiert wird und nachrangig die bestmögliche Lösung gesucht wird, die zu diesem Höchstbetrag zu bekommen ist. Darin besteht der zweite Unterschied zwischen Gesundheitsökonomie und Klinischer Ökonomik.

Zwei Gründe lassen sich zur Erklärung dieses Unterschiedes anführen. Zum einen wird Gesundheit nicht nur als privates Gut aufgefasst und deshalb mit einem Recht auf Gewährung assoziiert. Zudem handelt es sich wissenschaftstheoretisch bei der Lösung eines Gesundheitsproblems nicht um die Erfüllung einer Aufgabe mit bekannten Rahmenbedingungen, sondern in der Regel um die Lösung eines Problems, dessen Rahmenbedingungen weitgehend unbekannt sind und sich dadurch von der Bearbeitung einer Aufgabe unterscheiden (Dörner, Kreuzig, Reither et al. 1983). Die Definition eines Festbetrages eignet sich deshalb besser zur Bearbeitung von Aufgaben als zur Lösung von Problemen.

Die Komplexität dieses Themas erfordert allerdings, dass Interessenten aus Zielgruppen, die nicht alle der genannten Vorkenntnisse mitbringen, mit den entsprechenden Experten kooperieren, um das Risiko unentdeckter Missverständnisse zu reduzieren. Klinische Ökonomik erfordert deshalb ein hohes Maß selbstkritischen Verhaltens. Sie wurde seit knapp 20 Jahren (Porzsolt, Gaus 1993) schrittweise auf die Bedürfnisse jener abgestimmt, die Entscheidungen im Gesundheitssystem zu treffen haben (Porzsolt 2003; Porzsolt, Kaplan 2006). Da nicht jede der beteiligten Disziplinen der gleichen Theorie folgt, ist dieser Prozess auch nach 20 Jahren noch nicht abgeschlossen. Ein Beispiel:

Die Klinische Ökonomik versucht, den Gesetzen der Ökonomie zu folgen und die verfügbaren Ressourcen effizient einzusetzen. Sie kann das aber nicht tun, ohne die ethischen Grundsätze ärztlichen Handelns zu berücksichtigen. Da die ethischen Grundsätze der Medizin und der Ökonomie nicht identisch sind – man denke an die Rechtmäßigkeit der asymmetrischen Informationsverteilung im Wettbewerb –, lassen sich medizinische Herausforderungen nicht immer mit ökonomischen Methoden lösen. Deshalb ist als dritter Unterschied zwischen Klinischer Ökonomik und Gesundheitsökonomie festzuhalten, dass kein betroffener Akteur des Systems nur deshalb benachteiligt werden darf, weil die Lösung seines Gesundheitsproblems nach der ökonomischen Theorie mehr Ressourcen bindet als die Lösung des Problems eines anderen Betroffenen. Es ist zu berücksichtigen, dass auch die Definition dessen, was als Ressource zählt, von der akzeptierten Theorie abhängt.

Das Ziel der Klinischen Ökonomik ist erreicht, wenn eine optimale Lösung jedes Gesundheitsproblems mit den geringsten Belastungen für die betroffenen Patienten oder die betroffenen Bürger herbeiführt werden kann. Die für die Gesellschaft entstehenden Kosten sind zweifellos zu berücksichtigen, aber erst nachrangig. Dieses unmissverständliche Recht des Individuums gegenüber den Interessen der Gesellschaft beschreibt den vierten Unterschied zwischen der Klinischen Ökonomik und der Gesundheitsökonomie. Dieses Recht ist in Artikel 2, Satz 2 des Grundgesetzes verankert: „Jeder hat das Recht auf Leben und körperliche Unversehrtheit. Die Freiheit der Person ist unverletzlich. In diese Rechte darf nur auf Grund eines Gesetzes eingegriffen werden." Dieses gesetzlich verbriefte Recht des Einzelnen wird explizit im aktuellen Bericht der Bioethik-Kommission des Landes Rheinland Pfalz eingefordert (Bioethik-Kommission des Landes Rheinland-Pfalz 2010:34 ff).

Nahezu jeder von uns ändert seine Wertvorstellungen, wenn er vom Gesunden zum Kranken wird. Das menschliche Grundbedürfnis nach „gefühlter Sicherheit" (Porzsolt, Kilian, Eisemann 2007; Porzsolt 2007a/b) ist ein Beispiel, dessen Bedeutung lange nicht wahrgenommen wurde. Die Berücksichtigung der geänderten Wertvorstellungen von Menschen, deren Gesundheit bedroht ist, stellt als fünfter Unterschied die Sicht der Klinischen Ökonomik der Sicht der amerikanischen Kollegen um John M. Eisenberg gegenüber (Eisenberg 1984; Schulman, Ohishi, Park et al. 1999), der den Begriff „Clinical Economics" in den 80er Jahren mit ähnlicher Intention wie die Ökonomen verwendet hat. Die Ökonomen, wie auch John Eisenberg, diskutieren traditionelle Modelle zur monetären Bewertung von Gesundheitsleistungen, wobei Unterschiede der Wertvorstellungen in verschiedenen Lebensphasen oder von verschiedenen Akteuren nicht berücksichtigt werden. Wir verdanken Muir Gray, einem der Pioniere der evidenzbasierten Medizin, die Aussage, dass bei aller Bedeutung evidenzbasierter Informationen am Ende nicht die Evidenz, sondern unsere Wertvorstellungen entscheiden (Gray 2004).

Gerade im Gesundheitssystem sind einige bedeutende Entscheidungen von Politikern zu treffen, z. B. Entscheidungen über den Umfang des Budgets für Gesundheit. Die Ökonomen (Griechisch: oikos, das Haus) haben die Aufgabe, Modelle und Methoden zu entwickeln, um Entscheidungen zur Verwendung der Budgets (Haushaltsentscheidungen) herbeizuführen. Diese Modelle und Methoden gelten für private wie für öffentliche Güter mit dem Unterschied, dass verschiedene Akteure über die Verwendung privater und öffentlicher Güter entscheiden werden. Bei Entscheidungen über meritorische Güter wie die Gesundheit, die Eigenschaften sowohl von privaten wie auch von öffentlichen Gütern aufweisen, versagt der Markt unter anderem wegen des Konflikts zwischen der Respektierung der Autonomie des Individuums und den Interessen der Gesellschaft. Es ist aus ärztlicher Sicht nicht akzeptabel, dass vorgegebene Wertvorstellungen z. B. bei Berechnung der quality adjusted life years (QALYs) die Kriterien festlegen, die bei Entscheidungen zur Gesundheitsversorgung zu berücksichtigen sind. Eine Lösung dieses Problems scheint durch Anwendung des Prinzips der budget-related-decisions (BRDs) möglich zu sein (Porzsolt 2010a). Dabei entscheiden Politiker über das Volumen eines Budgets. Dieses Budget wird demjenigen zur Verwendung anvertraut, der für seine Entscheidung haftet. Damit wird dem Entscheidungsträger das Recht eingeräumt, die Interessen von Individuen mit jenen der Gesellschaft abzuwägen; dieser Entscheidungsspielraum wird von der Klinischen Ökonomik, nicht aber von der Gesundheitsökonomie eingeräumt und lässt sich als sechster Unterschied der beiden Theorien darstellen.

Das primäre Anliegen der Klinischen Ökonomik besteht im Plädoyer für die Integration epidemiologischen und ökonomischen Denkens in ärztliche und pflegerische Entscheidungen, nicht in die betriebswirtschaftlichen! Viele Gesundheitsökonomen kommen aus der Betriebswirtschaft und tragen ihre Sicht bei, die nicht weniger bedeutend, aber anders ist als die Sicht der Klinischen Ökonomik. Weitere Disziplinen, die für Entscheidungen neben medizinischem Wissen ebenfalls unerlässlich sind, wie die Ethik, die Statistik/Biometrie und die Kommunikation, sind inzwischen akzeptiert und als Unterrichtsfächer etabliert.

Da Studenten und mehr noch das Pflegepersonal und die Ärzte ständig unter Zeitdruck stehen, muss sich ein Buch, wenn es für diese Hauptzielgruppen nutzbar sein soll, auf Kernbereiche und dort auf Kernaussagen beschränken. Deshalb beschränkt sich dieses Buch auf den noch nicht etablierten Bereich, sieht aber die Notwendigkeit, in einem nächsten Schritt die Beiträge der einzelnen Disziplinen an konkreten Alltagsproblemen der Gesundheitsversorgung darzustellen.

Weitere Unterschiede zwischen den beiden Disziplinen Klinische Ökonomik und Gesundheitsökonomie werden in den Kapiteln 1.2 bis 1.4 angesprochen und später im Detail erklärt.

1.2 Konzepte von Krankheit und Gesundheit

HEINER FANGERAU

DAS RECHTFERTIGUNGSBEDÜRFNIS DER MEDIZIN

Ärztinnen und Ärzte, die medizinische Handlungen an ihren Patientinnen und Patienten vornehmen, unterliegen einem besonderen Rechtfertigungsbedürfnis. Nicht nur stellt im juristischen Sinne der medizinische Eingriff eine Körperverletzung dar, der Patienten zugestimmt haben müssen. Auch der Respekt vor dem Patienten, seinen Leiden, Sorgen und Nöten verlangt nach guten Gründen, ihn diagnostischen Verfahren oder Therapien zu unterziehen, die - salopp formuliert – meistens kratzen, beißen, brennen, pieken, schlecht schmecken oder Übelkeit erzeugen, die mit anderen Worten meistens unangenehm sind.

Allen voran der Medizinhistoriker Eduard Rothschuh hat auf das hieraus folgende Rechtfertigungsbedürfnis der Ärzte hingewiesen. Dabei vertritt er die Auffassung, dass sich diese Rechtfertigung allein vermittels Theorien synthetisieren lasse, die Krankheiten und deren Entstehung definieren und somit für die medizinische Diagnostik und Therapie die Lücke zwischen Erkennen und Handeln schließen sollen. Für ihre jeweilige Epoche brauchbare Krankheitskonzepte erfüllen in diesem Sinne eine Ordnungsfunktion, indem sie Erfahrungsmaterial systematisch gliedern. Zudem erklären sie Erscheinungen am Krankenbett vor dem gegebenen Erfahrungshorizont und den Erkenntnismöglichkeiten der Zeit plausibel und rechtfertigen zuletzt therapeutische Handlungsoptionen (Rothschuh 1978:4 ff; Fangerau, Martin 2011). Beispiele für diese Konzepte bieten die Erklärung von Krankheit aus religiösen Systemen heraus (Iatrotheologie), die Erklärung von Krankheit als Ungleichgewicht der Körpersäfte (Humoralpathologie) oder die Erklärung von Krankheit mit pathophysiologischen Modellen auf der Basis von physikalischen und chemischen Vorgängen im Körper (Biomedizin und Iatrotechnik).

Das ärztliche Ideal, Krankheiten nicht nur zu erklären, sondern Patienten mit Handlungen letztendlich zu therapieren, bringt es mit sich, dass Ärzte sich selten nur auf eine Krankheits- und Gesundheitskonzeptionen im Sinne Rothschuhs beziehen. Vielmehr folgen sie gelegentlich polypragmatisch und polyparadigmatisch unterschiedlichen Konzepten: So bieten heute etwa zahlreiche Mediziner gleichzeitig komplementär-alternative sowie schulmedizinische

Verfahren an und auch in der Vergangenheit existierten viele unterschiedliche Ansätze zum Krankheitsverständnis parallel nebeneinander. Diese Möglichkeit der „Paradigmenvielfalt" unterscheidet das Spektrum des ärztlichen Handelns grundsätzlich von den idealtypischen exakten Naturwissenschaften, die bestimmten „Gesetzen" verpflichtet sind.

KRANKHEITSVERSTÄNDNISSE

Aus historischer Perspektive lassen sich vielfältige Einflüsse auf medizinische Konzepte aufzeigen, die jeweils die ärztliche Praxis beeinflussten. Zu diesen gehören veränderte wissenschaftliche Erkenntnisse und Theorien aus Bezugswissenschaften der Medizin ebenso wie kulturelle oder politische Verschiebungen, die etwa über das Verständnis dessen, was Krankheit ist, oder aber beispielsweise über Abrechnungsmöglichkeiten für ärztliche Handlungen zu modifizierten Krankheitsvorstellungen führen. Auch epidemiologische oder demographische Entwicklungen, Professionswandel, sich wandelnde Umweltbedingungen (z. B. Klima), neue Techniken und viele andere außermedizinische Einflüsse ziehen einen neuen Blick auf Krankheiten nach sich (Schäfer, Frewer, Schockenhoff et al. 2008). Das bedeutet, dass die Idee der Krankheit neben der subjektiven Dimension des Krankheitsempfindens eines Patienten und der an objektivierbaren Kriterien des jeweiligen Wissensstandes orientierten Krankheitszuschreibung durch Ärzte eine kulturhistorische Dimension aufweist, die auch in relativ kurzer Zeit zur Veränderung von Krankheitseinheiten führen kann.

Innerhalb dieses weiten Spektrums konkurrieren seit langem eher ontologische und eher nominalistisch-gradualistische Ansätze miteinander (Hofman 2001). Während ontologische Konzeptionen von der Idee ausgehen, dass Krankheiten natürliche Einheiten bilden, die ähnlich einer Natursystematik z. B. als species morbosa Linnés sortiert werden können, gehen gradualistische Modelle davon aus, dass Krankheit und Gesundheit nur die Endbereiche eines Kontinuums bilden, wobei die Grenze zwischen ihnen fließend ist und der Grenzbereich sich verschieben kann (Cohen 1953; Cutter 2003). Auch wenn beide Sichtweisen die angesprochene kulturhistorische Dimension aufweisen, so liegt auf der Hand, dass die gradualistische Perspektive das kulturelle Element noch ernster zu nehmen scheint. Ontologische Krankheitsvorstellungen erlauben den historischen Wandel von Krankheiten als Ergebnis von klimatischen Veränderungen, evolutionären Prozessen oder (kulturell bedingten) epidemiologischen Verschiebungen auf der Basis demographischer Entwicklungen. Gradualistische Konzepte gestatten überdies die Veränderung von Krankheit durch kulturelle (einschließlich sozialer) Prozesse allein. Historisch scheint insbesondere die quantitative Betrachtungsweise mit „Normalwertkonzeptionen" den stark gradualistischen Blick unterstützt zu haben.

Nach ersten Versuchen im 18. Jahrhundert fasste die so genannte quantitative „numerische Methode" in der Medizin erst im ersten Drittel des 19. Jahrhunderts wirklich Fuß. Ihr Begründer Pierre Charles Alexandre Louis (1787–1872) forderte dezidiert eine medizinische Statistik sowohl zur Klassifizierung von Krankheiten als auch zur nachträglichen Bewertung von Behandlungen (Bollet 1973). Dabei sollten Standards entwickelt und konstante Beziehungen zwischen Krankheitsverlauf und Therapieformen gesucht werden (Sheynin 1982). Stellvertretend für Kritiker dieses Ansatzes betonte Claude Bernard (1813–1878), dass die Erhebung statistischer Werte die Aufmerksamkeit von den präzisen Ursachen der jeweiligen Erkrankung ablenke und sie durch „Näherungswerte" ersetze. So ging er davon aus, dass Mittelwerte „meistens nur eine Genauigkeit der Resultate" vortäuschten und die spezifischen Eigenarten der physiologischen Vorgänge im Mittelwert verschwinden. Entsprechend hielt er den häufigen Gebrauch von Mittelwerten für „physiologischen Unsinn": „Wenn man den Harn eines Menschen während 24 Stunden sammelt und alle einzelnen Portionen mischt, um eine Analyse des Durchschnittsharns zu erhalten, so findet man gewisse Werte eines Harnes, den es gar nicht gibt, denn der Nüchternharn unterscheidet sich von dem während der Verdauung, und diese Unterschiede verschwinden in der Mischung. Den Höhepunkt dieser Art erreichte ein Physiologe, der den Harn aus einem Abort eines Bahnhofs sammelte, wo Leute aller Nationen reisen, und glaubte, so eine Analyse des europäischen Durchschnittsharns geben zu können" (Bernard 1961:192; Martin, Fangerau 2010).

MEDIKALISIERUNG

Aus heutiger Sicht von besonderer Bedeutung ist die Wahrnehmung, dass mit zunehmender Akzeptanz des nominalistisch-gradualistischen Krankheitsverständnisses dem Konzept der Medikalisierung bzw. Demedikalisierung eine immer größere Bedeutung zukommt. Unter dem keineswegs normativ, sondern nur als Verlaufsbeschreibung zu verstehenden Begriff der Medikalisierung werden Entwicklungen subsumiert, im Laufe derer spezifische gesellschaftliche Phänomene ihren sozialen Ursprungsbereichen entzogen und medizinisch erklärt werden (Conrad 1992; Viehöver, Wehling 2011). Ein Beispiel hierfür kann die Deutung von Alterserscheinungen sein, von denen einige noch vor hundert Jahren mit den Kategorien eines „normalen" Alterungsprozesses erklärt wurden (Falten, Zahnlosigkeit, Gelenksbeschwerden), die heute aber als medizinisches Problem ärztlich diagnostiziert und therapiert werden (Viehöver 2008). Demedikalisierung bezeichnet den umgekehrten Prozess, im Rahmen dessen ein einst medizinisch verstandenes Phänomen zum Beispiel den Status eines Lebensstils erhält. Ein prominentes Beispiel für diesen umgekehrten Prozess stellt die Homosexualität dar, die lange als „Sünde" oder juristisches Problem, dann als Krankheit und zuletzt als Lebensstil begriffen wurde. Remedikalisierungsentwicklungen wiederum sind ebenfalls möglich, so dass diese Prozesse nie zielgerichtet in nur eine Richtung verlaufen (Conrad, Angell 2004).

Peter Wehling et al. haben vier Entgrenzungsdimensionen der Medizin im Rahmen der Medikalisierung identifiziert, die die Wahrnehmung von Gesundheit und Krankheit beeinflussen (Wehling, Viehöver, Keller et al. 2007). Sie unterscheiden vier Dynamiken der Entgrenzung auf dem Kontinuum zwischen krank und gesund. Als erste Dynamik nennen sie die „Ausweitung medizinischer Diagnosen", womit sie das Phänomen bezeichnen, dass vorher nicht mit Krankheitsbegriffen erfasste, ursprünglich normale Erscheinungen nun mit pathologischen Begriffen bezeichnet werden. Beispiele stellen die Schüchternheit, das Aufmerksamkeitsdefizitsyndrom oder die pathologische Trauer dar. Die zweite Dynamik sehen sie in der krankheitsunabhängigen Verbreitung medizinischer Techniken, wie sie zum Beispiel im Falle der Schönheitschirurgie oder der Durchführung von Kaiserschnitten ohne Indikation, zu finden sind. In der Entzeitlichung von Krankheit erkennen sie die dritte Dynamik, die dadurch charakterisiert werden kann, dass sich in bestimmten Bereichen der Medizin zeitlich manifeste Symptome vom prädiktiven Erkennen der Krankheit entkoppeln, wie es beispielsweise im Feld der prädiktiven Gendiagnostik der Fall ist. Die direkte Optimierung des menschlichen Körpers im Sinne von „Enhancement" durch zum Beispiel Doping oder Gentherapie wird zuletzt als vierte Dynamik vorgeschlagen.

DAS NORMALE UND DIE DIAGNOSE

Diese Dynamiken spiegeln ein Problem der gradualistischen Konzeption von Krankheit wieder, das es mit verschiedenen Formen der Quantifizierung biologischer Entwicklungen und Erscheinungen teilt: Die Entwicklung und Festlegung von Normalwerten, die letztendlich diagnostische, prognostische oder therapeutische Verwendung finden, ist unabdingbar und gleichzeitig flüchtig und von vielen Einflüssen abhängig (Canguilhem 1974). Auch durch die Wahl der Messgrößen kann der Gegenstandsbereich der Medizin so im Sinne einer Medikalisierung erweitert oder im Sinne einer Demedikalisierung begrenzt werden.

Für die aktuelle Diagnostik bedeuten diese Überlegungen, dass dem Mediziner zur Sammlung von Krankheitszeichen zwar z. B. die Anamnese, die körperliche Untersuchung, physikalische und chemische Laborverfahren sowie verschiedene technische Apparate zur Verfügung stehen, die Aussagekraft der einzelnen Methoden aber für die Diagnosefindung dabei statistisch durch ihre Sensitivität und ihre Spezifität charakterisiert wird. Die Synthese aller zur Verfügung stehenden krankheitsbezogenen Informationen zur letztendlichen

Diagnose, zur Entscheidung, ob Werte als gesund oder krank, als normal oder pathologisch bewertet werden müssen, wird kognitionspsychologisch als operationalisierte Strukturierung und Ordnung der Befunde durch den Arzt gedeutet. Der diagnostizierende Arzt folgt dabei unter impliziter Auswertung bedingter Wahrscheinlichkeiten einem unsichtbaren Entscheidungsbaum. Da seine Entscheidungen (von ihm selber) nie als mit letzter Sicherheit richtig angenommen werden können, werden Entscheidungsfindungsprozesse wahrscheinlichkeitstheoretisch mit dem Bayes-Theorem erklärt, woraus auf komplexe Diagnosesysteme bezogene kausalprobabilistische Bayes-Netze entstehen (Fangerau, Martin, Lindenberg 2009; Nicolson 1993; Reiser 1993). Derzeit dienen operationalisierte Klassifikationssysteme der Standardisierung von Diagnosen, wodurch paradoxer Weise gerade die gradualistischen, auf Wahrscheinlichkeiten rekurrierenden Modelle von Gesundheit und Krankheit wieder einen ontologischen Status zu erhalten scheinen, der denkökonomisch allerdings vernünftig erscheint, weil er die Komplexität des Zusammenhangs von Befinden und Befund reduziert. Hatte der Vorgang der Diagnosefindung lange Zeit vor allem einen prognostischen Wert und eine therapeutische Relevanz, so wird er heute um eine dritte Dimension ergänzt: Die Diagnose entscheidet heute nicht mehr nur über das Normale und das Pathologische, über die Therapie oder die Lebensplanung von Patienten, sondern (in Deutschland zum Beispiel über Erstattungssysteme wie die Diagnosis Related Groups) auch über die Bezahlung von gesundheitlichen Leistungen.

Problematisch erscheint dabei, dass der Unterschied zwischen dem Befinden eines Menschen und dem medizinischen Befund zwar anerkannt wird, dass der Befund aber unabhängig vom Befinden zu einer ärztlichen Handlung führt. Dem Konzept der jeweiligen Medizin und der Handlungslogik der Medizin folgend, muss ein einmal erhobener Befund eine medikale Handlung nach sich ziehen, denn sonst wäre das Konzept nicht korrekt. An diesem Punkt können Überlegungen zur Klinischen Ökonomik der Vernunft folgend korrigierende Wirkung entfalten.

1.3 Bedeutung einer zielgerichteten Versorgungsstrategie

Die Beobachtung des Versorgungsalltags: Die nur „partielle Zieldefinition" führt zu Scheinerfolgen und zur Verschleierung des Handlungsbedarfs. Die eindeutige Definition des Ziels jeder medizinischen Tätigkeit ist unerlässlich, soll die Forderung nach der bestmöglichen Gesundheit bei geringstmöglicher

Belastung der Betroffenen und der Gesellschaft erfüllt werden. Erst durch die Festlegung auf ein Ziel wird die Beurteilung des Erfolges einer Problemlösung möglich.

Man stelle sich ein Fußballfeld vor, einen Elfmeterschützen mit Ball, den Strafraum, Fünf-Meter-Raum und den Torwart der gegnerischen Mannschaft – aber ohne Tor. Der Elfmeterschütze wird immer erfolgreich sein, wenn der Ball die Linie zwischen den Eckfahnen einer Spielfeldhälfte überschreitet, unabhängig von der Höhe und der Entfernung zu den Eckfahnen.

Viele Situationen der Gesundheitsversorgung scheinen diesem Bild der „partiellen Zieldefinition" sehr ähnlich zu sein: Es besteht ein grobe Orientierung, „in welcher Richtung die Aktion erfolgen soll", das Ziel ist aber nur partiell und damit nicht hinreichend konkret definiert. Die drei Folgen dieses systematischen Fehlers (Bias) sind: Nahezu jede Aktion, bei der zumindest die Richtung zutrifft, wird aus der Sicht des Leistungserbringers als Erfolg verbucht. Eine zielgerichtete Nachjustierung ist während des Prozesses kaum möglich. Diese Scheinerfolge verhindern eine systematische Evaluation und damit die Optimierung des Systems.

Ein konkretes Ziel vor Augen zu haben ist besonders bei lange betreuten chronisch kranken Patienten notwendig, bei welchen auf den ersten Blick das Versorgungsziel selbstverständlich erscheint. Erst nach systematischer Analyse fällt auf, dass die Erfolge weder der diagnostischen noch der therapeutischen Maßnahmen bestätigt werden können, wenn das angestrebte Ziel lediglich partiell definiert wurde.

Alleine die Definition eines Ziels steigert – unabhängig vom Erreichen dieses Ziels – die Motivation aller Beteiligten (Lawler 1973). Nicht nur in wissenschaftlichen Studien, sondern auch im Praxisalltag lässt sich die Definition von Zielen ohne großen bürokratischen Aufwand anwenden: Da motivierte Ärzte und Patienten die gemeinsam definierten Ziele häufiger erreichen werden als weniger motivierte Partner ohne festgelegte Ziele, wird sich der zusätzliche Aufwand, der für die Definition von Zielen und für die Dokumentation der Zielerreichung erforderlich ist, in der Qualität der Versorgung niederschlagen.

Leider wird gerade bei Ärzten und in der Pflege die Dokumentation und Evaluation der erreichten Ziele zunehmend als belastend und unsinnig empfunden. Möglicherweise ist die unzureichende Zieldefinition die Ursache dieser unglücklichen Entwicklung.

Um erfolgreich zu sein, müssen beide Komponenten, nicht nur die „Zielerreichung", auch die „Zieldefinition" – das Aufstellen der Tore (!) – betrachtet werden. Für eine komplette, zielgerichtete Versorgungsstrategie sind beide Dimensionen zu beschreiben, die Dimensionen der Zieldefinition und der Zielerreichung.

Die Dimensionen der Zieldefinition beinhalten die Perspektive des Betrachters, d. h. es sollte beschrieben sein, aus wessen Sicht ein Ziel definiert wird, weil eben nicht immer klar ist, dass der Leistungserbringer (Arzt, Pflege) und der Leistungsnehmer (Patient) von identischen Zielen ausgehen. Das angestrebte Ziel ist explizit zu benennen. Wie schwierig diese explizite Beschreibung sein kann, wird häufig erst klar, wenn man sich zwingt, das Ziel klar zu formulieren. Weiß man schließlich, was man will (z. B., dass es dem betreuten Patienten besser gehen soll ...), ist das angestrebte Ziel zu operationalisieren. Das bedeutet, man sollte beschreiben, woran zu erkennen ist, dass es dem Patienten in der Tat besser geht. Dazu sind die Probleme, die den Patienten belasten, beim Namen zu nennen. Versorgungsziele könnten die Linderung oder vollständige Vermeidung dieser Belastung sein. Damit hätte man explizit definiert, was man unter „dass es ihm besser geht ..." versteht, und man kann die Art der Messung, d. h. den Messparameter benennen, der erfasst werden soll, um die Zielerreichung zu bestätigen. Letztlich ist noch zu definieren, wie lang das Intervall zwischen Beginn der Versorgung und der Messung des Erfolges sein soll, um eine angemessene Bewertung durchführen zu können.

Eine komplette Analyse der Ziele enthält zusätzlich vier Dimensionen der Zielerreichung: Es ist zu beschreiben, wie häufig das angestrebte Ziel (bei Versorgung mehrerer Patienten) erreicht wurde (relative Häufigkeit) und ob das Ziel vollständig, größtenteils, kaum oder nicht erreicht wurde (Vollständigkeit). Durch die Dokumentation der Beobachtungszeitpunkte, d. h. des Versorgungsbeginns und des Zeitpunkts der Erfolgskontrolle, lässt sich die Geschwindigkeit der Problemlösung beschreiben. Es ist durchaus denkbar, dass die Lösung eines Problems zunächst innerhalb weniger Tage erwartet wird. De facto zeigt sich aber häufig, dass eine erheblich längere Behandlung als die vorgesehene erforderlich ist, um das angestrebte Ziel zu erreichen. Letztlich sollte im Rahmen jeder Versorgung deren Nachhaltigkeit beschrieben sein. Mit anderen Worten, eine Versorgung ist umso wertvoller, je nachhaltiger sie ist. Die vier Dimensionen der Zieldefinition und die vier Dimensionen der Zielerreichung sind in Tab. 1 dargestellt.

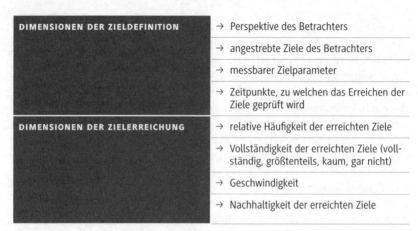

DIMENSIONEN DER ZIELDEFINITION	
	→ Perspektive des Betrachters
	→ angestrebte Ziele des Betrachters
	→ messbarer Zielparameter
	→ Zeitpunkte, zu welchen das Erreichen der Ziele geprüft wird
DIMENSIONEN DER ZIELERREICHUNG	→ relative Häufigkeit der erreichten Ziele
	→ Vollständigkeit der erreichten Ziele (vollständig, größtenteils, kaum, gar nicht)
	→ Geschwindigkeit
	→ Nachhaltigkeit der erreichten Ziele

Tab. 1: Je vier Dimensionen der Zieldefinition und der Zielerreichung.

BEISPIELE AUS DER PRAXIS

Diese acht Items lassen sich am Beispiel eines bakteriellen Infektes (akute Erkrankung mit kurativem Ziel) relativ einfach darstellen, da die Items der Zieldefinition wie auch der Zielerreichung einfach zu definieren sind.

Das erste Item der Zieldefinition betrifft die Perspektive. Bei der Zieldefinition muss unterschieden werden, um wessen Ziel es sich handelt, beispielsweise um das des Arztes, des Patienten, der Angehörigen oder der Gesellschaft. Unterschiedliche Perspektiven lassen sich am Beispiel eines Kindes darstellen, das an einem fieberhaften viralen Infekt erkrankt ist: Der erfahrene Arzt weiß, dass nach Ausschluss seltener Krankheiten der typische Krankheitsverlauf unkompliziert ist und medikamentös kaum beeinflusst werden kann. Eine symptomatische Senkung des Fiebers mittels Paracetamol wäre jedoch aus Sicht der Mutter wünschenswert, da sie Fieber als bedrohlich empfindet. Unterschiedliche Perspektiven finden sich häufig zwischen Pflegepersonal und Ärzten, wie eine Befragung zu den Behandlungszielen gemeinsamer Patienten ergab (Evanoff, Potter, Wolf et al. 2005).

Das zweite Item der Zieldefinition betrifft die differenzierte Wahl des Ziels, ausgehend von der jeweiligen Perspektive. Aus Sicht der Mutter mag es darum gehen, das Fieber zu senken oder das Kind zu beruhigen oder darum, sich selbst zu entlasten. Nahezu immer werden mehrere Ziele gleichzeitig angestrebt und nahezu immer ist es nicht einfach, das primäre unter den vielen Zielen zu benennen. Dennoch lohnt der Aufwand, weil es unrealistisch ist, das Erreichen mehrerer Ziele gleichzeitig zu dokumentieren. Will man unwirtschaftliche Maßnahmen vermeiden, ist es notwendig, das Erreichen des primären Ziels zu dokumentieren. Voraussetzung dafür ist, dass ein primäres Ziel ausgewählt wurde.

Das dritte Item betrifft die Wahl des Parameters, damit gemessen werden kann, ob und in welchem Umfang das angestrebte Ziel auch erreicht wurde. Es wäre unklug nur zu dokumentieren, wie häufig ein Ziel erreicht wurde, ohne hinzuzufügen, ob das Ziel vollständig oder nur teilweise erreicht werden konnte. Deshalb ist eine quantitative Zielerfassung notwendig. Um die angestrebte Besserung bei dem fieberhaften viralen Infekt dokumentieren zu können, muss festgelegt werden, welcher Parameter sich am besten eignet, um „Besserung" nachzuweisen. Man könnte das Schreien des Kindes oder die Dauer des Schlafs in Minuten, die Körpertemperatur in Grad Celsius oder die Häufigkeit messen, mit der die Mutter das Kind täglich auf dem Arm beruhigen muss. Der naturwissenschaftlich geprägte Arzt könnte der Mutter empfehlen, die Körpertemperatur zu messen, um zu kontrollieren, ob die empfohlene therapeutische Maßnahme (bei viralem Infekt!) auch tatsächlich erfolgreich ist. Mehr praktisch orientierte Ärzte – die vielleicht selbst junge Väter sind – könnten einfachere Verfahren als die Anwendung eines Thermometers empfehlen. Bedeutend ist, dass das explizite Ziel, welches ausgesprochen wird, mit dem impliziten Ziel, das erreicht werden soll, auch tatsächlich übereinstimmt.

Als viertes Item ist letztlich das Zeitintervall zu definieren, nach welchem geprüft werden soll, in welchem Umfang das Ziel tatsächlich erreicht werden konnte.

Die restlichen Items betreffen die Zielerreichung, also die Erfassung der Häufigkeit, der Vollständigkeit, der Geschwindigkeit und der Nachhaltigkeit einer Problemlösung. Eine Ernährungsberatung im Rahmen eines stationären Aufenthaltes wird kurzfristig bei fast jedem Patienten das Körpergewicht reduzieren. Ohne weitere Maßnahmen wird dieser Effekt aber bei den meisten Patienten nicht nachhaltig sein und kurz nach der Entlassung wieder verloren gehen (van de Laar 2008).

Deutlich komplexer ist die Situation bei der Rehabilitation nach einer akuten Erkrankung oder bei chronischen Erkrankungen, bei welchen die Ziele der sekundären oder tertiären Prävention (siehe Kapitel 3.3) angestrebt werden. Bei einem 80 Jahre alten Mann, der nach einem Schlaganfall in einer Rehabilitationsklinik versorgt wird, könnte die Zielerreichung/der Erfolg der Rehabilitation an der Strecke gemessen werden, die er ohne Hilfe zurücklegen kann oder am Versorgungsbedarf, der durch den Pflegedienst zu leisten ist, oder an konkreten Verbesserungen des Allgemeinzustandes.

Nur wenn die definierten Versorgungsziele auch die offensichtlichen Probleme exakt reflektieren, werden die erreichten Ziele den Nutzen der Gesundheitsleistungen beschreiben. Das persönliche Interesse des Patienten und das gesundheitsökonomische Interesse der Gesellschaft stimmen bei dem beschriebenen Schlaganfall-Patienten überein. Beide Akteure streben die größtmögliche Wiederherstellung der vor dem Schlaganfall vorhandenen Fähigkeiten an. Diese Übereinstimmung ist aber keineswegs immer gegeben. Zudem ist zu differenzieren, ob lediglich Strukturen und Prozesse verbessert werden, oder ob als Ziele Veränderungen angestrebt werden, die ein Problem des Patienten lösen. So gilt bei Einsätzen des Notarztes der Zeitraum zwischen Eintreffen des Notarztes und Erreichen des Krankenhauses als zentrales Bewertungskriterium, weil gezeigt wurde, dass sich die Prognose mit zunehmendem Intervall verschlechtert. Folglich galt es als Fortschritt, den Zeitraum zwischen Eintreffen des Notarztes und Einlieferung in die Klinik durch gezielte Analysen und Verbesserungen zu reduzieren (explizites Ziel). Wenn nicht bestätigt wird, dass die erreichte Einsparung an Zeit tatsächlich zu einem besseren Behandlungsergebnis führt, kann der vermutete Fortschritt sogar nachteilig sein, weil z. B. mehr Kosten entstehen oder höhere Risiken eingegangen werden.

Zusammenfassend ist festzustellen, dass die Definition von Zielen und die Prüfung der Zielerreichung in der Gesundheitsversorgung eingeführt werden sollten, um ein bezahlbares System zu erhalten. In der Industrie würde jeder Manager entlassen, der ohne Definition von Zielen oder Messung der Zielerreichung arbeitet. Es lässt sich vorhersagen, dass in nicht wenigen Situationen die Frage aufkommen wird, ob das Verhältnis zwischen den Belastungen der Versorgung für den Patienten und dem erreichten Ziel noch als angemessen anzusehen ist. Diese Frage trifft den Kern der Klinischen Ökonomik. Wir wissen jetzt, dass die Frage der Angemessenheit nur beantwortet werden kann, wenn bekannt ist, wie häufig, wie vollständig, wie schnell und wie nachhaltig das angestrebte Ziel erreicht werden konnte.

Nahezu jeder Akteur im Gesundheitssystem, der auf die Zieldefinition und Zielerreichung angesprochen wird, wird überzeugt sein, dass das eigene Handeln schon immer zielgerichtet war. Fehler haben meist die anderen begangen und deshalb ist die in diesem Kapitel geforderte, explizite Definition des jeweiligen Versorgungsziels überflüssig, quälend, unwirtschaftlich und für das Arbeitsklima schädlich. Fragt man allerdings nach der bestätigenden Evidenz für diese Aussagen, wird es kaum Aufzeichnungen dazu geben. Wie diese Diskrepanz zwischen Wirklichkeit und Wahrnehmung zu erklären ist, wird im letzen Abschnitt dieses Kapitels beschrieben.

DIE DISKREPANZ VON WIRKLICHKEIT UND WAHRNEHMUNG IM VERSORGUNGSALLTAG

Das Problem der Wahrnehmung der Realität ist nicht ganz neu. Sokrates hat bereits darauf hingewiesen und Platon hat in seinem „Höhlengleichnis" beschrieben, dass das, was jeder von uns als Realität wahrnimmt, nicht wirklich Realität ist. Im 20. Jahrhundert hat sich der Konstruktivismus in verschiedenen Disziplinen mit diesem Problem beschäftigt. Kurt Lewin, ein Mitglied der

Berliner Schule für Gestaltpsychologie, der auch den Zeigarnik-Effekt (unerledigte Aufgaben werden leichter erinnert als erledigte Aufgaben) und den Ovsiankina-Effekt (ungelöste Aufgaben werden als Bedürfnis wieder aufgegriffen) beschrieben hat, gehört zusammen mit Alfred Adler (tendenziöse Wahrnehmung) zu den Begründern der modernen Sozialpsychologie. Die tendenziöse oder selektive Wahrnehmung beschreibt, dass wir Informationen so wahrnehmen, wie wir sie wahrnehmen wollen und können. Ein Beispiel dafür ist die zu optimistische Einschätzung von Risiken (Weinstein 1987).

Ein anderer Teil der Wahrnehmungen bezieht sich auf optische Wahrnehmungen. Eindrucksvolle Beispiele sogenannter optischer Täuschungen wurden von Lingelbach (Lingelbach 2009) zusammengestellt. Die Gruppe von DJ Simons hat sich mit dem Phänomen der Unaufmerksamkeitsblindheit (inattentional blindness) beschäftigt (Most, Scholl, Clifford et al. 2005). Diese Gruppe hat das eindrucksvolle Experiment mit den beiden Basketballmannschaften durchführt, in dem die Anzahl der Ballkontakte einer der beiden Mannschaften gezählt werden sollte. Durch die Ablenkung bemerkt ein wesentlicher Teil der Beobachter nicht, dass ein als Gorilla verkleideter Spieler durch das Spielfeld läuft (Simons' video). Ein ähnliches Phänomen mussten einige von uns im Straßenverkehr erleben, die ein herannahendes oder unmittelbar vor einem stehendes, gut sichtbares Fahrzeug nicht wahrgenommen und dadurch einen Unfall verursacht haben. Das Unfallbeispiel zeigt, dass inattentional blindness keineswegs vorsätzlich geschieht.

In der Gesundheitsversorgung tritt dieses Phänomen nahezu ständig auf. Wir haben es bisher nur kaum wahrgenommen und auch nicht über mögliche Lösungen nachgedacht. In zahlreichen Geschichten lässt sich zeigen, dass viele von uns meinen, bedeutende Aspekte längst zu berücksichtigen, z. B. die explizite Definition der Ziele bei der Versorgung unserer Patienten. Wenn dann konkret nachgefragt wird, gestaltet sich die Antwort meist schwieriger als erwartet. In wissenschaftlichen Diskussionen treten ähnliche Phänomene auf: Wenn einer der Kollegen eine Innovation vorstellt, melden sich nahezu regelhaft einer oder mehrere Kollegen, die sogar mit Literaturzitat bestätigen, dass exakt der gleiche Befund „bereits vor Jahren publiziert worden sei". Die kritische Prüfung dieser Aussage ergibt meist, dass die vermeintliche Publikation zumindest nicht unter dem angegebenen Namen oder im angegebenen Journal oder nur unter einem ähnlich klingenden Arbeitstitel, aber mit unterschiedlichem Inhalt veröffentlicht wurde. Man könnte auch diese ergänzenden, aber meist nicht wirklich zutreffenden Kommentare als eine Form der selektiven Wahrnehmung klassifizieren. Durch Anwendung der evidenzbasierten Medizin kann man dieser selektiven Wahrnehmung entgegenwirken.

In Tab. 2 sind die vier möglichen Kombinationen einer Information und deren Wahrnehmung dargestellt. Die Information kann vorhandenen sein oder fehlen und die Wahrnehmung dieser Information kann stattfinden oder unterbleiben. Wenn eine vorhandene Information nicht wahrgenommen wird, sprechen wir von inattentional blindness; wenn eine Information zwar fehlt, aber dennoch wahrgenommen wird, könnte dieser Zustand einer milden Form von Paranoia entsprechen. Diese milde Form entspricht einer völlig „normalen" Erscheinung ohne Krankheitswert. Stärker ausgeprägte Formen könnte als tendenziöse oder selektive Wahrnehmung beschrieben werden.

		INFORMATION LIEGT VOR	
		ja	nein
INFORMATION WIRD WAHRGENOMMEN	ja	übereinstimmende Wirklichkeit	selektive Wahrnehmung
	nein	Unachtsamkeitserblindung	übereinstimmende Wirklichkeit

Tab. 2: Information und Wahrnehmung der Information.

Kritisch bewertende (gute) Ärzte, Schwestern und Pfleger sind sich dieses Dilemmas bewusst und versuchen, eine gewissenhafte und angemessene Lösung anzustreben. Jene, die diesen Forderungen nicht nachkommen, können nicht nur ein finanzielles Risiko für die Solidargemeinschaft darstellen, sondern bedrohen zudem die Autonomie ihrer Professionen, da andere Berufsgruppen erfolgloses und zielloses Handeln als Begründung nutzen, um den Ermessensspielraum der Gesundheitsberufe durch Regulierungen einzuschränken. Da die Einschränkung des Ermessensspielraums eine empfindliche Stellschraube darstellt, an der die Attraktivität des Berufs leicht vermindert werden kann, sollten wir, die Ärzte, Schwestern und Pfleger, selbst bemüht sein, die explizite Definition und das Erreichen von Versorgungszielen in den Krankenakten standardisiert festzuhalten.

1.4 Der Versorgungsbedarf eines Gesundheitsproblems

MARIA B. SAILER

„BEING DEAD RIGHT, WON'T MAKE YOU ANY LESS DEAD."

Gesundheitsprobleme zu erkennen ist die eine Seite der Medaille, die Konsequenz daraus ist jedoch ein Kapitel für sich. Der aufmerksame Leser mag bemerkt haben, dass es im Gesundheitswesen mehrere Parteien mit unterschiedlichen Interessen gibt, die natürlich alle unterschiedliche Ziele und Vorstellungen von selbigen Folgen haben; diese definieren sich partiell aus dem Werkzeugkasten, den jene zur Verfügung haben. Logisch erscheint dies auch im Hinblick auf die Tatsache, dass ein ähnliches Prinzip in der Volkswirtschaft existiert: Die Verfügbarkeit, sprich das Angebot, und die Nachfrage definieren nicht nur den Preis, sondern sich wechselseitig. Die alte Vorstellung, beide seien unabhängig voneinander existierende Größen, wurde schon lange verlassen. Medium ist dabei immer der Preis, sozusagen die „Kommunikationsschiene" zwischen Verfügbarkeit und (Versorgungs-) Bedarf (Vickrey 1996; Winter, Mosena, Roberts 2009).

Hier stellt sich unweigerlich die Frage, warum man dann nicht einfach wirtschaftsmathematische Modelle verwendet, insbesondere wo es doch in jeder Wissenschaft Usus ist, Isomorphismen zu bilden, bereits existierende Analyseinstrumente auf äquivalent strukturierte Gebiete zu übertragen, ganz im Sinne der „Weltformel". Diese ist an sich ein hohes Ziel, andererseits gibt es in der Medizin eine Partei, die, überspitzt ausgedrückt, gewisse Vorbehalte gegen zu große „Gleichmacherei" hat: die Ethikkommission; am Ende vielleicht auch „der" Patient, den es im Singular so ja nicht gibt, woran, das gilt es anzumerken, einige wirtschaftstheoretische Modelle und Theorien in der Vergangenheit bereits scheiterten.

Dennoch scheint es plausibel, den Versorgungsbedarf nicht nur vom Ausmaß und der Prognose der Erkrankung, sondern auch den verfügbaren Therapien abhängig zu machen, da diese ja auch erstere beeinflussen. Wesentlich dabei ist es, die Art der Relation zumindest qualitativ zu erfassen. Beispielsweise mag die Wirksamkeit in stärkerer Gewichtung in die Gleichung eingehen als der Preis, da selbst billige, aber sinnlose Therapien teuer und teure Therapien, die noch teurere Folgetherapien verhindern können, „günstig" sein mögen. Dies zu analysieren wird aber einiges an neuen Studien erfordern, die „dank" einer Verschärfung der Kostensituation im Gesundheitswesen mit hoher Wahrscheinlichkeit auch durchgeführt werden sollten.

Eine weitere Einflussgröße, neben Wirksamkeit und Preis, mögen auch subjektiv durch den Patienten definierte Ziele sein. Jeder Mensch hat eine eigene

Vorstellung von Lebensqualität, die sich auch an die Lage, an die jemand gewohnt ist, im Laufe der Zeit anpassen kann. Ein chronisch Kranker, der keinen anderen Zustand kennt, hat beispielsweise andere Ziele und Prioritäten als jemand, der plötzlich eine gravierende Veränderung seines Lebensstils erfahren muss. Es würde keinen Sinn machen, den zweiten wie den ersten Patienten zu behandeln, unabhängig von den verfügbaren Therapien.

In der Epidemiologie wird auch gerne die so genannte „number needed to treat" herangezogen, um den Kollateralschaden gewisser Therapien zu quantifizieren. Diese besagt, wie viele Menschen behandelt werden müssen, damit einer profitiert, wobei Profit wieder eine flexible Größe ist. Hier sind wir schon bei dem anderen Aspekt einer Therapie angelangt: dem begleitenden Schaden, sei es an Übertherapie, Nebenwirkungen oder Minderung der Lebensqualität durch Fehldiagnosen. Jährlich sterben hunderttausende Menschen an Medikamentennebenwirkungen, Tendenz steigend, bei der zunehmenden Multimedikation (es ist keine Seltenheit mehr, dass ab einem gewissen Lebensalter Arzneimittelkombinationen im zweistelligen Bereich verordnet werden). Selbst chirurgische Eingriffe sind für den Körper ein Trauma, das die systemische Entzündungs- und Koagulationskaskade in Gang setzt; ja, jede Therapie stellt eine Körperverletzung dar (Cao HJ, Liu JP 2010).

Am Ende bleibt es immer eine Einzelfallentscheidung, welches Übel das geringere ist. Um diese stützen zu können, braucht es aber Daten möglichst ähnlich gearteter Fälle und die Bereitschaft, die Herausforderung, jeden Fall als individuelle „Problemkonstellation" zu definieren, nicht zuletzt auch, das vorherrschende Breitenwissen laufend zu aktualisieren. Dies setzt die Bereitschaft voraus, sich sein Leben lang weiterzubilden. Dann bildet sich auch die Kompetenz, nicht nur zu sehen, sondern auch zu verstehen. Denn Handeln ohne Denken ist töricht, Denken ohne Handeln sinnlos. Beides muss Hand in Hand gehen. Manchmal mag selbst der Tod „richtig" sein; denn jenseits aller Medizin nimmt er sich oft dennoch sein Recht. Damit der, der heilt oder heilen will, Recht behält, sollte er es verstehen, mit ihm zu verhandeln, und erfolgreiches Verhandeln setzt immer die Bereitschaft voraus, Kompromisse einzugehen.

2 Inhalte der Klinischen Ökonomik

Die wissenschaftliche Fundierung der Klinischen Ökonomik erklärt sich durch die Frage, aus der sich die Klinische Ökonomik entwickelt hat, „ob die Belastungen, die ein Patient als Folge der Gesundheitsversorgung in Kauf zu nehmen hat, durch den entstehenden Mehrwert aufgewogen werden".

Um diese Frage beantworten zu können, sind beide Effekte, die Kosten und Konsequenzen bzw. der Aufwand und der Ertrag, unter klinischen Alltagsbedingungen zu messen. Es ist sicherzustellen, dass der gesundheitliche Mehrwert nicht nur vermutet, sondern tatsächlich generiert wird. Diese Messungen lassen sich nur mit den Methoden der Klinischen Epidemiologie erbringen. Die Methoden der Ökonomie werden benötigt, um das Verhältnis von Aufwand und Ertrag unter verschiedenen Aspekten darzustellen. In diesem Buch beschränken wir uns mit Rücksicht auf den Umfang auf die Aspekte der Klinischen Epidemiologie und Ökonomie.

Die komplette Darstellung der Klinischen Ökonomik kann auf die zusätzliche Berücksichtigung der historisch fundierten Ethik, der Medizinischen Psychologie, der Biostatistik und der Kommunikation nicht verzichten. Für „health care professionals", die in ihrem Beruf Gesundheitsleistungen lediglich erbringen wollen, ohne den Anspruch auf normative Entscheidungen zu erheben, ist die Kenntnis der Grundlagen der Klinischen Ökonomik, die in diesem Buch zusammengestellt sind, ausreichend.

Wer allerdings darüber entscheiden will, ob Gesundheitsleistungen angemessen, sicher, nützlich und bezahlbar sind, wird nicht umhinkommen, sich neben den beiden Kernbereichen der Klinischen Ökonomik auch mit den vier Disziplinen zu beschäftigen, die den Rahmen einer professionellen Gesundheitsversorgung beschreiben. Entscheider im Gesundheitssystem, die sich an den Kosten orientieren, die Konsequenzen aber wegen mangelnder Qualifikationen nicht bewerten können, werden aus zwei Gründen scheitern. Sie werden weniger Gesundheit erhalten und wiederherstellen können als Entscheider, welche mit den genannten Rahmenbedingungen eines Gesundheitssystems vertraut sind; zudem werden sie nicht in der Lage sein, die Entwicklung der Kosten des Gesundheitssystems der Kostenentwicklung anderer Systeme anzupassen, weil sie zwar in der Lage sind, den Ressourcenverbrauch zu berechnen, aber nicht, wertvolle von wertlosen Gesundheitsleistungen zu unterscheiden. Wer den Wert einer Leistung nicht beurteilen kann, ist auch nicht in der Lage, kostengünstige Leistungen zu erkennen.

BEITRAG DER KLINISCHEN EPIDEMIOLOGIE

Die Grundlagen der Klinischen Epidemiologie werden in diesem Buch vorausgesetzt. Wir verweisen dazu auf die Lehrbücher von Guyatt (Guyatt, Drummond, Meade et al. 2008) und Straus (Straus, Richardson, Glasziou et al. 2009). Besondere Aufmerksamkeit möchten wir den Aspekten der Validität, der klinischen Relevanz und der Anwendbarkeit schenken.

Unter Validität einer wissenschaftlichen Aussage ist zu verstehen, dass diese auch tatsächlich bestätigt, was zu bestätigen sie vorgibt, oder mit anderen Worten, „ob die Aussage stimmt". Kinder können die Validität von Aussagen kaum bewerten. Mit zunehmender Lebenserfahrung erwerben manche Erwachsene diese Fähigkeit. Bei Fragen zur Gesundheit ist es wahrscheinlich wegen des hohen Sicherheitsbedürfnisses besonders schwierig, die gebotene Nähe zur Realität einzuhalten, ohne berechtigte Hoffnung und positive Perspektiven zu zerstören. Deshalb sollten Entscheider die Methoden kennen, mit welchen sich die Validität wissenschaftlicher Aussagen belegen lässt. Wir beschäftigen uns auch eingehend mit den Limitationen dieser Methoden, weil wir überzeugt sind, dass eine unzureichende Bewertung der Validität mehr schadet als nützt und aus medizinischen, ethischen und ökonomischen Gründen nicht akzeptiert werden sollte.

Mangelnde Validität ist bei Therapiestudien relativ einfach zu erkennen, wenn das vorhergesagte Ergebnis nicht eintritt. Bei Studien zur Prävention, zum Screening oder zur Diagnostik sind Verstöße gegen die Validität nicht am Versorgungsergebnis zu erkennen, weil dieses nur indirekt mit der Validität der Studien zusammenhängt und verschiedene Störfaktoren (confounder) das Versorgungsergebnis beeinflussen können.

Ohne klinische Erfahrung ist es nahezu unmöglich, valide Ergebnisse zu interpretieren, weil die klinische Relevanz häufig nicht abgeschätzt werden kann. Die Fehldeutung marginaler Veränderungen von Laborwerten oder Biomarkern kann zu erheblichen ökonomischen Fehlentscheidungen führen, die klinisch irrelevant sind. Wenn die klinische Symptomatik fehlgedeutet wird, können lebensbedrohliche Zustände übersehen werden: Eine plötzlich auftretende Übelkeit nach dem Genuss von Nahrungsmitteln, die drei Tage im Kühlschrank aufbewahrt waren, mag zunächst unverdächtig erscheinen. Wenn aber zudem rapide zunehmende abdominelle Schmerzen berichtet werden, sind lebensbedrohliche Zustände – z. B. ein Aortenaneurysma – unverzüglich auszuschließen. Letztlich ist zu beachten, dass auch der Anwendbarkeit wissenschaftlicher Empfehlungen deutliche Grenzen gesetzt sind. Die Bedeutung dieser beiden Aspekte, der klinischen Relevanz und der Anwendbarkeit wissenschaftlicher Ergebnisse im klinischen Alltag, wird von „theoretischen Entscheidern" im Gesundheitssystem häufig unterschätzt. Sie gehen davon aus, dass sogenannte evidenzbasierte Entscheidungen auch ohne klinische Erfahrung getroffen werden können.

Dem Leser dieses Kapitels sollte klar werden, dass evidenzbasierte Entscheidungen niemals auf Fakten, sondern immer auf Werten bzw. auf individuellen Wertvorstellungen beruhen. Das korrekte Verständnis von Fakten kann lediglich dazu beitragen, Werturteile abzugeben. Ein einfaches Beispiel mag diese kühn erscheinende Aussage bekräftigen. Jeder, der Gesundheitsleistungen erbringt, wenn er nicht gerade blutiger Anfänger ist, wird zur Lösung eines Gesundheitsproblems einen oder mehrere eigene Lösungswege vor Augen haben.

Wir bezeichnen dieses Wissen als „interne Evidenz" (Porzsolt, Kumpf, Coppin et al. 2003). Wenn dieser Entscheider gewissenhaft vorgeht und mit dem aktuellen Stand der Wissenschaft nicht sicher vertraut ist, wird er sich die beste verfügbare „externe Evidenz" besorgen und diese kritisch bewerten.

Der nachfolgende Schritt ist unproblematisch, wenn die „interne" und die „externe Evidenz" übereinstimmen. Wenn „interne" und „externe Evidenz" jedoch divergieren, bleibt dem Entscheider keine andere Wahl, als anhand eigener Wertvorstellungen entweder die „interne Evidenz" beizubehalten oder sie durch die „externe Evidenz" zu ersetzen. Der Entscheider kann sich dabei beraten lassen, muss aber am Ende die Entscheidung treffen und diese auch verantworten.

Es bleibt zu hoffen, dass dieses wertorientierte Prinzip der evidenzbasierten Entscheidungsfindung auch von der Politik, d. h. von jenen akzeptiert und in angemessener Weise umgesetzt wird, die normative Entscheidungen im Gesundheitssystem zu treffen haben.

BEITRAG DER ÖKONOMIE

Ein angemessener Beitrag zum Thema Ökonomie für Medizinstudenten erfordert eine sorgfältige Auswahl, weil alleine das Wissen der Medizin so umfangreich ist, dass nur eine Auswahl im Studium vermittelt werden kann. Ohne Bezug zu den Nachbargebieten wie der Ökonomie könnte die Medizin aber nicht verankert werden. Die Kunst dieser Vermittlung liegt in der Beschränkung auf das Wesentliche. Johannes Clouth ist es gelungen, den Beitrag der Ökonomie zur Klinischen Ökonomik für Medizinstudenten in drei Abschnitten vorzustellen: Neben den Grundlagen der Ökonomie werden eine Theorie und praktische Effekte zur Steuerung des Gesundheitssystems beschrieben.

2.1 Klinische Epidemiologie

Wir haben gelernt, dass sich die Funktionsfähigkeit des menschlichen Organismus am einfachsten an krankheitsbedingten Ausfällen zeigen lässt. Dieses Wissen übertragen wir auf die Themen der Validität, klinischen Relevanz und Anwendbarkeit von Studienergebnissen und diskutieren diese an den Beispielen präventiver und therapeutischer Studien sowie systematischer Übersichtsarbeiten und diagnostischer Methoden einschließlich des Screenings.

Der Rahmen des Büchleins lässt nicht zu, auf alle Details einzugehen. Wir haben deshalb auf Lehrbücher der Epidemiologie und der evidenzbasierten Medizin verwiesen, hoffen aber, allen in der Praxis tätigen health care professionals so viel Wissen zu vermitteln, dass sie sinnvolle von weniger sinnvollen Empfehlungen für die eigene Profession unterscheiden können.

Um die Problematik zu verdeutlichen, vergleichen wir das Gesundheitssystem mit dem Straßenverkehr und nennen in beiden Szenarien die sogenannten Kavaliersdelikte und deren Folgen. Je weniger Politessen, umso mehr Kavaliersdelikte beim Parken. Ohne Politessen wird die Zahl der Kavaliersdelikte im Straßenverkehr ansteigen. Im Gesundheitssystem glaubt man bisher, ohne „Gesundheitspolitessen" auszukommen.

Die Überschreitung der Parkzeit wird aber nur erkennbar, wenn die Ankunftszeit beschrieben ist und die Richtigkeit dieser Beschreibung prüfbar ist. Beim Heilen wird die „Ankunftszeit" kaum beschrieben. Deshalb ist die Inanspruchnahme des Systems („Parkdauer" oder „Umgebung/Parkplatz") nicht einfach zu bewerten. Eine vordringliche Frage könnte deshalb sein, wie die Situation verbessert werden kann.

Kavaliersdelikte wie das zu lange Parken oder das Parken am falschen Ort führen zu spürbaren Folgen. Es resultieren fehlende Parkplätze und Verkehrsbehinderungen. Auch beim Heilen erkennt man Kavaliersdelikte an ihren Folgen. Die Versicherungsbeiträge werden steigen, die Erfolge sinken. Möglicherweise helfen „Gesundheitspolitessen" und Analoga zu den „Parkuhren" und „gekennzeichneten Parkflächen" das Problem zu lösen.

2.1.1 Validität der Ergebnisse

Die Validität der Ergebnisse klinischer Studien kann nicht sorgfältig genug geprüft werden, weil Validität nicht als dichotomes Kriterium empfunden wird, im Gegensatz zu „schwanger" oder „tot". Diese beiden Kriterien werden von vielen unserer Mitbürger als dichotom empfunden, weil einfach festzustellen sei, ob jemand schwanger bzw. tot ist oder nicht.

Bei genauer Betrachtung sind aber auch die sogenannten dichotomen Kriterien nicht wirklich dichotom, weil es durchaus Zustände gibt, in welchen man anhand von wahrnehmbaren Signalen nicht sicher entscheiden kann, ob eine Frau schwanger oder ein Lebewesen tot ist.

Die Bewertung der Validität von Ergebnissen ist äußerst schwierig, weil Validität eine Funktion vieler verschiedener Kriterien ist und nur selten entweder alle oder keines dieser Kriterien erfüllt sind. Wir konnten den wissenschaftlichen Nachweis erbringen (und zeigen die Daten in diesem Kapitel auch), dass unsere Kollegen homogen entscheiden, wenn alle Kriterien erfüllt oder nicht erfüllt sind. Im Regelfall wird weder das eine noch das andere zutreffen; deshalb ist plausibel, dass Bewertungen der Validität in der Regel unscharf sind.

Dieser Unschärfe sollte man sich bewusst sein, wenn zu entscheiden ist, „wer nun Recht hat". Die meisten Nutzer wissenschaftlicher Information sind mit dem Problem der Unschärfe nicht vertraut und werden jenen vertrauen, die vorgeben, klare Entscheidungen treffen zu können.

Es mag für manche überraschend sein, dass uns die Unkenntnis der Unschärfe Milliarden von Euros kostet, die wir für „gefühlte Sicherheit" ausgeben. Auf diesen Zusammenhang zwischen Validität wissenschaftlicher Aussagen, unserem Vertrauen in diese Aussagen und der Zahlungsbereitschaft hinzuweisen, ist das Anliegen dieser kurzen Einführung.

2.1.1.1 Validität präventiver und therapeutischer Studien

Wenn man die Validität präventiver Studien diskutiert, wird in erster Linie die Frage zu diskutieren sein, wie häufig die unerwünschten Einschränkungen der Gesundheit, welchen vorgebeugt werden soll, ohne Prävention tatsächlich eintreten und mit Prävention tatsächlich verhindert werden können. Wenn diese Zahlen in vielen Präventionsprogrammen – wie zu befürchten ist – nicht vorliegen, sollten zumindest die Ergebnisse von Frühindikatoren vorgelegt werden können, die darauf hindeuten, bei welchen der Personen, die in das

Programm eingeschlossen wurden, die Erreichung des letztlich angestrebten Ziels wahrscheinlich oder unwahrscheinlich ist. Als Beispiel sei die Prävention des metabolischen Syndroms genannt. Ein Frühindikator dieses Programms könnte der Body Mass Index (BMI) sein. Personen, bei welchem dieser Frühindikator (BMI) im ersten Jahr des Präventionsprogramms weiter ansteigt, werden eine geringere Chance haben, das angestrebte Präventionsziel zu erreichen als Personen, bei welchen der BMI stabil gehalten oder sogar reduziert werden kann. Eine weitergehende Diskussion der Validität von Präventionsprogrammen haben wir an anderer Stelle geführt (Porzsolt 2010b).

VALIDITÄT VON THERAPIESTUDIEN

Bei Therapiestudien orientieren wir uns an der Diskussion der Validität an den Kavaliersdelikten im Straßenverkehr. Wenn die Analogien nicht vollständig zutreffen, sehen wir das mehr als Vorteil denn als Nachteil, weil der Leser die Entdeckung unserer kleinen Fehler vielleicht genießt, und schon gespannt ist, wann sie oder er wohl den nächsten „knapp daneben" entdeckt.

Die Kavaliersdelikte betreffen die Bereiche

- Prüfung des Studienziels (Fahrer hat sich für ein Ziel entschieden)
- der Auswahl des Studiendesigns (Fahrer wählt unglücklichen Weg)
- die Durchführung der Studie (parkt unerlaubt oder zu lange)
- den Report und die Interpretation der Studie (stellt Parkscheibe falsch ein)

Um Fehlverhalten bei Therapiestudien von Kavaliersdelikten zu unterscheiden, können verschiedene Techniken angewandt werden.

PRÜFUNG DES STUDIENZIELS

Es lässt sich prüfen, ob das Ziel der Studie prospektiv definiert oder im Nachhinein festgelegt wurde. Wenn beispielsweise implausible Einschlusskriterien, wie Alter von 23 bis 97 Jahren, gewählt wurden, ist naheliegend, dass diese Grenzen aus der bestehenden Studienpopulation entnommen wurden, anstatt sie prospektiv zu definieren (z. B. 18 bis 65 Jahre, wenn die Berentung im Kontext der Studie bedeutend ist).

Es ist prüfbar, ob die Dimension benannt ist, in der das Hauptzielkriterium bewertet werden soll. Wenn diese Dimension nicht prospektiv und plausibel definiert ist, wird jeder Studienleiter im Nachhinein eine Dimension auswählen, die ein positives Ergebnis bestätigt.

Weiterhin ist bei einer wissenschaftlichen Studie die Einhaltung der internen Konsistenz ein selbstverständliches Kriterium, d. h. dass die Zielpopulation oder der gemessene Zielparameter in der Einleitung, im Methodenteil, im

Ergebnis und in der Diskussion identisch sind. Das ist keineswegs immer der Fall, wie in der Dissertationsarbeit von Mark Nagel (Nagel 2011) dargestellt wurde (siehe Kapitel 4.1). Es ist nahezu unvorstellbar, welche Verstöße gegen die interne Konsistenz einer wissenschaftlichen Arbeit von den Gutachtern und Lesern toleriert werden, oder anders ausgedrückt, wie oberflächlich wissenschaftliche Berichte gelesen werden.

AUSWAHL DES STUDIENDESIGNS

Für die Bewertung der Validität einer Studie hat sich die Analyse des Studiendesigns als äußerst hilfreich erwiesen. Um diese Analyse durchzuführen, fordern wir die Studenten auf, aus dem letzten Absatz der Einleitung einer wissenschaftlichen Arbeit die Fragestellung dieser Arbeit zu entnehmen, weil sie exakt dort formuliert sein sollte. Da dies in manchen Fällen nicht gelingt, ist auf weitere Informationen der Arbeit zurückzugreifen, um herauszufinden, welches Problem die Autoren mit ihrer Untersuchung lösen wollten.

Um das Problem klar zu formulieren, hatten unsere Studenten das ideale Studiendesign graphisch darzustellen, mit dem diese Frage beantwortet werden kann. Wenn diese Übung konsequent durchführt wird, kann festgestellt werden, dass es publizierte Studien (z.B. PCI-Cure study) gibt, bei welchen es nicht gelingt, diese Graphik anzufertigen (Porzsolt, Bonotto de O. Costa, Thomaz 2009). Studien, deren Design graphisch nicht darstellbar ist, dürften kaum valide Ergebnisse hervorbringen. Letztlich sollte das in einer Studie angewandte Design mit dem idealen Studiendesign verglichen werden. Wenn Unterschiede bestehen, werden sich die Gründe für diese Unterschiede alleine durch die Diskussion mit Kollegen identifizieren lassen. Durch schriftliche Anfragen bei den Autoren konnten die offenen Fragen in diesen Fällen bisher nie geklärt werden.

DURCHFÜHRUNG DER STUDIE

Obwohl wir der Randomisation nicht die gleiche Bedeutung wie viele andere zumessen, sollte bei jeder Studie berichtet sein, ob es sich um ein RCT (randomized controlled trial) handelt. Dabei sollte darauf geachtet werden, ob vor der Randomisation ein Screening stattgefunden hat und möglicherweise nur selektierte Patienten in eine Studie aufgenommen wurden.

Weiterhin sollte geprüft werden, ob der Randomisationsplan geheim gehalten wurde. Dieses Kriterium kann in multizentrischen Studien, die von einer Zentrale aus durchgeführt werden, leichter eingehalten werden, als in monozentrischen Studien, bei welchen die Randomisation im eigenen Haus durchgeführt wird.

Da wir Studien gesehen haben, in welchen sich die Ausgangsrisiken der verglichenen Gruppen offensichtlich unterschieden haben, empfehlen wir dringend, diese Risiken sorgfältig miteinander zu vergleichen. Dabei ist besonders auf Kriterien zu achten, die das Risiko steigern oder verringern, dass eines der Zielkriterien der Studie erreicht wird.

Bei Prüfung der Verblindung einer Studie ist auf Hinweise zu achten, die andeuten, dass möglicherweise nicht beide Parteien, die Ärzte und die Patienten, gegenüber der Therapie verblindet waren und dass die Verblindung möglicherweise nicht über die gesamte Laufzeit der Studien aufrechterhalten werden konnte. Da in manchen Studien die Patienten nie verblindet waren (open study design) oder zwar zu Beginn der Studie verblindet waren, aber mit zunehmender Laufzeit der Studie „entblindet" wurden, ist die Möglichkeit zu bedenken, dass die Präferenzen der Patienten das Ergebnis der Studie beeinflusst haben könnten (siehe Placebo-Effekte).

Ein Validitätskriterium gegen das häufig verstoßen wird, ist die Vollständigkeit der Berichterstattung, in die alle Patienten einbezogen werden müssen, die in eine Studie aufgenommen bzw. in einer Studie randomisiert wurden. Details dazu wurden an anderer Stelle beschrieben (Porzsolt, Eisemann, Habs 2010). Die Unterschlagung weniger Fälle kann bereits ausreichen, um ein marginal negatives Ergebnis „über die Signifikanz-Schranken zu heben" und damit ein signifikantes Ergebnis zu generieren. Es sollte zudem beachtet werden, dass Patienten, bei welchen die Kriterien der Studie problemlos eingehalten werden konnten, in der Regel auch nicht ausgeschlossen werden; bei ausgeschlossenen Patienten lag meist ein unerwartetes Problem, z. B. der Compliance, vor.

Bei einer lege artis durchgeführten intent-to-treat Analyse ist darauf zu achten, dass alle Patienten, die randomisiert wurden, auch tatsächlich in der Gruppe ausgewertet werden, in welche sie randomisiert wurden. Wenn von dieser Regel abgewichen wird – was unter bestimmten Bedingungen zulässig ist – sollte diese Abweichung in jedem Fall berichtet und begründet werden.

Wenn Patienten einer Studie mehrfach randomisiert wurden, sollten Experten konsultiert werden, um systematische Fehler (Bias) zu vermeiden.

Ein „ergebnisorientierter" Abbruch einer Studie ist – wie beim Tennis – zulässig, wenn die Kriterien des Abbruchs vor Beginn der Studie eindeutig definiert waren. Unzulässig ist allerdings, eine klinische Studie oder ein Pferderennen ohne vorherige Vereinbarung abzubrechen, nur weil der eigene Champion mehrere Längen voraus ist.

REPORT DER STUDIE

Der häufigste Verstoß beim Report von Studienergebnissen betrifft die „Ausweitung der Zielgruppe" für welche die Therapieempfehlung ausgesprochen wird. Die Ein- und Ausschlusskriterien, die zu Beginn einer Studie für die eingeschlossenen Patienten angewandt wurden, sollen auch für die Definition der Zielgruppe gelten, auf welche das Ergebnis der Studie übertragen werden kann.

VALIDITÄT SYSTEMATISCHER THERAPIE-REVIEWS

Systematische Reviews bedürfen einer gesonderten Diskussion, weil ihre Validität von vielen Meinungsbildnern a priori als hoch eingestuft wird. Wir teilen diese Ansicht allerdings nur unter der Bedingung, dass die anspruchsvollen Kriterien, die an ein systematisches Review gestellt werden, auch tatsächlich eingehalten werden. Die Cochrane Collaboration bürgt quasi mit ihrem Namen für diesen Qualitätsanspruch, weil sie absolut stringente Kriterien bei der Erstellung klinischer Studien und systematischer Reviews fordert, wenn diese in die Cochrane Library aufgenommen werden sollen.

Um zu prüfen, wie verlässlich die stringenten Forderungen in der Praxis umgesetzt werden, haben wir Studien zur Wirksamkeit der Homöopathie ausgewählt, die in die Cochrane Database aufgenommen waren. Diese Studien sollten sich für unsere Fragestellung eignen, weil von einem Teil der Wissenschaftler behauptet wird, dass valide Studien zur Homöopathie selten sind, andererseits aber die Aufnahme in die Cochrane Database als Qualitätssigel verstanden werden kann.

Die Ergebnisse der Studie waren allerdings ernüchternd, weil wir nachweisen konnten, dass bei einem erheblichen Teil der in die Database aufgenommenen Studien die geforderten Validitätskriterien nicht eingehalten worden waren (Porzsolt 2008b).

Ein gleichlautendes Ergebnis hatten wir bereits früher gefunden, als wir die Validität von Studien prüften, die einem systematischen Review zugrundegelegt wurden, das von zwei wahrscheinlich unabhängigen Institutionen in zwei verschiedenen Ländern zum gleichen Thema erstellt wurde (Porzsolt, Kajnar, Awa et al. 2005).

2.1.1.2 Validität von Diagnostik- und Screeningstudien
JEAN-BAPTIST DU PREL & AXEL MUTTRAY

STATISTISCHE GRUNDLAGEN

Entscheidungsträger im Gesundheitswesen müssen über Auswahlkriterien und Interpretation von diagnostischen Verfahren informiert sein (Zhou, Obuchowski, McClish 2002). Diagnostische Verfahren sind sowohl in der klinischen Diagnostik und als auch bei Screeninguntersuchungen relevant. Im Rahmen von so genannten Diagnosestudien (Schuhmacher, Schulgen 2007) werden diagnostische Verfahren hinsichtlich bestimmter Kenngrößen untersucht, indem sie diesbezüglich mit einem Goldstandard verglichen werden, bevor sie zur Anwendung gelangen. Häufig werden nach entsprechender Indikationsstellung einer diagnostischen Untersuchung (z. B. Labortest) nach Vorliegen der Ergebnisse bestimmte Entscheidungen getroffen. Hierzu zählen z. B. die Abklärung einer Krankheitsursache (z. B. PCR-Untersuchung zur Identifikation eines Erregers) oder eine Therapieentscheidung nach Diagnose einer Krankheit (z. B. Chemotherapie eines Malignoms). Oder aber im Rahmen einer Surveillance wird die Verbreitung einer Krankheit untersucht und daraufhin werden populationsbasierte Interventionen (z. B. Schulschließung bei pandemischer Influenza) initiiert. Screeninguntersuchungen (z. B. Zervixkarzinom-Screening) werden anhand derselben Kenngrößen wie klinische Untersuchungen beurteilt. Eine Untersuchung im Rahmen der klinischen Diagnostik oder aber eines Bevölkerungsscreenings muss bestimmte Gütekriterien erfüllen, damit der Einsatz gerechtfertigt ist.

Die Einschätzung der Eignung eines diagnostischen Verfahrens hängt wesentlich davon ab, welche Konsequenzen falsche Ergebnisse haben, also entweder ein diagnostischer Test zu einem positiven Ergebnis kommt, obwohl keine pathologische Veränderung vorliegt („falsch positiv"), oder aber er negativ ausfällt, obwohl eine Veränderung mit Krankheitswert vorliegt („falsch negativ").

Im Folgenden werden die statistischen Grundlagen für diagnostische Tests vorgestellt, die eine Aussage über die Güte eines diagnostischen Verfahrens erlauben, sowie die Grundlage für Aussagen zur Wahrscheinlichkeit des Vorliegens eines Zustandes bei einem bestimmten Testergebnis sind.

Zunächst stellt sich bei der Beurteilung eines Testes die Frage der Validität (= Richtigkeit oder Gültigkeit, engl. trueness, accuracy of the mean): Misst der Test, was er zu messen vorgibt? Die Validität macht folglich Angaben zum Auftreten systematischer Fehler.

Die Reliabilität (= Präzision oder Wiederholbarkeit = Zuverlässigkeit, engl. precision) geht einer anderen Frage nach: Kommt der Test auch nach wiederholter Anwendung zum selben Ergebnis? Die Reliabilität macht Angaben zum Auftreten zufälliger Fehler. Man kann sich die Validität und Reliabilität anhand einer Zielscheibe vorstellen. Wenn ein diagnostischer Test weder richtig noch präzise ist, liegt man mit der Diagnose „voll daneben" und zudem streuen die Messwerte erheblich. Wenn ein Test zwar richtig, aber wenig präzise ist, streuen die Werte um den wahren Mittelpunkt. Die anderen möglichen Kombinationen lassen sich logisch erschließen.

Die Sensitivität und Spezifität geben Auskunft über die Güte eines Tests. Die Sensitivität ist definiert als Anteil der positiven Testbefunde unter den Kranken und die Spezifität als Anteil der negativen Testbefunde unter den Gesunden (Bender 2001). In Tab. 3 ist die allgemeine Form einer Vierfeldertafel zur Berechnung der Gütekriterien eines statistischen Tests dargestellt.

„Wirklich positiv" meint hier, dass der gesundheitsrelevante Zustand, z. B. eine Infektion mit HIV, tatsächlich vorliegt, wohingegen er bei „wirklich negativ" nicht vorhanden ist. Die Sensitivität gibt Auskunft darüber, wie groß die Wahrscheinlichkeit ist, dass der Test positiv ist, wenn der Patient krank ist. Das entspricht der Häufigkeit von testpositiven Kranken geteilt durch die Häufigkeit aller Kranken (a/(a + c)). In Analogie dazu beschreibt die Spezifität die Wahrscheinlichkeit, dass der Test bei einem gesunden Patienten negativ ausfällt. Das ist die Häufigkeit aller testnegativen Gesunden geteilt durch die Häufigkeit aller Gesunden (d/(b + d)).

	WIRKLICH POSITIV	WIRKLICH NEGATIV	Σ
TEST POSITIV	a	b	a + b
TEST NEGATIV	c	d	c + d
Σ	a + c	b + d	n = a + b + c + d

Tab. 3: Vierfeldertafel zur Berechnung von Sensitivität, Spezifität, positiv und negativ prädiktivem Wert und assoziierter Maße.

Sensitivität und Spezifität sind Kenngrößen, welche die Eigenschaften eines Diagnoseverfahrens beschreiben. Sie geben jedoch keine unmittelbare Auskunft darüber, wie groß die Wahrscheinlichkeit ist, dass eine Krankheit vorliegt, wenn der Test positiv ist, oder aber dass sie nicht vorliegt, wenn der Test negativ ist. Oft ist die Klärung dieser Fragen in der klinischen Anwendung aber für Arzt und Patient von großem Interesse: Wie hoch ist etwa die Wahrscheinlichkeit, dass eine HIV-Infektion vorliegt, wenn der Test positiv ist oder aber, wie sicher kann man sein, dass bei negativem Testausgang keine HIV-Infektion vorliegt? Diese Fragestellungen können mit den beiden prädiktiven Werten beantwortet werden:

Der positiv prädiktive Wert (PPW) gibt an, wie hoch die Wahrscheinlichkeit ist, bei positivem Testausgang krank zu sein. Er ist definiert als der Quotient aus der Häufigkeit der testpositiven Kranken und der Häufigkeit aller Testpositiver (a/(a + b)). Der negative prädiktive Wert (NPW) ist hingegen die Wahrscheinlichkeit, dass bei Vorliegen eines negativen Testbefundes der Patient auch wirklich gesund ist (d/(c + d)). Im Unterschied zur Sensitivität und Spezifität sind positiver und negativer prädiktiver Wert abhängig von der Prävalenz, also der Häufigkeit der Erkrankung im untersuchten Kollektiv. Dabei nimmt der PPW mit steigender Prävalenz zu, während der NPW abnimmt (Jenicek 2003).

Hat der positive prädiktive Wert eine Wahrscheinlichkeit von 50% oder weniger, ist er für diagnostische Zwecke unbrauchbar, da die Wahrscheinlichkeit für einen positiven Testausgang dann einem Münzwurf mit zufälligem Ausgang gleicht oder die Wahrscheinlichkeit sogar größer dafür ist, dass der Patient die Krankheit nicht hat.

Sowohl positiver als auch negativer prädiktiver Wert hängen von der Prävalenz (= Krankenstand = Häufigkeit des Vorkommens einer Krankheit in einer Bevölkerung zu einer bestimmten Zeit) ab. Das kann dazu führen, dass der PPW bei Anwendung einer Screeninguntersuchung in der Allgemeinbevölkerung, wo die Prävalenz i. d. R. niedrig ist, viel niedriger ist als in dem vorselektierten Patientenkollektiv in einem Krankenhaus. Dort ist i. d. R. eine hohe Prävalenz zu erwarten, da der Patient ja mit Verdachtsdiagnose in die Klinik eingewiesen wurde. In der Allgemeinbevölkerung kann der NPW hingegen viel höher ausfallen, da ja die Wahrscheinlichkeit, nicht von der Krankheit betroffen zu sein, hier ungleich höher ist. Das muss unbedingt berücksichtigt werden, wenn man einen Test für ein Bevölkerungsscreening einsetzen will. Für den niedergelassenen Arzt heißt das aber auch, dass er sich Gedanken zur Prävalenz der Krankheit im Einzugsgebiet seiner Praxis machen sollte, um die Aussagekraft eines diagnostischen Tests bezüglich des Vorliegens einer Krankheit bei seinem Patienten richtig einschätzen zu können.

Nach Sackett (Sackett, Straus, Richardson 2000 et al.) kann ein diagnostisches Verfahren dann als valide angesehen werden, wenn es in einer unabhängigen verblindeten Untersuchung mit einem „Goldstandard" verglichen wurde sowie an einem angemessenen Spektrum von Patienten untersucht wurde. Insbesondere solche Patienten sind einzubeziehen, bei denen der Test später auch zur Anwendung kommen soll. Dabei muss der Referenzstandard unabhängig vom Testergebnis angewandt worden sein und das Verfahren wurde unabhängig vom Testausgang zusätzlich an einer zweiten unabhängigen Gruppe evaluiert.

Die Genauigkeit (engl. accuracy) ist das Vermögen eines diagnostischen Tests, zwischen zwei Zuständen zu unterscheiden (Zhou, Obuchowski, McClish 2002). Anders formuliert handelt es sich bei der Genauigkeit um die Wahrscheinlichkeit richtig zu diagnostizieren, unabhängig davon, ob „Krankheit" oder „Gesundheit" vorliegt (Schuhmacher, Schulgen 2007). Sie ist damit das Gegenteil der Fehlklassifikationsrate, also der Wahrscheinlichkeit falsch zu diagnostizieren, unabhängig, ob „Krankheit" oder „Gesundheit" vorliegt.

Der Youden-Index erlaubt eine zusammenfassende Aussage über Sensitivität und Spezifität. Es gilt: Der Youden-Index ist die Summe aus Sensitivität und Spezifität minus Eins. Der Youden-Index liegt bei akzeptablen diagnostischen Tests zwischen Null und Eins. Der diagnostische Test kann umso besser zwischen Gesunden und Kranken unterscheiden, je näher der Youden-Index bei Eins liegt.

Eine andere Möglichkeit, Sensitivität und Spezifität in Beziehung zueinander zu setzen, um eine Aussage zur Testgenauigkeit zu ermöglichen, ist die

Likelihood-Ratio. Diese ist der Quotient aus zwei bedingten Wahrscheinlichkeiten: der Wahrscheinlichkeit für ein bestimmtes Testergebnis bei Vorliegen einer gesundheitlichen Kondition geteilt durch die Wahrscheinlichkeit für dieses Testergebnis bei Fehlen der gesundheitlichen Kondition (Jenicek 2003). In der ersten Spalte von Tab. 3 steht, ob ein positives oder negatives Testergebnis vorliegt. Zur Berechnung der Likelihood-Ratio für ein positives Ergebnis interessiert zum einen die Wahrscheinlichkeit dafür, dass der Test positiv ist, falls die Erkrankung vorliegt, also die Sensitivität. Dies ist der Anteil an allen wirklich Erkrankten bei denen der Test positiv ausgefallen ist (a/(a + c)). Zum anderen geht die Wahrscheinlichkeit ein positives Ergebnis zu erhalten, obwohl die Erkrankung fehlt, in die Berechnung ein. Das ist der Anteil der Fälle eines positiven Befundes, bei dem keine Krankheit vorliegt (b/(b + d)). Letztere Wahrscheinlichkeit ist somit nichts anderes als 1 minus die Spezifität, die ja die Wahrscheinlichkeit eines negativen Ergebnisses angibt, falls keine Krankheit vorliegt (d/(b + d)). Der Quotient aus den beiden genannten Wahrscheinlichkeiten ergibt die Likelihood-Ratio für ein positives Testergebnis (LR+). In Analogie dazu wird die Likelihood-Ratio für ein negatives Testergebnis (LR−) berechnet.

Die wichtigsten Kriterien zur Beurteilung diagnostischer Tests sind Sensitivität und Spezifität und auch die Prävalenz (z. B. durch vorangegangene epidemiologische Studien). Daraus lässt sich der positiv und negativ prädiktive Wert berechnen. Für einige Sonderfälle lassen sich explizit Merkregeln ableiten: Ist die Spezifität z. B. nahe 1 und die Prävalenz ausreichend hoch, ist der positive prädiktive Wert auch nahe 1.

Aus der Formel zur Berechnung der prädiktiven Werte wird auch ersichtlich, dass PPW und NPW von der Prävalenz abhängen. Sie gelten somit nur für die betrachtete Population und nicht allgemein für den diagnostischen Test (im Unterschied zur Sensitivität und Spezifität). Es gilt: Je seltener die Krankheit im untersuchten Kollektiv ist, desto niedriger ist der PPW und desto höher der NPW (Altman, Bland 1994b).

In Tab. 4 und 5 wird anhand eines konstruierten Beispiels die Abhängigkeit des positiv und negativ prädiktiven Wertes von der Prävalenz aufgezeigt. An diesem Beispiel wird deutlich, dass der PPW desselben Tests bei Verwendung in einer Klinik mit einem vorselektionierten Probandenkollektiv zu diagnostischen Zwecken ungleich höher sein kann, als wenn er für eine Screeninguntersuchung in der Allgemeinbevölkerung eingesetzt wird, in der die Prävalenz zumeist niedrig ist.

	WIRKLICH POSITIV	WIRKLICH NEGATIV	PRÄDIKTION
TEST +	a (398)	b (12)	PPW (97,1 %)
TEST −	b (12)	d (1012)	NPW (98,8 %)

Tab. 4: Prädiktive Werte bei hoher Prävalenz z. B. bei Anwendung eines diagnostischen Tests in einer Klinik.

	WIRKLICH POSITIV	WIRKLICH NEGATIV	PRÄDIKTION
TEST +	a (398)	b (1200)	PPW (24,9 %)
TEST −	b (12)	d (101200)	NPW (99,9 %)

Tab. 5: Prädiktive Werte bei niedriger Prävalenz z. B. bei Anwendung eines Tests bei einem Screening in der Allgemeinbevölkerung.

ROC-KURVEN

Um den Zusammenhang von Sensitivität und Spezifität graphisch darzustellen, zeichnet man zuerst sogenannte ROC-Kurven (Abb. 1).

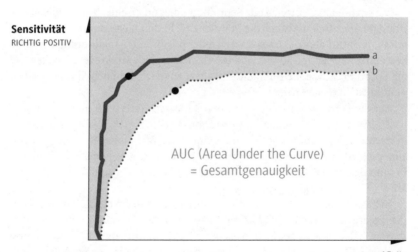

Abb. 1: ROC-Kurven (AUC = Area Under the Curve = Gesamtgenauigkeit). In diesem Beispiel ist Kurve a besser als Kurve b.

Der Begriff „ROC-Kurve" steht für „receiver operating characteristic-Kurve", die ursprünglich in der Signal Detection Theory entwickelt und später zunächst bei medizinischen Fragestellungen in der Bilddiagnostik angewandt wurde (Schuhmacher, Schulgen 2007). Sie bietet einen Überblick über das Verhalten des Diagnoseverfahrens insgesamt. Dabei werden üblicherweise die Sensitivität auf der Ordinate und 1-Spezifität auf der Abszisse aufgetragen. Für einen bestimmten Test gibt es die Testgenauigkeit nicht. In Abhängigkeit des so genannten Cutpoint, also des Wertes, der z. B. Gesunde von Kranken unterscheiden soll, gibt es immer Paare von Sensitivitäten und Spezifitäten (Altman, Bland 1994b). Dabei verhalten sich Sensitivität und Spezifität gegenläufig, d. h. wenn der eine Parameter besser wird, wird der andere schlechter und umgekehrt.

Der Verlauf der ROC-Kurve ist für jeden Test typisch, während Sensitivität und Spezifität von der Wahl des Cutpoints abhängen. Die ROC-Kurve gibt daher einen Überblick über die Diskriminierungsfähigkeit eines Tests über alle möglichen Cutpoints. Der optimale Cutpoint ist der Punkt, bei dem Kranke und Gesunde am besten unterschieden werden können. Er lässt sich in der Graphik oft als derjenige Punkt bestimmen, bei dem der Abstand zur Winkelhalbierenden am größten ist. Das ist dann gleichzeitig auch der Punkt, bei dem der Youden-Index maximal ist.

Nicht in jedem Fall muss der optimale Cutpoint der Punkt mit dem maximalen Abstand zur Winkelhalbierenden sein. Manchmal ist eine höhere Sensitivität zu Ungunsten der Spezifität oder umgekehrt von besonderem Interesse. Das hängt von den Konsequenzen des Übersehens einer tatsächlich vorhandenen Krankheit oder aber von den Folgen einer irrtümlichen Diagnose einer in Wahrheit nicht vorhandenen Krankheit (z. B. psychische Belastung bei Fehldiagnose HIV, Nebenwirkungen einer unnötigen Therapie, Kosten von Folgeuntersuchungen usw.) ab.

Die „Area Under the Curve" (AUC), also die Fläche unter der ROC-Kurve, ist ein weiteres Kriterium für die Testgenauigkeit eines diagnostischen Tests. Sie kann maximal 1 erreichen. Das ist genau dann der Fall, wenn sie einen rechten Winkel mit Schnittstelle der y-Achse bei 100 % bildet, also wenn Sensitivität und Spezifität maximal sind. Je näher die Form der ROC-Kurve dieser Idealkurve gleicht, desto höher ist der AUC-Wert. In Abb. 1 hätte ein Test mit dem Verlauf von Kurve a beispielsweise einen höheren AUC-Wert und eine höhere Güte als ein Test mit Kurvenverlauf b.

ANDERE MASSE DER ÜBEREINSTIMMUNG

Neben Sensitivität und Spezifität gibt es andere Maße zur Abschätzung der Übereinstimmung zweier Verfahren mit mehr als zwei Kategorien. Oft ist es beispielsweise interessant, ob die Ergebnisse eines Untersuchers („raters"), der den Test zu zwei Zeiten anwendet, übereinstimmen (Intraratervergleich). Zudem könnte es von Interesse sein, ob die Ergebnisse zweier Untersucher, die den Test unabhängig voneinander anwenden, übereinstimmen (Interratervergleich). Das Kappa-Maß ist ein Maß für die Abschätzung der Übereinstimmungen beider genannten Fälle bei kategorialen Größen. Dabei beschreibt das Kappa-Maß den Grad der Übereinstimmung z. B. zwischen zwei Untersuchern, die man über die rein zufällige Übereinstimmung hinaus beobachten kann. Das Kappa-Maß kann Werte von maximal 1 annehmen. Zur Charakterisierung der Stärke des Zusammenhangs eignet sich die in Tab. 6 angegebene Klassifizierung. Demnach ist der Zusammenhang bei Werten von unter 0,2 gering und bei Werten über 0,8 liegt eine sehr gute Übereinstimmung vor. Als Faustregel gilt, dass Werte unter 0,5 für keine allzu gute Übereinstimmung sprechen (Altman 1991).

KAPPA-WERT	ÜBEREINSTIMMUNGSSTÄRKE
< 0,2	sehr gering
0,21 – 0,4	gering
0,41 – 0,6	mittelmäßig
0,61 – 0,8	gut
> 0,8	sehr gut

Tab. 6: Werte zur Interpretation des Kappa-Maßes.

Will man die Übereinstimmung von Verfahren mit stetigem Outcome überprüfen, gibt es unterschiedliche Verfahren. Häufig stellt sich beispielsweise in der Praxis die Frage, ob ein etabliertes Verfahren durch ein neues, möglicherweise kostengünstigeres oder zeitsparendes, ersetzt werden kann. Dann besteht die Möglichkeit sich durch ein Punktediagramm, bei dem die Werte des neuen gegen die des etablierten Verfahrens aufgetragen werden, einen ersten Eindruck darüber zu verschaffen, wie gut die beiden Verfahren übereinstimmen. Die Winkelhalbierende dient dabei als Linie der bestmöglichen Übereinstimmung, wie in Abb. 2 dargestellt.

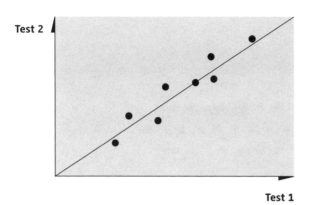

Abb. 2: Vergleich zweier diagnostischer Tests mittels Punktediagramm.

Als wesentlich geeignetere Methode bietet sich aber der graphische Vergleich mittels Bland-Altman-Diagrammen (BA-Diagramme) an (Bland, Altman 1986). Zur Überprüfung des Grades der Übereinstimmung wird der Mittelwert aus den jeweiligen Wertepaaren beider Tests auf der Abszisse gegen die Differenz der jeweiligen Wertepaare beider Tests auf der Ordinate aufgetragen. Siehe dazu Abb. 3.

Dabei ist es sehr wahrscheinlich, dass die Differenz der beiden Messwerte einer Normalverteilung folgt (Altman 1991). Zusätzlich werden der Mittelwert der Differenzen und der Mittelwert ± 2 Standardabweichungen als Linien in das BA-Diagramm eingezeichnet. Unter der Annahme einer Normalverteilung liegen dann 95% der Differenzen der Messwerte in dem Bereich von ± 2 Standardabweichungen. Man würde somit für ein neu untersuchtes Individuum erwarten, dass in 95% der Fälle die Differenzen der Messwerte in diesem Intervall liegen.

Wenn der Mittelwert der Differenzen deutlich von Null verschieden ist, liegt eine Verzerrung (Bias) vor. Aufgrund inhaltlicher – nicht statistischer – Kriterien muss in einem solchen Fall entschieden werden, ob diese Verzerrung noch akzeptabel ist und somit die Methoden als äquivalent betrachtet werden können. Gut aus dem BA-Diagramm ersichtlich wird zudem, ob die Differenzen über den Wertebereich gleich bleiben, oder etwa mit ansteigenden Werten zunehmen. Der Mittelwert der beiden Wertepaare, der auf der Abszisse aufgetragen wird, dient hier als bester Schätzer für den unbekannten wahren Wert.

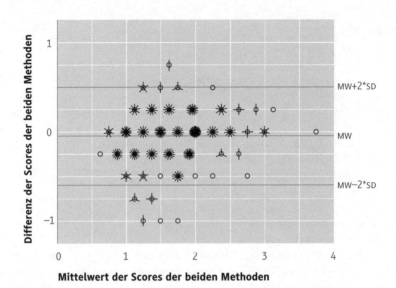

Abb. 3: BA-Diagramm: Vergleich zweier Verfahren zur Beurteilung von Fahrerschläfrigkeit mittels Videoanalyse (Abbildung aus Muttray, Hagenmeyer, Unold et al. 2007). Es handelt sich um ein sog. Blümchendiagramm, jedes Blütenblatt repräsentiert ein Wertepaar.

Dieser Zusammenhang wird in Abb. 3 am Beispiel des Vergleichs zweier Verfahren zur Beurteilung der Fahrerschläfrigkeit mittels Videoanalyse aufgezeigt (Muttray, Hagenmeyer, Unold et al. 2007). In dieser Pilotstudie wurde anhand eines neuen (zeitsparenden) im Vergleich zu einem etablierten Ratingverfahren die Schläfrigkeit von Busfahrern, die während der Fahrt auf Videobändern aufgezeichnet worden waren, an Hand bestimmter Kriterien, wie z. B. Gähnen und der Länge des Lidschlusses, aus denen ein Score gebildet wurde, durch einen unabhängigen Untersucher beurteilt. Wie am BA-Diagramm ersichtlich wird, findet sich eine gute Übereinstimmung zwischen dem neuen und dem etablierten Verfahren, da nur wenige Werte außerhalb des 95 %-Bereiches (Mittelwert ± 2 Standardabweichungen) liegen und der Mittelwert der Differenzen nur wenig von Null differiert. Gut ersichtlich ist hier auch, dass die Differenzen beider Verfahren mit zunehmenden Scores (hier zunehmende Anzeichen der Schläfrigkeit) nicht zunehmen. Man kann sich gut vorstellen, dass das gerade im Bereich der Unfallverhütung ein wichtiges Kriterium für die Brauchbarkeit eines Verfahrens ist.

Ein diagnostischer Test kann demnach nur im Falle des „genauen Wissens" über das tatsächliche Vorliegen einer Erkrankung auf Basis eines so genannten „Goldstandards" evaluiert werden. Der Goldstandard kann ein etabliertes und mehr oder weniger gutes Diagnoseverfahren sein. Optimal ist das genaue

Wissen über die tatsächliche Erkrankung, z. B. durch eine Biopsie mit anschließender histologischer Untersuchung. Steht kein echter „Goldstandard" zur Verfügung, dann sind Sensitivität und Spezifität nur relativ, aber nicht absolut zu sehen. Diese beiden Maße können dann durch Einbeziehen von zusätzlichen Kriterien (z. B. Einbeziehen anderer Tests) verbessert werden.

Die Brauchbarkeit eines diagnostischen Tests hängt neben der Sensitivität und Spezifität noch von weiteren Faktoren ab, die nicht unmittelbar mit der Güte des Tests im Zusammenhang stehen. Die Abhängigkeit von PPW bzw. NPW von der Prävalenz wurde schon beschrieben. Sie kann dazu führen, dass ein Test bei einer niedrigen Prävalenz in einer Bevölkerung für ein Screening unbrauchbar wird. Oder die Prävalenz ist nur in bestimmten Bevölkerungsgruppen (z. B. bei Personen in bestimmten Altersgruppen) hoch genug. Die Kosten eines Tests können zusätzlich über die Anwendbarkeit eines Screenings entscheiden. Das gilt natürlich auch für Folgekosten, die durch falsch positive Tests (z. B. Folgekosten durch unnötige Anschlussuntersuchungen) oder aber falsch negative Tests (z. B. Folgekosten durch Zustandsverschlechterung, Infektionsausbreitung usw.) entstehen. In jedem Fall müssen auch bei einem bevölkerungsbasierten Screening alle Konsequenzen falsch positiver und falsch negativer Tests bedacht werden.

Um die Sensitivität oder Spezifität einer diagnostischen Maßnahme zu erhöhen, kann man mehrere Tests durchführen. Bei gleichzeitiger Anwendung zweier Tests kann die Sensitivität mit der Entscheidungsregel erhöht werden, dass wenn mindestens einer der beiden Tests positiv ist, das Vorliegen der Krankheit angenommen werden kann („paralleles Testen"). Das geht aber zu Lasten der Spezifität. Es werden also seltener wirklich Kranke übersehen, aber auch häufiger Gesunde als krank klassifiziert als bei Anwendung nur eines Tests. Der konkrete Nutzen des parallelen Testens muss also immer spezifisch evaluiert werden. Grenzen dieser Vorgehensweise seien hier kurz am Beispiel der HIV-Diagnostik aufgezeigt. Eine verbesserte Sensitivität auf Kosten einer geringeren Spezifität kann bei den fälschlich „HIV positiv" Diagnostizierten mit erheblichen Belastungen einhergehen. Das erscheint nur dann gerechtfertigt, wenn durch paralleles Testen auch tatsächlich mehr Erkrankte diagnostiziert werden. Bei zwei neueren HIV-Immunassays war die Sensitivität in einer brasilianischen Untersuchung so hoch, dass durch das parallele Testen kaum mehr tatsächlich HIV-Infizierte diagnostiziert werden konnten, sondern etliche falsch positive Fälle, was Folgeuntersuchungen mit Kosten und Verunsicherung der Betroffenen nach sich zieht (Sabino, Salles, de Almeida-Neto 2011). Die Autoren kamen zum Schluss, dass für diesen Fall, bei dem durch Hinzunahme eines zweiten hochsensitiven Tests die Gesamtsensitivität nicht mehr entscheidend verbessert werden konnte, ein Screening mit nur einem dieser neueren HIV-Immunassays die bessere Wahl sei. Ein weiterer Test in Folge wurde hier nur zur Verbesserung der Spezifität verwendet. Dieses „serielle Testen" wird im Folgenden erläutert:

Wird seriell getestet mit der Entscheidungsregel, dass man nur dann das Vorliegen einer Krankheit annimmt, wenn alle Tests einen positiven Befund erbringen, dann kann man im Unterschied eine hohe Spezifität bei vergleichsweise geringerer Sensitivität erhalten. Es wird nur selten eine falsch positive Diagnose gestellt, wirklich Kranke können möglicherweise aber unerkannt bleiben. Während in dem oben genannten Beispiel der HIV-Diagnostik in Brasilien durch paralleles Testen vor 2002 noch vier zusätzliche Fälle aufgedeckt werden konnten, spielte das bei der ausgezeichneten und vergleichbaren Sensitivität der neueren Immunassays ab 2002 zahlenmäßig keine Rolle (Sabino, Salles, de Almeida-Neto 2011). Aus diesem Grund kamen die Autoren zu dem Schluss, dass die geeignete Vorgehensweise das serielle Testen mit zwei Immunassays nacheinander sei, falls der erste positiv ausfällt: Der Anteil falsch positiver Ergebnisse kann dadurch möglichst klein gehalten werden. Das serielle Testen bei der HIV-Diagnostik ist auch hierzulande üblich: Als klassischer Suchtest dient der ELISA und als Bestätigungstest der Westernblot. Sind beide Tests eindeutig positiv, gilt das Vorliegen einer HIV-Infektion als gesichert (Schafberger 2010). Bei Tests mit geringerer Sensitivität und wenn das Übersehen einer tatsächlich vorliegenden Krankheit gravierende Konsequenzen für den Betroffenen oder aber für die Allgemeinheit nach sich zieht, muss aber unbedingt berücksichtigt werden, dass serielles Testen mit einem Sensitivitätsverlust einhergehen kann.

Dieser Gedanke leitet über zur Definition des Risikos. Ein Risiko ist dann als hoch anzusehen, wenn das kritische Ereignis häufig ist oder wenn es zwar selten ist, aber im Schadensfall eine schwere Erkrankung oder der Tod resultiert. Auch unter diesem inhaltlichen Aspekt müssen Sensitivitäten betrachtet werden, sie dürfen keinesfalls nur auf (rein numerische) Wahrscheinlichkeiten reduziert werden. Beispielsweise können falsch negative Tests bereits bei nur wenigen HIV-positiven Blutspendern gravierende Folgen haben.

Grundsätzlich muss zwischen der Diskriminierungsfähigkeit eines Testes und der Brauchbarkeit eines Testes unter Alltagsbedingungen unterschieden werden. Der Nutzen eines Testes hängt neben seiner Genauigkeit noch von einigen anderen Faktoren ab. Das wird leicht ersichtlich, wenn man sich einen Test, der für ein Bevölkerungsscreening eingesetzt werden soll, vorstellt, der eine ausgezeichnete Diskriminierungsfähigkeit hat, aber extrem teuer ist. Dann ist er wahrscheinlich unter ökonomischen Aspekten für ein Screening ungeeignet. Es kann aber auch sein, dass ein diagnostischer Test für eine bestimmte Bevölkerungsgruppe (z. B. eine Altersgruppe) eine ausreichende Diskriminierungsfähigkeit hat, für andere aber nicht. Oder ein Test besitzt nur in einem bestimmten Zeitabschnitt eine ausreichende Diskriminierungsfähigkeit, z. B.

sind reine Antikörper-Tests zur HIV-Diagnostik erst ab drei Wochen nach dem Kontakt mit einem Infizierten sinnvoll einsetzbar (Schafberger 2010). Es kann also wichtig sein, zwischen der Genauigkeit und dem tatsächlichem Nutzen eines Testes in einer bestimmten Bevölkerungsgruppe oder in einem spezifischen Zeitfenster zu unterscheiden.

Einige Aspekte müssen auch bei Anwendung des Kappa-Maßes beachtet werden. Zum einen ist der Wert des Kappa-Maßes bei Verwendung nur weniger Kategorien höher als bei vielen. Dieses Wissen darf nicht dazu verleiten, durch Zusammenfassung von Kategorien zu übergeordneten Kategorien das Kappa-Maß nach oben zu „korrigieren". Zum anderen ist das Kappa-Maß ebenfalls abhängig von der Prävalenz. Es kann daher sein, dass sich die Kappa-Werte bei Anwendung eines Tests in der Klinik oder aber für ein Bevölkerungsscreening unterscheiden. Zusätzlich kann es problematisch sein, dass das einfache Kappa-Maß nicht bezüglich der Stärke der Abweichung unterscheidet. So wäre es beispielsweise möglich, dass stärkere Abweichungen des einen Tests gegenüber dem anderen gravierendere Konsequenzen nach sich ziehen als nur geringe Abweichungen. Als Lösung für diese Problematik bietet sich das gewichtete Kappa-Maß an: Mit dieser Methode ist es möglich, leichten Abweichungen ein geringeres Gewicht zu geben als starken. Dabei fällt das gewichtete Kappa-Maß in der Regel höher aus als das einfache, da geringe Abweichungen meist häufiger vorkommen (Altman 1991).

Bei stetigen Größen wird bisweilen der Korrelationskoeffizient nach Pearson als Maß der Übereinstimmung verwendet. Dieser Korrelationskoeffizient ist ein Maß für die Stärke des linearen Zusammenhangs und nicht etwa ein Maß für die Übereinstimmung zweier Testergebnisse (Bland, Altman 1986). Das wird z. B. ersichtlich, wenn man sich zwei Tests vorstellt, deren Messwerte in linearer Beziehung zueinander stehen, aber bei denen der eine Test stets Werte ergibt, die konstant ein Vielfaches der Werte des anderen sind. Die Wertepaare würden entsprechend auf einer Geraden liegen, die aber nicht der Winkelhalbierenden entspräche. Der Korrelationskoeffizient nach Pearson würde auch in diesem Fall bei 1 liegen. Ganz offensichtlich sind die beiden Tests aber nicht äquivalent. Darüber hinaus gibt der Korrelationskoeffizient nach Pearson keinen Aufschluss über einen möglichen Bias. Wenn mit einem Blutdruckmessgerät stets ein um exakt 30 mm Hg höherer Druck als mit einem Vergleichsgerät gemessen wird, gilt $r = 1$. Trotzdem würde kein Arzt auf die Idee kommen, das Gerät mit den falsch hohen Werten zu verwenden.

FAZIT FÜR DIE PRAXIS

Diagnostische Tests spielen eine große Rolle bei der Entscheidungsfindung sowohl in der täglichen ärztlichen Praxis als auch bei bevölkerungsbezogenem Screening. Ein grundlegendes Verständnis der statistischen Methodik, die diagnostischen Tests zu Grunde liegt, ist für die Beurteilung des ökonomischen Nutzens eines diagnostischen Verfahrens unverzichtbar.

Sensitivität und Spezifität ermöglichen Aussagen zur Güte eines diagnostischen Tests. Dabei handelt es sich oft um relative Angaben, da der Goldstandard selten zu 100 % mit dem tatsächlichen Zustand übereinstimmt.

Die Aussagekraft diagnostischer Tests ist kontextabhängig: Während ein positiver Befund in der Klinik mit einem vorselektierten Krankengut und damit einer hohen Prävalenz einen hohen Vorhersagewert bezüglich des Vorliegens der Krankheit haben kann, kann der positive prädiktive Wert desselben Tests bei niedrigerer Krankheitsprävalenz, z. B. im Rahmen eines Bevölkerungsscreenings, wesentlich niedriger ausfallen.

Weitere Gesichtspunkte können über den Nutzen eines Tests für ein Bevölkerungsscreening entscheiden: Ein Test mit hohem prädiktivem Wert im Bevölkerungsscreening kann eventuell unter ökonomischen Gesichtspunkten unrentabel sein. Oder ein Test kann nur für eine bestimmte Gruppe in der Bevölkerung für ein Screening geeignet sein, da nur in dieser Bevölkerungsgruppe die Prävalenz ausreichend hoch ist. Solche Faktoren müssen bei der Auswahl von diagnostischen Tests zusätzlich berücksichtigt werden.

Als Maß für die Übereinstimmung der Messungen zweier unterschiedlicher Tests, zweier unterschiedlicher Untersucher oder aber desselben Untersuchers zu zwei Zeiten findet für kategoriale Endpunkte das Kappa-Maß und für stetige Outcomes das Bland-Altman-Diagramm Anwendung. Korrelationskoeffizienten geben Auskunft über die Stärke einer Assoziation. Sie eignen sich hingegen nicht als Maß der Übereinstimmung der Ergebnisse zweier Tests (Bland, Altman 2003).

Neben den rein statistischen Aspekten müssen mögliche Folgen falsch negativer und falsch positiver Tests bedacht werden.

2.1.1.3 Beispiele systematischer Fehler

Weshalb die Kenntnis systematischer Fehler zum Wissensrepertoire jedes kritischen Arztes gehört, lässt sich bereits nach dem Studium der ersten Beispiele erkennen.

LEAD TIME BIAS

Als lead time bias bezeichnet man den Fehler der „falschen Anfangszeit". Angenommen eine Erkrankung würde ohne spezifische Früherkennungsmaßnahmen im Januar entdeckt und sechs Monate später, im Juli, sei der Patient verstorben. Wenn bei diesem Patienten im Oktober des Vorjahres eine Früherkennungsmaßnahme durchgeführt worden wäre, hätte man die Erkrankung drei Monate früher erkannt. Die meisten Laien und leider auch manche Kollegen schließen aus diesen Daten, dass durch die Früherkennung die Lebenszeit um drei Monate hätte verlängert werden können, wie Abb. 4 zeigt.

Abb. 4: Lead time bias. Die beobachtete Lebenszeit (einfache Linie) scheint durch die Früherkennung um das gekennzeichnete Intervall verlängert zu werden. De facto handelt es sich lediglich um eine Vorverlegung des Diagnosezeitpunkts, sodass das resultierende gesamte Intervall nicht die verlängerte Lebenszeit, sondern nur das verlängerte Intervall beschreibt, in welchem die Erkrankung bekannt ist; d.h. bei jeder Früherkennung besteht das Risiko, dass nicht die Lebenszeit, sondern lediglich die Leidenszeit verlängert wird.

Diese Schlussfolgerung ist unzutreffend, weil durch die Vorverlegung des Diagnosezeitpunkts lediglich die Leidenszeit, aber nicht die Lebenszeit des Patienten verlängert wurde. Dieser systematische Fehler (Bias) ist eine der wesentlichen Ursachen für die starke öffentliche Nachfrage nach Maßnahmen zur Früherkennung. Man könnte diskutieren, ob hier eine Nachbesserung durch die Politik angemessen wäre.

LENGTH BIAS

Der length bias ist mit dem lead time bias verwandt, weil er sich ebenfalls auf die Früherkennung bezieht. Er besagt, dass langsam fortschreitende Erkrankungen (z. B. Tumoren), die in der Regel alleine wegen der Kinetik auch eine bessere Prognose als schnell fortschreitende Erkrankungen haben, im Rahmen eines Screenings häufiger entdeckt werden als schnell fortschreitende Erkrankungen.

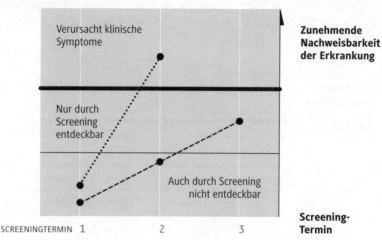

Abb. 5: Length bias. Die kräftige horizontale Linie bezeichnet die Grenze der klinischen Nachweisbarkeit einer Erkrankung. Erkrankungen, die oberhalb dieser Grenze liegen, sind durch klinische Symptome erkennbar. Unterhalb dieser Grenze liegende Erkrankungen verursachen keine klinischen Symptome, können aber durch Screening entdeckt werden, wenn sie eine minimale Grenze (zarte horizontale Linie) überschritten haben. Erkrankungen unterhalb dieser zarten Linie können auch durch Screening nicht entdeckt werden. Die gepunktete Linie beschreibt eine rasch fortschreitende, die gestrichelte Linie eine langsam fortschreitende Erkrankung. Beachten Sie bei diesen beiden Erkrankungen den Unterschied zwischen dem ersten und zweiten Screeningtermin.

Der Grund ist einfach: Schnell fortschreitende Erkrankungen sind beim ersten Screeningtermin noch nicht erkennbar, manifestieren sich aber bereits vor dem darauffolgendem Screeningtermin, d.h. die Erkrankung verursacht klinische Symptome, bevor sie durch das Screening entdeckt wird. Siehe dazu Abb. 5. Generell bedeutet das, dass schnell fortschreitende Erkrankungen immer seltener durch Screening entdeckt werden, als langsam fortschreitende. Diese Einschränkung ist zu berücksichtigen, wenn der Nutzen des Screenings zu beurteilen ist.

SIMPSON'S PARADOXON

Simpson's Paradoxon tritt wahrscheinlich wesentlich häufiger auf, als es vermutet wird, weil kaum jemand an das Phänomen und die erheblichen Konsequenzen denkt, die daraus abgeleitet werden können. Im Prinzip besagt das Paradoxon, dass eine übereinstimmende Beobachtung an zwei Teilgruppen unzutreffend sein kann, wenn die beiden Teilgruppen zu einer Gesamtgruppe zusammengefasst werden. Siehe dazu das Beispiel von Julious und Mullee (Julious, Mullee 1994) in Tab. 7 aus der täglichen Praxis.

	BEHANDLUNGSMETHODE 1	BEHANDLUNGSMETHODE 2
KLEINE STEINE	81/87 93 %	234/270 87 %
GROSSE STEINE	192/263 73 %	55/80 69 %
ALLE STEINE	273/350 78 %	289/350 83 %

Tab. 7: Simpson's Paradoxon am Beispiel der Behandlungserfolge bei Nierensteinen. Kleine und große Nierensteine lassen sich mit der Methode 1 besser behandeln als mit der Methode 2, wenn kleine und große Steine als zwei getrennte Gruppen betrachtet werden. Werden alle Patienten mit Nierensteinen betrachtet, ist die Methode 2 besser als Methode 1.

Die Auflösung des Paradoxons und die daraus abzuleitenden Regeln sind einfach. Die unerwarteten Verzerrungen werden vermieden, wenn die miteinander verglichenen Gruppen etwa gleich groß sind. Das Ergebnis der Gesamtgruppe hätte sich geändert, wenn die beiden kleinen Gruppen viermal größer gewesen wären. Als Konsequenz für die Ableitung von Schlussfolgerungen gilt, dass es riskant ist, Gesamtergebnisse zu interpretieren, wenn die Teilpopulationen unterschiedlich groß sind. In diesem Fall sollte man sich an den Ergebnissen der Teilpopulationen orientieren.

MORE INSTEAD OF EARLIER DIAGNOSIS

Beim Screening wird häufig das Risiko übersehen, durch das Screening mehr Krankheiten zu entdecken als ohne Screening entdeckt würden, weil es kaum jemand für möglich hält, dass ein unbekannter Teil aller Krankheiten selbstlimitierend ist, d. h. sich ohne Unterstützung von außen zurückbildet. Die durch Screening zusätzlich entdeckten Erkrankungen werden behandelt (z. B. Brustkrebs durch eine Operation und/oder Chemotherapie) wobei unklar ist, ob durch die Therapie mehr Nutzen gestiftet als Schaden angerichtet wird.

Es ist Aufgabe der Klinischen Ökonomik, entsprechende Untersuchungen vorzuschlagen, um diese bedeutenden Fragen zu klären (Porzsolt, Hölzel 2009).

WILL ROGERS PHENOMENON

Will Rogers war ein amerikanischer Kabarettist, der durch seine Geschichte „When the Okies moved to California" bekannt wurde. In den 30er Jahren, als die Weltwirtschaftskrise alle Länder erfasste, wanderten Bürger des Staates Oklahoma („die Ostfriesen der USA") scharenweise nach Westen, um dort Arbeit zu finden. Als Ergebnis dieser „Völkerwanderung" ist der mittlere Intelligenzquotient in beiden Staaten angestiegen. Bitte diskutieren Sie diese Beobachtung mit Ihren Kollegen und erklären Sie das Will Rogers Phänomen!

Es ist auch unter dem Namen „stage migration" bekannt (Feinstein, Sosin, Wells 1985). Tab. 8 beschreibt die Daten zu folgender Geschichte: Als der neue Chefarzt vor 10 Jahren eine Klinik in desolatem Zustand übernommen hat, betrugen die Überlebenszeiten (in Monaten) der drei Patienten, die an der Hoch-Risiko-Form (Stadium III) der Necessitis gravida litten, lediglich 3, 2 und 1 Monate. Die Überlebenszeiten von drei anderen Patienten, die an einer Stadium II der Necessitis litten, betrugen 6, 5 und 4 Monate und jene der drei Stadium I Patienten 9, 8 und 7 Monate. Zum 10-jährigen Jubiläum der Klinik präsentiert der Chefarzt Tab. 8, aus der abzulesen ist, dass das Überleben aller Patienten in den ersten 10 Jahren seiner Dienstzeit in allen Erkrankungsstadien verbessert wurde und deshalb eine Erweiterung seiner Abteilung gerechtfertigt sei.

De facto wurden in den letzten 10 Jahren aber auch die diagnostischen Geräte verbessert und Patienten, die bei Übernahme der Klinik noch als Stadium I diagnostiziert wurden, wurden 10 Jahre später wegen der höheren Auflösung der diagnostischen Geräte bereits als Stadium II erkannt. Analoges traf an der Grenze zwischen Stadium II und III zu. Infolge der verbesserten Diagnostik kam es demnach zur „Stadienwanderung" der Patienten. Die Überlebenszeiten blieben exakt die gleichen, sie wurden nur anderen Stadien zugeordnet und können eine Verbesserung der Versorgung vortäuschen. Experten werden auf diesen häufig auftretenden Bias hingewiesen, wenn entweder nur Teilpopulationen einer Grundgesamtheit betrachtet werden oder bei Einschluss aller Patienten eine Verschiebung der Stadien – wie hier im Beispiel – festzustellen ist.

	BEI ÜBERNAHME DER KLINIK			10 JAHRE SPÄTER		
	Stadium I	Stadium II	Stadium III	Stadium I	Stadium II	Stadium III
ÜBERLEBENSZEITEN	9	6	3	9	7	4
	8	5	2	8	6	3
	7	4	1		5	2
						1
DURCHSCHNITT	8	5	2	8,5	6	2,5

Tab. 8: Stage Migration: Überlebenszeiten individueller Patienten, die bei Übernahme der Klinik und derer, die 10 Jahre später behandelt wurden.

DER SCHWUND DER BERICHTETEN WIRKSAMKEIT

Unser „alter Chef" meinte immer wieder, wir sollen ein Arzneimittel verwenden solange es neu ist, weil neue Arzneimittel besser wirken als Mittel, die bereits seit vielen Jahren auf dem Markt erhältlich sind.

Die Aussage ist nachvollziehbar, weil kein Arzneimittelhersteller ein Produkt auf den Markt bringen wird, welches schlechter ist als die bereits erhältlichen Mittel. Es gibt allerdings auch andere Erklärungen, die zu ähnlichen Ergebnissen führen würden: Es könnte sein, dass bei einem neuen Mittel die positive Erwartungshaltung stärker ausgeprägt ist als bei einem bereits älteren Mittel und die positive Erwartung alleine ausreicht, um durch diesen psychologischen Eingriff bessere Ergebnisse zu erzielen. Diese Möglichkeit konnten wir nicht testen, weil keine Angaben zu den Erwartungshaltungen dokumentiert waren.

Nach Untersuchung mehrerer anderer Möglichkeiten zeigte sich, dass ab dem Zeitpunkt der Zulassung eines Arzneimittels die in die Studien eingeschlossenen Patienten „immer gesünder" wurden. Mit anderen Worten, die Indikation zur Therapie wurde immer weiter ausgedehnt. Da zunehmend mehr Gesunde behandelt wurden, bei welchen keine Verbesserungen zu erzielen sind, ist mit zunehmendem Anteil der Gesunden ein abnehmender Gesamteffekt zu beobachten (Gehr, Weiss, Porzsolt 2006).

2.1.2 Klinische Relevanz der Ergebnisse

INTERPRETATION DER STUDIE DURCH DRITTE

Ergebnisse sollten nur übertragen werden, wenn sie klinisch relevant, d. h. bedeutend sind. Die Verlängerung des Nachtschlafs um fünf Minuten mag bei einer groß angelegten Studie ein statistisch signifikantes Ergebnis sein, das allerdings kaum bedeutend ist. Ob ein Ergebnis klinisch bedeutend/relevant ist, beruht auf einer „Wert-orientierten" Entscheidung, die rechnerisch nicht getroffen werden kann.

Letztlich ist – meist durch Dritte – zu „bewerten", ob die Anwendung eines neuen Prinzips unter epidemiologischen, ökonomischen und humanitären Gesichtspunkten zu vertreten ist. Wie das Wort bereits sagt, handelt es sich dabei um Werturteile. Bei allen Gütern sollte unbestritten sein, dass die Bewertung durch den erfolgt, der bezahlt. Bei privaten Gütern soll deren Besitzer, bei öffentlichen Gütern sollte die Gemeinschaft entscheiden, weil sie bezahlt. Bei meritorischen Gütern wie der Gesundheit ist diese Entscheidung nicht einfach zu treffen und Gegenstand vieler Diskussionen, die wir in Kapitel 4.4 aufgreifen.

2.1.3 Anwendbarkeit von Ergebnissen

Die Bewertung der Anwendbarkeit von Studienergebnissen ist nicht unbedeutend, weil viele Ergebnisse theoretisch absolut interessant sind, im klinischen Alltag aber kaum umgesetzt werden können. Dazu zwei Beispiele, die immer bedacht werden sollten, wenn interessante Ergebnisse berichtet werden, die zudem auch noch valide sind.

Das erste Beispiel betrifft die Anwendbarkeit berichteter Ergebnisse auf meinen Patienten, den ich soeben in der Sprechstunde oder im Krankenhaus betreue. Dazu sollte zunächst geprüft werden, ob die Ergebnisse an Kranken erhoben wurden, die an einem ähnlichen Problem wie mein Patient leiden. Um dieses festzustellen, beschreiben Sackett und seine Gruppe in ihren Büchern eine einfache Methode: Es ist lediglich zu prüfen, ob mein Patient die Ein- und Ausschlusskriterien der Studie erfüllen würde, in der die erstrebenswerten Ergebnisse berichtet sind. Häufig wird sich zeigen, dass die publizierte Studie an gesunden 35-Jährigen durchgeführt wurde, während mein Patient eher einem kranken 70-Jährigen entspricht. Es bleibt dem eigenen Urteilsvermögen des Arztes überlassen zu entscheiden, ob die Vergleichbarkeit gegeben und damit die Wahrscheinlichkeit hoch ist, das berichtete Ergebnis auch bei dem soeben zu versorgenden Patienten zu erreichen.

Das zweite Beispiel betrifft die Anwendbarkeit berichteter Ergebnisse auf den Leistungserbringer. Wenn Erfolge nach einem komplizierten gefäßchirurgischen Eingriff berichtet werden, sollte nicht jede Abteilung, die über ein Skalpell verfügt, versuchen, diese Ergebnisse zu reproduzieren. Es bedarf eines gerüttelten Maßes an selbstkritischer Einschätzung um festzustellen, ob die Rahmenbedingungen meines Settings mit dem der berichteten Studie vergleichbar sind. Es sollte jedem klar sein, dass ein Arzt oder eine Klinik, die im Gebiet der Gefäßchirurgie nicht speziell ausgewiesen ist, auch bei einem exakt durchgeführten Versuch die beschriebenen Leistungen zu reproduzieren, Schiffbruch erleiden wird, wenn die Rahmenbedingungen nicht vergleichbar sind.

Ebenso wird jemand Schiffbruch erleiden, der ein unzutreffendes Studiendesign anwendet. Wir beschäftigen uns intensiv mit der Frage, ob die Randomisation, die Geheimhaltung des Randomisationsplans (bis zur Durchführung der Randomisation) und die Geheimhaltung der Details der durchgeführten Therapie (Verblindung oder Maskierung ab dem Zeitpunkt der Randomisation) geeignete Maßnahmen sind, um den klinischen Alltag abzubilden. Wir bezweifeln nicht, dass diese Kriterien geeignet sind, um unter Idealbedingungen herauszufinden, ob ein therapeutisches Prinzip einem anderen unter Idealbedingungen überlegen ist. Zu häufig – oder vielleicht glücklicherweise – vergessen wir, dass Alltagsbedingungen in der Regel eben keine Idealbedingungen sind.

Zusammenfassend sind unter dem bedeutenden Aspekt der Anwendbarkeit berichteter Ergebnisse zwei Aspekte zu verstehen, die Anwendbarkeit auf den individuellen Patienten und die Anwendbarkeit auf die Rahmenbedingungen, unter welchen das Ergebnis erzielt werden soll.

2.2 Beitrag der Ökonomie

Bei einer traditionellen Ausbildung in der Medizin, der Krankenpflege und in den Gesundheitswissenschaften werden durch das Wort „Ökonomie" zwei Reflexe ausgelöst: Die angesprochen health care professionals denken an Geld und empfinden – abhängig von den eigenen Wertvorstellungen – einen Konflikt mit ihrer beruflichen Professionalität.

Diese etwas einfachen Vorstellungen von „Ökonomie" werden durch Vorlesungen und Kurse bestätigt und verfestigt, in welchen Ärzten, Schwestern/ Pflegern und Gesundheitswissenschaftlern die Angst vor dem Professionalitätskonflikt genommen wird. Die Befreiung von dieser Angst gelingt indem sie lernen, wie Gesundheitsleistungen unter Einsatz möglichst geringer Mittel erstellt und gewinnbringend verkauft werden können. Obwohl health care professionals monetäre Aspekte ihres Handelns berücksichtigen müssen, sollte nicht nur die kostengünstige Herstellung und die gewinnbringende Veräußerung von Gesundheitsleistungen vermittelt werden. Sehr wohl sollten Ärzte, Pflegekräfte und Gesundheitswissenschaftler im Studium lernen, was es bedeutet, Gesundheitsleistungen aus Sicht des Patienten und der Gesellschaft zu bewerten und diese Bewertungen sinnvoll gegeneinander abzuwägen. Mit diesem Kapitel möchten wir bei allen gesundheitswissenschaftlich geprägten Berufsgruppen die etwas verschwommene und möglicherweise zu einfache Vorstellung von Ökonomie durch einige konkrete Ausführungen und durch eine Andeutung der Komplexität ökonomischer Konzepte korrigieren.

2.2.1 Grundlagen der Ökonomie

JOHANNES CLOUTH & FRANZ PORZSOLT

EINFÜHRUNG FÜR ÄRZTE, PFLEGEKRÄFTE UND
GESUNDHEITSWISSENSCHAFTLER

„Die Luft war klar und die Flüsse rein, bevor die Kaufleute kamen", singt der französische Chansonier Georges Moustaki in seinem Lied „Les Marchands" (die Kaufleute). Eine andere Sichtweise nimmt Thomas Mann in seinen Buddenbrooks auf, indem er die Leitsätze eines ehrbaren Kaufmannes darstellt, „daß er nur solche Geschäfte betriebe, so dass er des Nachts ruhig schlafen kann". Moustaki betitelt die Ökonomie als Wurzel des Bösen, wohingegen Thomas Mann vage so etwas wie Gerechtigkeit und Nachhaltigkeit fordert. Dieser Spannungsbogen, übertragen auf die health care professionals, lädt geradezu ein der Frage nachzugehen, ob die Ökonomie etwas Böses ist. Die grundlegenden Werkzeuge, diese Fragen zu beantworten, liefert die Wissenschaftstheorie und deshalb ist ein Exkurs zur Vermittlung der Grundlagen sinnvoll.

WISSENSCHAFTSTHEORETISCHE GRUNDLAGEN

Raffée (Raffée, Abel 1979; Raffée 1974) hat die Frage aufgeworfen, was Ökonomie ist und welche Stellung die Ökonomie in alternativen Wissenschaftseinteilungen einnimmt. Wissenschaftseinteilungen werfen Probleme auf. Dennoch dient der Versuch einer Einordnung nicht nur der Orientierung, sondern erhellt wichtige methodische Probleme, deren Skizzierung zur Standortbestimmung der Ökonomie beiträgt.

Die gängige Unterscheidung zwischen Natur- und Geisteswissenschaften erfolgt unter dem Gesichtspunkt, dass in beiden Wissenschaftsbereichen unterschiedliche Erkenntnisse und Methoden zur Anwendung kommen. Demnach bedienen sich die Naturwissenschaften der Methode des Erklärens mit Hilfe von Gesetzen, wohingegen Geisteswissenschaften die Methode des Beschreibens und Verstehens (Hermeneutik) anwenden. Auf diese Weise kann eine Unterscheidung zwischen Natur- und Geisteswissenschaften nicht begründet werden, weil die Methode des Erklärens über die Naturwissenschaften hinausgeht. Wesentliche Teildisziplinen der Geisteswissenschaften erstellen ebenfalls allgemeine Gesetze. Die Ökonomie ist demnach weder eine Geisteswissenschaft noch eine Naturwissenschaft.

Sinnvoller ist die Unterscheidung zwischen Formal- und Realwissenschaften. Die Aussagen der Formalwissenschaften sind abstrakt und nehmen keinen Bezug auf die Realität. Ihr Wahrheitsgehalt lässt sich nur logisch erschließen. Realwissenschaftliche Aussagen hingegen können in Hinblick auf ihre logische und faktische Wahrheit überprüft werden. Schließlich wird die Unterscheidung zwischen Natur- und Kulturwissenschaften verwendet. Dabei hat sich der unseres Erachtens nicht zwingende Brauch herausgebildet, diese Zweiteilung lediglich auf die Realwissenschaften zu beziehen. Objekte der Kulturwissenschaften sind demnach Beziehungen zwischen den Menschen, zwischen Menschen und Sachen sowie bestimmte Hervorbringungen des Menschen. Es ist aber zu bedenken, dass die Naturwissenschaften sich nicht nur mit den spontan (ohne Zutun des Menschen) vorhandenen Dingen, sondern auch mit seinen Hervorbringungen beschäftigen. Genau diese Abgrenzungsprobleme sind der Ansatzpunkt, Natur- und Geisteswissenschaften zu einer Einheitswissenschaft zu verschmelzen.

Die Ökonomie befasst sich mit realen Erscheinungen und den Hervorbringungen des Menschen und ist somit den Kultur- und Realwissenschaften zuzuordnen. Diese realen Erscheinungen betreffen die planvolle Versorgung der Menschen mit knappen Gütern.

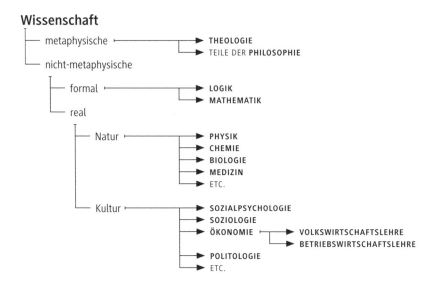

Abb. 6: Die Ökonomie im System der Wissenschaften.

WAHRHEITSFÄHIGE AUSSAGEN

Nachdem die Stellung der Ökonomie aufgezeigt wurde, stellt sich die Frage nach ihrer Leistung. Die Leistung der Ökonomie besteht in der Erstellung von zwei unterschiedlichen Aussagen, wahrheitsfähigen und nicht-wahrheitsfähigen Aussagen. Die Details dieser Unterscheidungen sind bedeutend um zu verstehen, was ein Werturteil beinhaltet und wie der Zusammenhang zwischen Werturteilen und wissenschaftlichen Erklärungen zu verstehen ist.

Zu den wahrheitsfähigen (wissenschaftlich begründbaren) Aussagen zählen Beschreibungen und Erklärungen. Diese stehen, wie das Erklärungsmodell von Hempel und Oppenheim zeigt, in wechselseitiger Beziehung. Deskriptive Aussagen kommen in deren Modell als Randbedingungen vor. Außerdem wirken sie als Falsifikatoren oder Konfirmatoren der Gesetzeshypothesen. Lesern, die mehr über den Zusammenhang zwischen bestätigenden Hypothesen, Erklärungen und Prognosen erfahren möchten, wird empfohlen, dieses für das Verständnis ökonomischer Zusammenhänge bedeutende Modell nachzulesen (Hempel, Oppenheim 1948). Die weniger interessierten Leser mögen zumindest den Eindruck gewinnen, dass Ökonomie mehr bedeutet als die Lehre von Gewinn und Verlust.

NICHT-WAHRHEITSFÄHIGE AUSSAGEN

Nicht-wahrheitsfähige Aussagen sind metaphysische und normative Aussagen. Metaphysische Aussagen sind weder logisch noch empirisch prüfbar. Ein Beispiel einer metaphysischen Aussage ist „Du sollst keine anderen Götter neben mir haben". Normative Aussagen sind zwar nicht wahrheitsfähig, aber an der Empirie prüfbar. Normative Aussagen können in Normen und Werturteile unterschieden werden. Normen produzieren gesollte Aussagen wie „Du sollst nicht töten". Werturteile liegen vor, wenn ein Sachverhalt in positiver oder negativer Weise anvisiert wird, dabei ein normatives Prinzip als gültig unterstellt wird und eine präskriptive Erwartung involviert wird (Albert 1991). Ziele sind somit immer Werturteile und damit sind auch Therapieziele immer Werturteile. Dieser Zusammenhang zwischen ökonomischen Produkten und Werturteilen ist in Abb. 7 dargestellt.

Die kritische Prüfung der Werturteile erfolgt durch Brückenprinzipien (Raffée, Abel 1979; Ruß, Clouth, Porzsolt 2005). Das wohl bekannteste Brückenprinzip ist das „Praktikabilitätsprinzip", das als „Sollen impliziert Können" formuliert werden kann. Dieses Prinzip besagt, dass nur sinnvoll gefordert werden kann, was auch herstellbar ist. Zur Beantwortung dieser Frage können uns empirische, wahrheitsfähige Aussagen helfen. Neben dem Praktikabilitätsprinzip kann zur Beurteilung von Werturteilen das Verknüpfungsprinzip herangezogen werden.

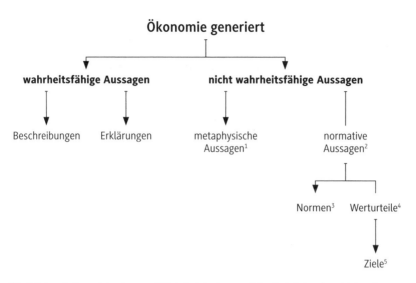

Abb. 7: Systematik ökonomischer Aussagen. 1) Metaphysische Aussagen sind weder logisch noch empirisch prüfbar. 2) Normative Aussagen sind empirisch prüfbar. 3) Normen generieren gesollte Aussagen. 4) Werturteile bewerten Sachverhalte, unterstellen normative Prinzipien als gültig und involvieren präskriptive Erwartungen. 5) Ziele sind immer Werturteile.

Nach diesem Prinzip sollen nur jene Normen befürwortet werden, deren Implikationen erkannt und akzeptiert werden. Das Prinzip der komparativen Beurteilung verlangt Normen und die durch sie ausgezeichneten Tatbestände im Lichte von Alternativen zu beurteilen. Anders ausgedrückt: „Wäre es nicht sinnvoller, weil wirkungsvoller, andere Wege einzuschlagen?" Neben diesen drei Brückenprinzipien kann noch das sogenannte Kongruenz-Postulat formuliert werden. Mit diesem Prinzip können Normen dann kritisiert werden, wenn zu ihrer Befürwortung auf Erkenntnisse rekurriert werden muss, die sich als falsch erwiesen haben.

EIGNUNG VERSCHIEDENER ENDPUNKTE, „TOD", „HBA$_{1c}$" ODER „GESUNDHEITSBEZOGENE LEBENSQUALITÄT" (GLQ) ZUR BEWERTUNG VON THERAPIEERFOLGEN BEI PATIENTEN MIT DIABETES MELLITUS.

Endpunkt Brückenprinzipien	Tod	HbA$_{1c}$	gLQ
Sollen impliziert Können (Realisierbarkeitspostulat) (wenn etwas gefordert wird, muss es erfüllbar sein)	Eine Studie zur Überprüfung des Endpunktes Tod würde eine Beobachtung über mehr als 10 Jahre erfordern und erhebliche Ressourcen binden.	HbA$_{1c}$ ist einfach zu bestimmen.	Die gLQ ist leicht zu akzeptablen Kosten zu messen.
	UNGEEIGNET	GEEIGNET	GEEIGNET
Kongruenzprinzip (besteht ein gesicherter Zusammenhang zwischen Messung und Aussage)	Der Zusammenhang zwischen vorzeitigem Tod infolge eines Schlaganfalls oder Herzinfarkts mit einem unzureichend eingestellten Diabetes Mellitus ist zutreffend.	Postprandiale Blutzucker Spitzenwerte scheinen einen höheren, prädikativen Wert zu haben als HbA$_{1c}$.	Der Zusammenhang zwischen gLQ und Spätschäden ist unbestritten.
	GEEIGNET	UNSICHER	GEEIGNET
Verknüpfungsprinzip (nur hinsichtlich ihrer erkannten Implikationen akzeptierte Normen sollen angewandt werden; Normen mit inakzeptablen Folgen sind zurückzuweisen)	Es fehlt die Bereitschaft, für den Nachweis erforderlichen, langfristigen Studien zu finanzieren.	Es ist anerkannt, dass Kontrollen regelmäßig durchzuführen sind. Die monetären Kosten sind akzeptabel.	Implikationen sind durch die Messung der gLQ nicht zu erwarten, da Daten der gLQ bisher kaum handlungsrelevant sind.
	UNGEEIGNET	GEEIGNET	UNSICHER
Komperative Beurteilung (eignen sich andere Kriterien besser für die Beurteilung als dieses Kriterium)	Sind andere Endpunkte, z. B. gLQ, Erblindung, Amputation, Herzinfarkt, sinnvoller als der Endpunkt „Tod"?	Die Messung postprandialer Blutzuckerspitzenwerte können sinnvoller sein als die Messung von HbA$_{1c}$.	Im Vergleich zu anderen Endpunkten liefert die Messung der gLQ weniger handlungsrelevante Daten.
	UNSICHER	UNSICHER	UNGEEIGNET
Gesamturteil	UNGEEIGNET	GEEIGNET (> 7 Punkte)	UNGEEIGNET

Abb. 8: Beispiele dreier Brückenprinzipien: Realisierungspotential, Kongruenzprinzip und Verknüpfungsprinzip. Die Einschätzung der Eignung ist jeweils in **VERSALIEN** dargestellt. Wenn ein Endpunkt zur Beschreibung eines einzelnen Brückenprinzips ungeeignet ist, wird dieser Endpunkt insgesamt als „ungeeignet" eingestuft. Anderfalls werden für die Ermittlung des Gesamt-Scores die Einzel-Scores addiert. Bei einem Gesamt-Score von 4–7 Punkten wird ein Endpunkt als „unsicher", bei einem Gesamt-Score von 8–12 Punkten als „geeignet" bezeichnet.

ZIELSETZUNG DER ÖKONOMIE

Die Wissenschaftstheorie liefert mit den Werturteilen und den Methoden zur Beurteilung der Werturteile die Mittel um die Frage zu untersuchen, ob Ökonomie an sich gut oder schlecht ist. Zunächst ist festzuhalten, dass die Ökonomie durch das „ökonomische Prinzip" definiert ist. Danach soll ein vorgegebenes Ziel mit einem minimalen Mittelaufwand oder bei gegebenem Mittelaufwand das bestmögliche Ziel erreicht werden (Wöhe 2010). Diese Definition ist insofern inhaltsleer, weil sie sich nicht nur auf Wirtschaftssubjekte beschränkt. Inhaltsleer bedeutet, dass durch eine Aussage keine der in Frage kommenden Möglichkeiten ausgeschlossen wird, z. B. „Kräht der Hahn auf dem Mist, ändert sich's Wetter oder es bleibt wie es ist". Nicht inhaltsleer wäre die Aussage: „Kräht der Hahn auf dem Mist, bleibt das Wetter wie es ist", weil durch die Aussage eine der in Frage kommenden Aussagen ausgeschlossen wird.

WIRTSCHAFTLICHKEITSPRINZIP

Eine Nation kann bemüht sein, einen Krieg mit minimalen Mitteln zu gewinnen oder die Gesundheitsversorgung in der Dritten Welt durch Hygienemaßnahmen effizient zu verbessern. In beiden Fällen wird wirtschaftlich gehandelt. Dennoch lässt sich daraus nicht ableiten, ob Ökonomie an sich etwas Schlechtes oder Gutes ist. Die Bewertung hängt letztlich jeweils vom verfolgten Ziel des einzelnen Wirtschaftsubjekts ab. Dieses ist dann im Einzelfall mit Hilfe der Brückenprinzipien zu prüfen. So gesehen kann das Anstreben eines angemessen Gewinnziels in Habgier umschlagen oder die wissenschaftliche Erkenntnisgier dem Patientenwohl hintenangestellt werden.

Bei der Verfolgung ihrer Ziele geht die Ökonomie
von vier Grundannahmen aus:

- ▶ Ansatzpunkte sind die Entscheidungen einzelner Wirtschaftseinheiten.
- ▶ Die Wirtschaftseinheiten handeln nutzenmaximierend.
- ▶ Die Wirtschaftseinheiten handeln rational und
- ▶ es wird angenommen, dass die Ökonomie eine Tauschtheorie darstellt.

Wenn diese Annahmen erfüllt sind, wird man zu dem Schluss kommen, dass die optimale Allokation der verfügbaren Mittel durch Markt und Wettbewerb zu erreichen ist. Konsequenterweise ist dem Nicht-Ökonomen zu erklären, was Markt und Wettbewerb sind.

OPTIMALE ALLOKATION DURCH MARKT UND WETTBEWERB

Unter einem Markt versteht man den Ort, an dem Angebot und Nachfrage zusammenkommen. Je nach Struktur der Märkte unterscheidet man verschiedene Marktformen. Bei einem Anbieter mit mehreren Nachfragern spricht man von einem Monopol. Bei mehr als einem, aber noch wenigen Anbietern von einem Oligopol und bei vielen Anbietern von einem Polypol. Je nach Anzahl der Marktteilnehmer auf Anbieter- und Nachfragerseite lassen sich verschiedene Marktformen identifizieren.

Der Prozess, der den Markt in Bewegung bringt, ist der Wettbewerb. Wesensnotwendige Merkmale eines funktionierenden Wettbewerbs sind Ungewissheit und Unsicherheit (Dichtl, Issing 1994). Angenommen, es gäbe zwei Nachfrager und zwei Anbieter. Ein Wettbewerb funktioniert, wenn der Nachfrager 1 gemäß seiner Präferenzen und Kaufkraft ein Angebot abgibt. Wesentlich ist, dass niemand gesicherte Informationen über Präferenzen und Kaufkraft von Anbieter 1 besitzt. Der andere Anbieter soll aufgrund eigener Präferenzen und Kaufkraft eigene Angebote unterbreiten. Unter diesen Bedingungen soll gemäß der ökonomischen Theorie eine optimale Allokation erreicht werden.

Hier drängt sich die Frage auf, ob es sinnvoll ist, die Ziele der Ökonomie auf das Gesundheitswesen zu übertragen, obwohl Gesundheit ein meritorisches Gut ist und meritorische Güter das Risiko des Marktversagens steigern. Ein meritorisches Gut ist in den Wirtschaftswissenschaften ein Gut, bei dem die Nachfrage der Privaten hinter dem gesellschaftlich gewünschten Ausmaß zurückbleibt. Auf einen ersten Blick scheint eine Marktwirtschaft für das Gesundheitssystem ein Instrument zu sein, das eine zumindest zufriedenstellende Allokation ermöglicht.

EINSCHRÄNKUNGEN VON MARKT UND WETTBEWERB

Durchforstet man allerding die Marktmechanismen genauer, dann wird schnell offensichtlich, dass Markt und Wettbewerb für das Gesundheitswesen nur eingeschränkt Gültigkeit haben.

Bereits die erste Grundannahme der Ökonomie ist nicht erfüllt, dass einzelne Wirtschaftssubjekte versuchen, ihren Nutzen zu maximieren. Nehmen wir an, das Wirtschaftssubjekt sei der Patient. Die Entscheidung über eine Therapie wird meist nicht vom Patienten getroffen, sondern vom Arzt. Darüber hinaus wird der Patient auch nicht die Dienstleistung bezahlen, sondern seine Krankenversicherung. Somit ist die erste Grundannahme nicht erfüllt.

Ein weiterer Grund für die eingeschränkte Funktionsfähigkeit des Marktmechanismus im Gesundheitswesen ist durch das Gut „Gesundheit" begründet. Man kann die Auffassung vertreten, dass es sich bei dem Gut Gesundheit um ein meritorisches Gut handelt (Fritsch, Wein, Ewers 2003). Als meritorisch bezeichnet man Güter, die zum Teil Eigenschaften eines privaten und eines öffentlichen Gutes aufweisen und die in zu geringem Maße nachgefragt werden. Verzerrte Präferenzen auf der Nachfrageseite sind die Ursache für diese verringerte Nachfrage. Die Verzerrung kann durch unvollständige oder falsche Informationen entstehen. Es ist bekannt, dass ein Großteil der Bevölkerung wenig oder nichts über die direkten und/oder indirekten Folgen einer Erkrankung (z. B. Diabetes) weiß und sich dementsprechend „ungesund" verhält. Andererseits werden Gesundheitsleistungen nachgefragt, die zwar deutliche psychologische aber kaum biophysikalisch nachweisbare Effekte haben (siehe Kapitel 3.3). Die Nachfrage nach Gesundheit ist deshalb für einen funktionierenden Marktmechanismus suboptimal.

Dem gegenüber kann Gesundheit auch als „öffentliches Gut" betrachtet werden. Öffentliche Güter verfügen über die Eigenschaft der Nicht-Ausschließbarkeit, d. h. die unzureichende Zuweisung oder Durchsetzbarkeit von Eigentumsrechten an dem Gut, wofür es verschiedene Gründe (z. B. ökonomische, technologische, institutionelle, normative) geben kann. Beispielsweise wäre es nicht möglich, jemanden vom Konsum des Gutes „Gesundheit" auszuschließen. Dieses Merkmal begründet noch kein öffentliches Gut, weil es auch bei privaten Gütern auftreten kann. Als Gütereigenschaft kann dieses Merkmal einem Gut durch den politischen Entscheidungsbildungsprozess überhaupt erst verliehen werden. Zum Beispiel tritt das Gut „Fernsehen" meist in zwei Erscheinungsformen auf: zum einen als frei empfangbares Gut mit Nicht-Ausschließbarkeit, zum anderen als öffentliches Gut mit zumindest teilweiser Verwirklichung der Ausschließbarkeit (Pay-TV). Gelegentlich wird es gleichbedeutend mit dem Merkmal der Nichtzurückweisbarkeit (Konsumzwang) verwendet.

Öffentliche Güter sind nicht-rival konsumiert, d. h. dass das Gut zur gleichen Zeit von verschiedenen Individuen konsumiert werden kann. Dies wird bei vielen Autoren als das entscheidende Merkmal eines öffentlichen Gutes bezeichnet. Ein Auto kann z. B. nur von einem Fahrer gleichzeitig gefahren werden, während eine saubere Umwelt von mehreren Individuen gleichzeitig konsumiert werden kann. Die Rivalität beim Konsum eines Gutes kann auch als negativer externer Effekt gedeutet werden, und sich – z. B. bei Überfüllungseffekten – variabel einstellen.

Meritorische Güter und öffentliche Güter bedingen eine Einschränkung des Marktmechanismus und, verfolgt man das Ziel einer effizienten Allokation, bedürfen korrigierender Eingriffe.

Ein weiterer Grund, weshalb Marktmechanismen nicht vollständig im Gesundheitswesen wirken, sind Externalitäten. Unter Externalität versteht man, wenn Aktivitäten von Konsumenten oder Patienten zu Kosten oder Vorteilen führen, die nicht als Teil des Marktpreises erscheinen. Sowohl die Struktur des sozialen Sicherungssystems als auch des Subsystems Gesundheitswesen, das in unabhängige Sektoren aufgeteilt ist, führen zu einer Gefangenendilemma-Situation. Dieses Bild des Gefangenendilemmas eignet sich sehr gut, um die Situation verschiedener Akteure des Gesundheitssystems darzustellen. Unter den Bedingungen eines geregelten Marktes entstehen sogenannte Pareto-effiziente Lösungen. Das bedeutet, dass bei der Verteilung knapper Güter kein Beteiligter besser gestellt werden kann, ohne gleichzeitig einen anderen schlechter zu stellen. Mit anderen Worten: Man kann die Lasten, die bei der Besserstellung eines Akteurs entstehen, nicht auf Dritte abwälzen.

Beim Gefangenendilemma handelt es sich um eine Situation, bei der zwei Verbrecher, die gemeinsam ein Verbrechen begangen haben, in getrennten Räumen verhört werden und folglich keine Informationen austauschen können. Die Bedingung des unterbundenen Informationsaustausches ist für das Verständnis bedeutsam. Wenn die Gefangenen die Chance hätten, Informationen auszutauschen, könnten sie sich gegenseitig absprechen und die für beide optimale Lösung vereinbaren. So hat jeder der Gefangenen nur die Möglichkeit, ohne Kenntnis der Aussage des anderen das Verbrechen zu leugnen oder die Wahrheit zu sagen. Mit diesem Gedankenexperiment kann der Einstieg in die Spieltheorie erfolgen.

Die Auszahlungsmatrix am Beispiel des Gefangenendilemmas ist in Tab. 9 dargestellt. Wenn ein Gefangener gesteht und der andere leugnet, erhält der Leugner die gesamte Strafe (sechs Monate), der Geständige könnte straffrei ausgehen. Gestehen beide, so erhalten sie jeweils drei Monate Gefängnisstrafe. Wenn beide Gefangenen leugnen, würden beide nur zu einem Monat Gefängnis verurteilt werden. Anhand der Tabelle ist gut nachzuvollziehen, welche Risiken eingegangen werden, wenn einer der Gefangenen, respektive einer der Akteure im Gesundheitssystem, entscheidet, ohne sich mit anderen Gefangenen/Akteuren abzustimmen. Angegeben sind die Gefängnisstrafen in Monaten, welche die Gefangenen bei unterschiedlichen Antwortkombinationen zu erwarten haben. Wenn beide gestehen, könnte man das als ehrliche Lösung bezeichnen. Gesteht nur einer der beiden, spricht man von einer Kronzeugenlösung. Wenn beide leugnen, könnte man das als „Ganoven-Lösung" bezeichnen.

		GEFANGENER A	
		gesteht	leugnet
GEFANGENER B	gesteht	A: 3 Mon. B: 3 Mon.	A: 6 Mon. B: 0 Mon.
	leugnet	A: 0 Mon. B: 6 Mon.	A: 1 Mon. B: 1 Mon.

Tab. 9: Gefangenendilemma (Auszahlungsmatrix)

Das für beide günstigste Ergebnis, nämlich die geringste Strafe, würde erzielt, wenn beide leugneten (Varian 2001). Das Problem liegt in der fehlenden Möglichkeit, ihre Handlungen zu koordinieren.

Dieses Problem der fehlenden Koordination besteht im Gesundheitssystem. Die Akteure koordinieren die Konsequenzen nicht, sondern versuchen, die Belastungen zu externalisieren, d. h. anderen Akteuren aufzuladen, z. B. die Frühverrentung oder Arbeitsunfähigkeit.

Eine weitere Konsequenz der unvollständigen, hier der asymmetrischen, Information stellt „moral hazard" dar. Moral hazard bezieht sich ebenfalls auf Situationen, in welchen eine Marktseite die Handlungen der anderen nicht beobachten kann. So besteht die Gefahr, dass Patienten, die individuell nicht an ihren Behandlungskosten beteiligt werden, zu einer übermäßigen Inanspruchnahme von Leistungen neigen.

In diesem Zusammenhang sind sogenannte Substitutionseffekte bedeutend, die eine optimale Allokation von Gütern unter Umständen beeinträchtigen können. Drei dieser Effekte spielen für das Gesundheitswesen eine Rolle, nämlich der Snob-Effekt, der Slutsky-Effekt und der Giffen-Effekt.

Beim Snob-Effekt geht der Patient davon aus, dass eine teurere Therapie besser ist als eine billige. Die praktische Bedeutung dieses Effekts konnte von Rebecca Waber in einem Experiment nachgewiesen werden: Studenten wurde durch einen Stromschlag Schmerz zugefügt, der durch ein teures oder billiges Schmerzmittel gelindert werden sollte. Die Studenten, die angeblich das teurere Mittel erhielten, berichteten über eine bessere Wirkung. Interessant war, dass kein Student ein Schmerzmittel erhielt, beide Gruppen bekamen ein Placebo. Demnach steigert alleine die Erwartungshaltung die Bereitschaft, einen überhöhten Preis zu bezahlen, und diese Bereitschaft beeinträchtigt eine Pareto-optimale Lösung (Waber, Shiv, Carmon et al. 2008).

Beim Slutsky-Effekt werden die Auswirkungen einer Preisänderung in einen Einkommenseffekt und einen Substitutionseffekt unterteilt. Nehmen wir an, ein Arzt habe ein Budget über 1.000 €, welches für die Verordnungen dreier Arzneimittel ausreichen muss (Tab. 10).

in €	VERORDNUNGEN	EINZELPREIS	GESAMTPREIS
ARZNEIMITTEL #1	25	10	250
ARZNEIMITTEL #2	25	10	250
ARZNEIMITTEL #3	500	1	500
SUMME			1.000

Tab. 10: Erläuterung zum Slutsky-Effekt I. Das Budget über 1.000 € muss ausreichen, um die Verordnungen für die Arzneimittel 1, 2 und 3 abzudecken.

Wenn die Behörden für das Arzneimittel #2 einen Festbetrag von 1 € festlegten, würde der Umsatz für dieses Arzneimittel von 250 auf 25 € und der Gesamtumsatz für alle drei Arzneimittel auf 775 € reduziert werden. Um drohende Umsatzeinbußen zu vermeiden, müsste der Hersteller des Arzneimittels darauf hinwirken, dass die Verschreibung des im Preis abgesenkten Arzneimittels #2 von initial 25 Verordnungen auf 250 Verordnungen gesteigert wird. Diese Steigerung würde zwar den Einkommenseffekt kompensieren, ist aber unrealistisch (Tab. 11).

in €	VERORDNUNGEN	EINZELPREIS	GESAMTPREIS
ARZNEIMITTEL #1	25	10	250
ARZNEIMITTEL #2	250	1*	250
ARZNEIMITTEL #3	500	1	500
SUMME			1.000

Tab. 11: Erläuterung zum Slutsky-Effekt II. Unrealistische Steigerung der Verordnungen eines durch Festbetrag (*) im Preis reduzierten Arzneimittels #2 zur Kompensation von Umsatzeinbußen.

Deshalb kommt ein zweiter Effekt zum Tragen, der Substitutionseffekt. Der Arzneimittelhersteller wird nicht versuchen, die Anzahl der Verordnungen des infolge der Festbetragsregelung kostengünstigen Arzneimittels #2 (Festbetrag 1 €) von 25 auf 250 Verordnungen zu steigern. Realistischer ist, zur Kompensation der Einkommenseinbuße einen Substitutionseffekt anzustreben. Wenn es gelingt, die Verordnungen des Arzneimittels #2 (dessen Preis durch den Festbetrag gedrosselt ist) zu reduzieren und durch eine Steigerung der Verordnungen eines anderen Arzneimittels, mit dem ein höherer Preis zu erzielen ist (z. B. Arzneimittel #1), zu ersetzen (Substitutionseffekt), könnte die Umsatzeinbuße durch eine nur sehr geringe (!) Steigerung der Zahl der Verordnungen kompensiert werden. In Tab. 12 ist gezeigt, dass durch eine Reduktion bei Arzneimittel #2 von 25 auf 5 Verordnungen eine zusätzliche, aber nur geringe Umsatzeinbuße hinzunehmen ist (20 × 1€ = 20€). Die Substitution des preisgünstigen Arzneimittels #2 durch Arzneimittel #1, welches erheblich mehr Umsatz generiert, kann die Umsatzeinbuße realistisch kompensieren, weil die Gesamtzahl der Verordnungen lediglich um 4,5 Verordnungen gesteigert werden muss. Tab. 12 verdeutlicht demnach, dass durch 5 Verordnungen (20 Verordnungen weniger gegenüber der Ausgangssituation) des Arzneimittels #2 und 49,5 Verordnungen (24,5 Verordnungen mehr gegenüber der Ausgangssituation) der Umsatz für den Hersteller konstant gehalten werden kann, indem das rabattpflichtige Arzneimittel seltener und ein anderes, nicht rabattpflichtiges Arzneimittel häufiger als bisher beworben und verordnet wird. Diese Art der Quersubstitution wird von den „Vätern der Verordnungen" nicht immer bedacht und erhöht die Komplexität des Systems ohne ein Problem zu lösen.

in €	vorher			nachher		
	VERORD-NUNGEN	EINZEL-PREIS	GESAMT-PREIS	VERORD-NUNGEN	EINZEL-PREIS	GESAMT-PREIS
AM #1	25	10	250	49,5	10	495
AM #2	25	10	250	5,0	1	5
AM #3	500	1	500	500,0	1	500
SUMME	550	–	1.000	554,5	–	1.000

Tab. 12: Erläuterung zum Slutsky-Effekt III. Die Zahl der Verordnungen wird bei Arzneimittel (AM) #1 um 24,5 gesteigert und bei AM #2 um 20 gesenkt, sodass die Gesamtzahl der Verordnungen lediglich um 4,5 ansteigt, was realistisch zu erreichen ist. Der Gesamtpreis bleibt unverändert, die Festbetragsregelung ist leicht zu umgehen.

Theoretisch kann ein negativer Einkommenseffekt so groß sein, dass ein Gut trotzdem mehr nachgefragt wird. Diesen Effekt nennt man einen Giffen-Effekt. Als Beispiel wird die Nachfrage nach Kartoffeln in Irland genannt. Der Preis von Fleisch stieg in Irland so stark, dass Fleisch durch Kartoffeln substituiert wurde. Dadurch stieg die Nachfrage für Kartoffeln und dementsprechend stieg der Preis für Kartoffeln. Es wurde also mehr nachgefragt, obwohl der Preis gestiegen war. Analog kann man sich vorstellen, dass überteuerte Therapien einen Giffen-Effekt auslösen und damit die Nutzenmaximierung beeinträchtigen (Pindyck, Rubinfeld 2005).

Ein weiteres Hindernis für einen funktionierenden Marktmechanismus stellt das Anspruchsniveau bzw. die „bounded rationality" dar. Bounded rationality bezeichnet in der Entscheidungstheorie Konstellationen, in welchen auf Grund von Rahmenbedingungen rationale Entscheidungen nur begrenzt möglich sind. Ein Beispiel ist das sektoral aufgebaute deutsche Gesundheitswesen. Einen Sektor bilden die niedergelassenen Ärzte, die mit den Kassenärztlichen Vereinigungen und diese wiederum kumuliert für alle Ärzte mit den Krankenkassen abrechnen. Aus diesem Grunde gehen patientenbezogene Daten, die eine medizinische und/oder ökonomische Vorteilhaftigkeit vorweisen können, verloren.

Ähnlich verhält es sich mit dem Krankenhaus. Die Krankenkassen verhandeln mit den Krankenhäusern die German Diagnosis Related Groups (G-DRGs). Die separaten Verhandlungen mit den Kassenärztlichen Vereinigungen und mit den Krankenhäusern verhindern den Datenfluss eines Patienten über die Sektoren und damit die gesundheitsökonomische Evaluation einer Therapie.

Erschwerend kommt hinzu, dass der Planungshorizont der Krankenkassen auf ein Jahr beschränkt ist. Bei chronischen Krankheiten ist es deshalb nicht möglich, Therapien über längere Zeiträume gesundheitsökonomisch zu vergleichen. Die Leistungen bzw. Ergebnisse einer Therapie beschränken sich jedoch nicht nur auf die Sektoren der Kassenärztlichen Vereinigungen und der Krankenhäuser, sondern schließen unter Umständen auch die Rentenversicherung mit ein.

Die Finanzierungsstruktur der sozialen Sicherung in der Bundesrepublik Deutschland führt zu einem Gefangenendilemma (Schöffski, von der Schulenburg 2007; Varian 2001). Die Krankenhäuser, die niedergelassenen Ärzte und die Krankenversicherer selbst können die Konsequenzen minderwertiger Therapien, sofern sie zu dauerhafter Arbeitsunfähigkeit und Frühverrentung führen, externalisieren. Die Krankenversicherungen haben systembedingt kein Interesse an einer Therapie, die langfristig die Kosten senkt, aber kurzfristig die Kosten steigert, weil ihr eigenes Budget nur durch die kurzfristigen Belastungen betroffen ist. Diese Anreiz-Inkompatibilität bewirkt, dass sich zwar jeder Sektor für sich genommen rational verhält, das Gesamtsystem der sozialen Sicherung aber irrationales Verhalten aufweist. Das Verhalten der einzelnen Sektoren kann durch die Theorie der „bounded rationality" erklärt werden. Danach wird ein Entscheidungsprozess abgebrochen, wenn ein befriedigendes Anspruchsniveau erreicht wird (Bendor 2003). Ein Arzt oder ein Krankenhaus, die ihre Budgets ausschöpfen ohne sie zu überschreiten, haben ein entsprechendes Anspruchsniveau befriedigt und sehen keinen Anreiz, transsektorale Einsparmöglichkeiten zu verfolgen. Die Rationalität ist in diesem Falle auf den jeweiligen Sektor gebunden (bounded).

2.2.2 Theorie der Steuerung des Gesundheitssystems
JOHANNES CLOUTH & FRANZ PORZSOLT

KOSTEN

Interessant ist, dass bis heute in der Ökonomie keine Einigkeit darüber besteht, wie Kosten zu definieren sind. Vorherrschend ist jedoch der von Schmalenbach (Schmalenbach 1963) entwickelte Kostenbegriff. Danach sind Kosten der in Geld bewertete Verzehr von Gütern, wobei Dienstleistungen als Güter gesehen werden, die durch die betriebliche Leistungserstellung verursacht werden (Wöhe 2010). Prägende Merkmale dieses Kostenbegriffs sind erstens der Verursacherbezug zur betrieblichen Leistungserstellung und zweitens die Loslösung von Aufwand und Auszahlungen, so dass Opportunitätskosten, d. h. entgangene Erträge, berücksichtigt werden können. Kosten werden in Einzelkosten und Gemeinkosten unterteilt. Einzelkosten lassen sich der Kostenträgereinheit, im Gesundheitswesen dem Patienten, verursachungsgerecht zurechnen. Gemeinkosten lassen sich einer Kostenträgereinheit nicht unmittelbar zurechnen. Beispiele sind Miete oder Abschreibungen für Gebäude. Von Medizinern werden diese Kosten oft als „ohnehin existierend" bezeichnet.

Auf einer anderen Begriffsachse werden die Kosten in variable und fixe Kosten unterteilt. Von wenigen Ausnahmen abgesehen kann man verallgemeinern, dass Einzelkosten variable Kosten und Gemeinkosten fixe Kosten sind.

AUSZAHLUNGEN UND BARWERT

Von den Kosten abzugrenzen sind die Auszahlungen, d. h. der Abfluss liquider Mittel. Diese Abgrenzung ist bedeutend, weil Auszahlungen nicht immer Kosten und Kosten sind nicht immer zwangsläufig Auszahlungen sind. Auszahlungen, die keine Kosten darstellen, sind zum Beispiel unerwartete Reparaturen von Großgeräten (Blitzeinschlag etc.). Kosten, die keine Auszahlungen nach sich ziehen, sind zum Beispiel Abschreibungen für Geräte. Die Auszahlung erfolgt beim Kauf, die Kosten verteilen sich aber zum Beispiel über die Lebensdauer der Maschine. So kann zum Zeitpunkt des Kaufs eine Auszahlung von 10.000 € erfolgen, die Kosten bei einer Laufzeit von 4 Jahren betragen pro Jahr 2.500 €.

Zum anderen besteht Inkompatibilität zwischen den Akteuren im Gesundheitswesen. Die Krankenkassen haben einen Planungshorizont von einem Jahr und konzentrieren sich dementsprechend auf die jährlichen Auszahlungen bzw. Einzahlungen. Gesundheitsökonomen rechnen nur mit Kosten und erfassen bei chronischen Krankheiten Zeiträume von 30 und mehr Jahren. Aufgrund der unterschiedlichen Definitionen glaubt jeder, die für sich vorteilhafte Kalkulation vorzulegen. Dieses Spannungsfeld bedarf einer weiteren Diskussion.

Einen möglichen theoretischen Ansatz bildet der Barwert (auch Gegenstandswert genannt). Dies sei am folgenden Beispiel verdeutlicht. Nehmen wir an, man wisse aufgrund valider Untersuchungen, dass ein Patient in 10 Jahren eine Brille zu einem Preis von 200 € benötigen wird. Zinst man nun diesen Betrag für 10 Jahre mit 7 % ab, dann erhält man einen Betrag von 100 €. Genau diesen Betrag könnte die Krankenkasse jetzt zurückstellen und zinsbringend anlegen, um in 10 Jahren über 200 € zu verfügen.

KOSTEN IN DER GESUNDHEITSÖKONOMIE

Die Kostenbegriffe der Gesundheitsökonomie orientieren sich zwar an der Ökonomie, sind mit diesen aber nicht deckungsgleich. Die Gesundheitsökonomen unterscheiden zwischen direkten, indirekten und intangiblen Kosten. Zu den direkten Kosten wird jener Ressourcenverbrauch gezählt, der unmittelbar mit der Anwendung der Behandlung verbunden ist. Man muss betonen, dass hier sowohl Einzel- als auch Gemeinkosten erfasst werden (Schöffski, von der Schulenburg 2007). Bei dem Ansatz der indirekten Kosten wird unterstellt, dass Gesundheitsausgaben aus volkswirtschaftlicher Sicht immer auch Investitionen in die Erhaltung der Berufsausübungsfähigkeit der Patienten, also Investitionen in das Humankapital darstellen. Demnach sind die indirekten Kosten einer Krankheit gerade so groß wie der Verlust an Arbeitspotenzial, der einer Volkswirtschaft durch krankheitsbedingtes Fernbleiben oder durch eingeschränkte Leistung am Arbeitsplatz entsteht. Die indirekten Kosten werden meist mit dem Humankapital-Ansatz berechnet. Danach entstehen die indirekten Kosten aus der Anzahl der Arbeitsunfähigkeitstage mal dem Bruttoeinkommen aus unselbstständiger Arbeit dividiert durch die Zahl abhängig Erwerbstätiger mal 365 Tage.

Als intangible Kosten werden monetär nicht messbare Effekte wie Angst Schmerz, Freude oder physische Beschränkungen bezeichnet.

Die Erfassung aller Kosten einer Krankheit nennt man eine Krankheitskostenstudie. Krankheitskosten alleine, ohne zusätzliche Bewertung, sind nicht geeignet, um Entscheidungen abzuleiten. Eine Handlungsempfehlung, ob Kosten gesenkt werden sollten, kann erst getroffen werden, wenn eine Kosten-Effektivitäts-Studie oder Kosten-Nutzwert-Analyse durchgeführt wurde.

INKREMENTELLE KOSTEN-EFFEKTIVITÄTS-ANALYSE (IKER/ICER)

Bei der Kosten-Effektivitäts-Analyse werden die Kosten in monetären Einheiten bewertet, wohingegen das Ergebnis in nicht monetären Einheiten erfasst wird. Es werden mindestens zwei Maßnahmen (z. B. Therapien) verglichen. Man errechnet die Differenz der Kosten beider Maßnahmen und setzt sie ins Verhältnis zur Differenz der Ergebnisse. Damit lässt sich die „inkrementelle Kosten-Effektivitäts-Ratio" (IKER) oder „incremental-cost-effectiveness-ratio" (ICER) berechnen.

Bei der Kosten-Effektivitäts-Analyse sind mindestens vier Bedingungen zu beachten:

▶ Die Endpunkte der zu vergleichenden Maßnahmen müssen identisch oder vergleichbar sein.
▶ Eine Allokationsoptimierung kann nur erfolgen, wenn die o. g. Bedingung zutrifft.
▶ Die auszuwählenden Endpunkte beruhen auf Werturteilen und sind als solche einer Prüfung der Normen zu unterziehen.
▶ Der Schwellenwert, ab wann eine Maßnahme einer anderen vorzuziehen ist, entspricht ebenfalls einem Werturteil und ist als solches zu prüfen.

Die theoretische Basis dieser Überlegungen wird durch die Gesetze zum Grenznutzen („Gossensche Gesetze") ausgedrückt.

GRENZNUTZEN

Als „Gossensche Gesetze" bezeichnet man zwei volkswirtschaftliche Regeln, die auf der Annahme basieren, dass individuelle Präferenzen in Form von Nutzen quantifizierbar sind. Demnach kann dem Grad der Bedürfnisbefriedigung eines Individuums ein Wert zugewiesen werden, der in Nutzeneinheiten berechnet und ggfs. mit verschiedenen Nutzeneinheiten verrechnet werden kann.

Diese Regeln wurden von dem deutschen Volkswirt Hermann Heinrich Gossen in seinem Werk „Entwicklung der Gesetze des menschlichen Verkehrs und der daraus fließenden Regeln für menschliches Handeln" betreits im Jahr 1854 publiziert.

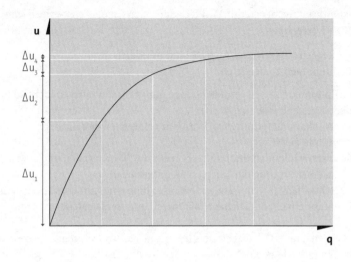

Abb. 9: Erstes Gossensches Gesetz, Abnahme des Grenznutzens (u = Nutzen, Δu = Grenznutzen, q = Konsumierte Menge)

Das erste Gossensche Gesetz (auch Gesetz vom abnehmenden Grenznutzen oder Sättigungsgesetz) lautet: „Die Größe eines und desselben Genusses nimmt, wenn wir mit Bereitung des Genusses ununterbrochen fortfahren, fortwährend ab, bis zuletzt Sättigung eintritt." Das Gesetz besagt also, dass der Konsum eines Gutes mit zunehmender Menge einen immer geringeren Zusatznutzen (Grenznutzen) stiftet.

Das erste Gossensche Gesetz greift damit unter der Annahme des kardinal messbaren Nutzens die für die meisten Aktivitäten als gültig erachtete Hypothese auf, dass die erste Aktivitätseinheit mehr (zusätzlichen) Nutzen stiftet als die zweite, die zweite mehr als die dritte, die dritte mehr als die vierte und so weiter. Paradebeispiel ist der Konsum von Nahrungsmitteln, bei denen typischerweise Sättigung eintritt. So stiftet der Genuss eines ersten Glases Wasser für einen Durstigen einen sehr hohen Nutzen, wohingegen das zweite bereits einen etwas geringeren, das dritte wiederum etwas weniger zusätzlichen Nutzen bringt und das vierte vielleicht schon Völlegefühl oder Übelkeit verursacht, d. h. der Grenznutzen wird negativ. Diese Aussage des ersten Gossenschen Gesetzes, dass „zu viel des Guten" ein unerwünschtes Ergebnis zur Folge haben kann, wird in der Gesundheitsökonomie nicht immer beachtet.

Das zweite Gossensche Gesetz betrifft die Verteilung des Einkommens auf eine Vielzahl von Bedürfnissen mit dem Ziel, einen höchsten Gesamtnutzen zu erzielen. Ein Haushalt befindet sich demnach in einem Haushaltsoptimum, wenn seine Grenznutzen für alle Güter, jeweils geteilt durch den Preis des Gutes, übereinstimmen. Andernfalls könnte er seinen Nutzen steigern, da sich eine Umstrukturierung des Konsums so vornehmen ließe, dass eine Reduzierung der Ausgaben für ein Gut weniger Nutzen verliert als eine entsprechende Steigerung der Ausgaben für ein anderes Gut Nutzen gewinnt. Das zweite Gossensche Gesetz gilt sowohl für ordinale als auch für kardinale Nutzenmessung (wobei Gossen selbst von einer kardinalen Messbarkeit des Nutzens ausgegangen war).

Die Aussage, dass im Haushaltsoptimum das Preisverhältnis je zweier Güter mit dem Verhältnis ihrer Grenzrate der Substitution (Steigung der Indifferenzkurve) übereinstimmen muss, ist zum zweiten Gossenschen Gesetz äquivalent. Als Zwischenbilanz sollte für die health care professionals festgehalten werden, dass diese ökonomischen Regeln und Gesetze durchaus hilfreich sind, um den Nutzen von Gesundheitsleistungen zu bewerten: Wenn die Bedingungen, an welche beide Gesetze geknüpft sind, eingehalten werden, lassen sich beide Gossenschen Gesetze auf die Gesundheitsversorgung anwenden. Werden bei einer lebensbedrohlichen Erkrankung, z. B. Krebs, konsekutiv mehrere lebensrettende Maßnahmen durchgeführt (z. B. erster, zweiter, dritter Zyklus einer Chemotherapie oder zunächst chirurgische Primärtherapie, dann adjuvante Hormon- oder Chemotherapie und letztlich eine konsolidierende Immuntherapie) lässt sich anhand des ersten Gossenschen Gesetzes vorhersagen, dass der Grenznutzen von der ersten bis zur dritten Therapie abnehmen wird. Stellt man den erzielten Grenznutzen den entstehenden Kosten in einer ICER gegenüber, wird deutlich, dass die angenommenen Kosten der chirurgischen Maßnahme (5.000 €) mehr Nutzen stiften als die zweite Maßnahme (15.000 €) und diese mehr Nutzen stiftet als die dritte Maßnahme (45.000 €), deren Kosten erheblich höher liegen als die Kosten der beiden vorausgegangenen Therapien.

KOSTEN-NUTZWERT-ANALYSE

Ein Ansatz, die Probleme der Kosten-Effektivitäts-Analyse zu lösen, stellt die Kosten-Nutzwert-Analyse (cost-utility-analysis) dar. Bei der Kosten-Nutzwert-Analyse werden, wie bei der Kosten-Effektivitäts-Analyse, die Kosten monetär erfasst. Bei den Ergebnissen werden aber QALYS eingesetzt. Ein QALY berechnet sich aus der Restlebensdauer aufgrund einer erfolgreichen Therapie multipliziert mit utilities. Eine utility ist ein Maß für eine präferenzbezogene Lebensqualität, die zwischen 0 und 1 standardisiert wird. Mit den Präferenzen der Patienten überschreitet man die Schwelle zur Nutzentheorie. Die präferenzbasierte Lebensqualität wird berechnet, indem Zustände der Lebensqualität durch Methoden wie Time Trade Off, Standard Gamble, Analytical Hierarchy Process, Conjoint oder Discrete-Choice eingesetzt werden. Man geht davon aus, dass ein für alle Therapien gültiges Ziel darin besteht, dass die Patienten überleben, eine angepasste Lebensqualität erhalten und davon einen Nutzen haben. Damit bleibt nur das Problem des Schwellenwertes übrig. Es muss fairerweise gesagt werden, dass die QALY-Instrumente wie der EQ-5D, HUI oder SF-6D die gesundheitsbezogene Lebensqualität nicht so präzise wie krankheitsspezifische Instrumente erfassen können, und dass die Konstruktvalidität nicht immer optimal ist (Clouth 2008a/b). Diese Einschränkung besagt, dass in manchen Ländern für absolut sensible Gesundheitsentscheidungen wenig präzise und nicht absolut verlässliche Instrumente eingesetzt werden.

Bei der Methode des Standard Gamble wird der Patient vor die Entscheidung gestellt, ob er in einem Zustand bleiben will, der zum Tod führt, oder ob er z. B. einer Amputation zweier Beine, eines Beines etc. zustimmt, wodurch er überlebt. Bei dem Punkt der Indifferenz, z. B. der Zustimmung zur Amputation eines Beines, ist die Gleichwertigkeit von Kosten und Konsequenzen getroffen und es kann entschieden werden. Analog geht man beim Time Trade Off vor, wobei als Alternative z. B. verlorene Lebensjahre der gewonnenen Lebensqualität gegenübergestellt werden. Health care professionals, die zusammen mit ihren Patienten diese Diskussionen zu führen haben, werden bestätigen, dass diese theoretischen Überlegungen in manchen Kulturkreisen durchaus üblich sein können, aber auf unsere Patienten in Deutschland kaum anwendbar sind. Unsere Patienten erwarten eine differenzierte Abwägung aller Vor- und Nachteile der alternativen Handlungsmöglichkeiten, zu welchen z. B. auch Aspekte wie die Verlässlichkeit der wissenschaftlichen Aussagen und deren Gültigkeit unter Alltagsbedingungen zu rechen sind. Damit kommen wir wieder zurück zu einer Definition der Ökonomie, die besagt dass eine komplette ökonomische Analyse aus drei Teilen besteht, der Beschreibung der Kosten, der Beschreibung der Konsequenzen und der Berücksichtigung beider Parameter unter alternativen Handlungsmöglichkeiten. Manche Ökonomen, die selbst nie solche Entscheidungen – weder in der Rolle eines Leistungsnehmers noch in der Rolle eines Leistungserbringers – zu treffen hatten, können die Tragweite dieser Entscheidungen kaum abschätzen und sollten deshalb damit nicht überfordert werden.

WEITERE VERFAHREN

Der Analytic Hierarchy Process – Analytischer Hierarchieprozess – wurde in den 70er Jahren von Thomas L. Saaty für die Analyse einer Vielzahl von komplexen technologischen, ökonomischen und soziopolitischen Problemen entwickelt. Er ist ein multiattributives Entscheidungsverfahren bzw. eine multiattributive Präferenzmessmethode. Im Vergleich mit traditionellen Techniken ermöglicht der AHP eine Entscheidung hinsichtlich quantitativer Daten (auf Tatsachen beruhender Daten verschiedenartiger Variablen) und qualitativer Daten (Bewertung der Variablen durch den Entscheidungsträger) (Johal, Williams 2007:21; Hummel, Omta, van Rossum et al. 2001). Der AHP als unterstützendes Verfahren bei medizinischen Entscheidungsgremien erlaubt dem Anwender eine hierarchische Struktur zu erstellen sowie die Beziehungen zwischen Entscheidungskriterien und Alternativen zu bewerten, um eine verbesserte klinische Entscheidung zu erleichtern (Sloane, Liberatore, Nydick 2002:38).

Der AHP wurde bisher bereits mehrfach erfolgreich angewandt, z. B. bei Entscheidungen über die Auswahl von Produkten, Prozessen oder Projekten, bei Entscheidungen hinsichtlich der Ressourcenallokation und der Leistungsmessung sowie bei politischen Problemen (Hatcher 1994:268; Hummel, Omta, van Rossum et al. 2001:45).

Die Anwendbarkeit des AHP basiert grundsätzlich auf drei Grundideen, die zeigen, dass es möglich ist, eine Skala zu entwickeln, die die Verhältnisse der Werturteile für eine bestimmte Menge an Alternativen in Bezug zu einer Menge an Kriterien misst (Dolan, Isselhardt, Cappuccio 1989). Zur theoretischen (mathematischen) Fundierung und Untermauerung des AHPs formulierte Saaty aus diesem Grundmodell mehrere Axiome (Saaty 1986). Unter Verwendung dieser Axiome hat Saaty die Gültigkeit der grundlegenden Bestandteile des AHPs geprüft (Dolan, Isselhardt, Cappuccio 1989; Lütters 2004:228).

Die Conjoint-Analyse ist ein in der Marktforschung häufig eingesetztes Instrument zur Präferenzmessung (Green, Srinivasan 1990; Backhaus, Erichson, Plinke 2006). Die Anwendungsgebiete reichen dabei von der Produktneuentwicklung bzw. Produktmodifikation bis hin zu Positionierungs- und Preiswirkungsstudien. Das Ziel der Conjoint-Analyse besteht darin, den Einfluss einzelner Eigenschaften eines Leistungsbündels auf den Nutzen zu zerlegen (dekompositionelle Nutzenmessung). Als Ergebnis erhält man Trade Offs zwischen verschiedenen Eigenschaften im Hinblick auf den Nutzen.

Bei der Conjoint-Analyse werden zunächst sogenannte hypothetische Profile gebildet. Jedes hypothetische Profil besteht dabei aus Kombinationen verschiedener Ausprägungen nutzenrelevanter Eigenschaften. Die Eigenschaften sollten dabei signifikant für den wahrgenommenen Nutzen, unter Kontrolle des Anbieters, voneinander unabhängig sowie in ihrer Anzahl begrenzt sein. Mit Hilfe von speziellen Algorithmen kann die Anzahl an Profilen auf ein repräsentatives Design reduziert werden. Die verschiedenen Varianten der Conjoint-Analyse unterscheiden sich darin, ob der Proband lediglich zwei Profile gleichzeitig bewertet, die sich nur in einer Eigenschaft unterscheiden (Zwei-Faktoren-Methode) oder aber mehrere Profile, bei denen alle Eigenschaften simultan variiert werden (Full-Profile-Methode). Die Nutzenmessung kann dabei sowohl ordinal- als auch kardinalskaliert erfolgen.

Die Choice-Based Conjoint-Analyse ist eine Erweiterung der klassischen Conjoint-Analyse, die seit den 90er Jahren weite Verbreitung und Anwendung gefunden hat. Dies liegt insbesondere an dem Zugang zu entsprechender benutzerfreundlicher Software (z. B. CBC von Sawtooth). Der Unterschied zur traditionellen Conjoint-Analyse besteht darin, dass keine Präferenzurteile modelliert werden, sondern diskrete Wahlentscheidungen. Es handelt sich also um Discrete-Choice-Modelle, die auf ein Conjoint-Design angewandt werden (Train 2009; Cameron, Trivedi 2005). Während bei der klassischen Conjoint-Analyse die Probanden ordinale oder kardinale Nutzenurteile zu den hypothetischen Produktprofilen abgegeben, treffen die Befragten bei der Choice-Based-Analyse fiktive Entscheidungen zwischen verschiedenen hypothetischen Profilen. Der Vorteil der Choice-Based-Analyse liegt zum einen in der größeren Realitätsnähe der Befragungssituation und der Möglichkeit, unmittelbar aus den Ergebnissen Marktanteile und Mengeninformationen ableiten zu können. Ein Nachteil besteht zum einen in dem eintretenden Informationsverlust, da keine expliziten Nutzenurteile abgefragt werden, und zum anderen in technischen Schätzproblemen, die insbesondere bei einer großen Anzahl an Alternativen auftreten.

Am QALY-Konzept ist außerdem kritisch anzumerken, dass es Patientennutzen gibt, die nicht unbedingt durch die Instrumente der Lebensqualität erfasst werden. So ist es denkbar, dass Patienten spezifische Unsicherheit verspüren oder Diabetiker gerne abnehmen. Diese Präferenzen werden aber nicht durch die Lebensqualitätsanalyse erfasst. Für solche Fragestellungen zur Erfassung des Patientennutzens eignen sich Verfahren wie die Conjoint- oder Discrete-Choice-Analyse.

Hierbei ist allerdings kritisch anzumerken, dass der Begriff des Nutzens nicht einheitlich definiert ist. Dies zeigen die ausgewählten Definitionen verschiedener Quellen. Eine Nutzenfunktion ist eine Möglichkeit, jedem möglichen Konsumbündel eine Zahl zuzuweisen, und zwar so, dass bevorzugten Bündeln höhere Zahlen zugeordnet werden, als weniger erwünschten (Varian 2001). „Nutzen" ist der numerische Wert für die einen Konsumenten aus einem Warenkorb erwachsende Befriedigung (Pindyck, Rubinfeld 2005). Eine andere Bestimmung des Begriffes findet man in Vahlens Wirtschaftslexikon: Nutzen wird definiert als „Grad der Bedürfnisbefriedigung, den ein Wirtschaftssubjekt aus dem Konsum eines Gutes zieht" (Dichtl, Issing 1994).

Der Begriff „Nutzen" wird in der gesundheitsökonomischen Literatur weit und eng verwendet. In seiner engen Bedeutung lehnt er sich an die evidenzbasierte Medizin an und spiegelt den reinen medizinischen Nutzen zur Beurteilung einer Maßnahme wider. In seiner weiten Bedeutung umfasst der Begriff „Nutzen" nicht nur die Effekte einer Intervention, sondern auch das, was in der ökonomischen Literatur im Allgemeinen als Wert bezeichnet wird. Darunter wird die präferenzbasierte Bewertung des Nutzens verstanden. Das IQWiG kann für die Darstellung der Kosten-Nutzen-Verhältnisse den approximativ kardinal skalierten Nutzen, der ggf. direkt aus den Studienergebnissen ableitbar ist, oder einen transformierten approximativ kardinal-skalierten

Nutzen auf der Nutzenachse abtragen. Der Begriff „Nutzen" wird im Folgenden jeweils kontextbezogen in seiner engen und weiten Bedeutung verwendet (IQWiG 2009). Beim Patientennutzen sollen insbesondere die Verbesserung des Gesundheitszustandes, eine Verkürzung der Krankheitsdauer, eine Verlängerung der Lebensdauer, eine Verringerung der Nebenwirkungen sowie eine Verbesserung der Lebensqualität, bei der wirtschaftlichen Bewertung auch die Angemessenheit und Zumutbarkeit einer Kostenübernahme durch die Versichertengemeinschaft angemessen berücksichtigt werden. Das Institut bestimmt auftragsbezogen über die Methoden und Kriterien für die Erarbeitung von Bewertungen nach Satz 1 auf der Grundlage der in den jeweiligen Fachkreisen anerkannten internationalen Standards der evidenzbasierten Medizin und der Gesundheitsökonomie (SGB V § 35 b Kosten-Nutzen-Bewertung von Arzneimitteln). Es wird augenscheinlich, dass die Definition des Terminus „Nutzens" eine noch unbewältigte Aufgabe darstellt.

2.2.3 Praktische Effekte zur Steuerung des Gesundheitssystems

JOHANNES CLOUTH & FRANZ PORZSOLT

Unter Alltagsbedingungen lassen sich Effekte im Gesundheitssystem, die in der Theorie logisch konzipiert wurden, manchmal, aber bei weitem nicht immer beobachten. Andererseits kommen im Alltag Effekte zum Tragen, an die in der Theorie niemand gedacht hat. Deshalb ist es nicht sinnvoll, eine vollständige Liste theoretischer Effekte erstellen zu wollen, die im Alltag eingetreten sind oder vermutlich eintreten werden. Das gilt für das Gesundheitssystem gleichermaßen wie auch für viele andere Systeme. Deshalb sind in unserer Sammlung nur vier Beispiele für bedeutende Effekte in der klinischen Praxis angeführt: die Anreize, die Sicherheit, die Präferenz und der Placebo-Effekt.

ANREIZE

Unter Anreizen (incentives) im weiteren Sinne versteht man motivierende Informationen aller Art, die bewusst oder unbewusst verbreitet oder empfangen werden. Das vierte der zehn ökonomischen Prinzipien, die von dem Harvard Professor Gregory Mankiw propagiert werden, sagt aus, dass Menschen auf Anreize reagieren. Erstaunlich ist, dass wir die Konsequenzen dieser Anreize kaum analysieren. Aus dem täglichen Leben gibt es zahlreiche Beispiele: Die an allen Verkaufsstellen angebotenen „Schnäppchen" werden von den Käufern als ökonomischer Vorteil empfunden und deshalb gekauft. Kein Verkäufer würde aber ein „Schnäppchen" anbieten, wenn er damit nicht eines seiner konkreten Ziele realisieren könnte. Ein konkretes Ziel könnte sein, dass er alte Lagerbestände räumen muss, um wieder Platz für neue Lieferungen zu schaffen. Auch Krankenversicherungen arbeiten mit Anreizen. Patienten, die sich in sogenannte DMPs (Disease-Management-Programme) eingeschrieben haben, werden dem Anreiz ausgesetzt, die Praxisgebühr erlassen zu bekommen. Die meisten Patienten stellen keine Überlegungen an, weswegen ihre Krankenversicherung die Praxisgebühr erlässt und nur wenige Patienten sind in der Lage, den komplexen Fluss von Finanzierungsströmen zu durchschauen und zu erkennen, dass eine Krankenversicherung mit jedem Patienten, der sich in ein DMP einschreibt, einen „Bonus" aus dem sog. Risikostrukturausgleich – das ist ein gemeinsamer Finanztopf, mit welchen versucht wird, Unterschiede in den Risikoprofilen der Versicherten zwischen Krankenversicherungen auszugleichen – erhält. Dieser Bonus, den die Krankenversicherung erhält, beträgt das Vielfache dessen, was der Patient als Anreiz, sich in ein DMP einzuschreiben, und der Arzt als zusätzlichen Anreiz, Patienten im Rahmen eines DMP zu bestimmten Bedingungen zu versorgen, erhalten. Dieses Beispiel soll zeigen, dass die Kommerzialisierung des Gesundheitssystems weit fortgeschritten ist und für Laien kaum mehr zu durchschauen ist. Bedenklich ist, dass die handwerkliche Ausgestaltung von DMP mangelhaft ist (Porzsolt 2008a). Da die wirtschaftlichen Outcomes dieser Verträge wesentlich sorgfältiger geprüft sind als die medizinischen, entsteht der Eindruck, dass unsere Gesundheitsversorgung inzwischen mehr an wirtschaftlichen als an medizinischen Zielen orientiert wird. Dieser Austausch der Ziele verschlechtert die Prognose eines Gesundheitssystems, weil diese Systeme nicht mehr das produzieren, was sie produzieren sollen, nämlich Gesundheit für ihre Versicherten und nicht nur Einkommen für ihre Beschäftigten.

SICHERHEIT

Sicherheit ist ein weiterer bedeutender Effekt im klinischen Alltag des Gesundheitssystems, dessen Tragweite uns kürzlich durch das Desaster in Japan bewusst geworden ist. Nach diesem Ereignis hat das Thema „Sicherheit" einen wesentlichen Wandel in drei Dimensionen, der Aktualität des Themas, der Wahrnehmung von Sicherheit und des aus der Wahrnehmung abgeleiteten Verhaltens der Menschen, erfahren.

Die sprunghafte Zunahme der Aktualität kann an der Präsenz des Themas „Sicherheit" in den Medien quantifiziert werden. Sicherheit hat eine erhebliche Änderung in ihrer Wahrnehmung erfahren, was durch Messung der „gefühlten Sicherheit" vor und nach den Ereignissen in Japan theoretisch nachweisbar wäre, wenn entsprechende Messungen in Deutschland vor dem Desaster in Japan durchgeführt worden wären. Der Einfluss der geänderten Wahrnehmung auf das Verhalten der Menschen lässt sich an der Verschiebung der politischen Gewichte bei den Wahlen im Land Baden-Württemberg im März 2011 nachweisen. Menschen, die in Deutschland durch die Ereignisse in Japan in ihrer Wahrnehmung verunsichert wurden, entscheiden anders als Menschen, die nicht verunsichert wurden. Entscheidend dabei ist, dass sich die durch Wahrscheinlichkeiten beschreibbaren Risiken in Deutschland keineswegs verändert haben. Entscheidende Veränderungen sind lediglich in der Wahrnehmung der Menschen eingetreten, die durch Informationen erheblich beeinflusst und durch psychometrische Instrumente quantifiziert werden können. Wir haben in Dissertationsarbeiten Instrumente entwickelt, um die „gefühlte Sicherheit" von Zielgruppen zu messen. Beispiele dieser Projekte sind die „gefühlte Sicherheit" von Frauen in einer Selbsthilfegruppe nach Brustkrebs (Rochau 2009), bei Kindern einer Realschule nach den Berichten über Amokläufe (Popp 2009), bei Lesern eines Arzneimittelbeipackzettels (Gampert 2009), bei älteren Mitbürgern (Knie 2010) und im Rahmen einer Masterarbeit bei Technikern im Steinkohlebergbau auf Spitzbergen (Vangberg 2008). Die Ergebnisse dieser Projekte haben gezeigt, dass die Wahrnehmung von Sicherheit zwar von situationsspezifischen Kriterien abhängt, aber wesentlich durch die Art der übermittelten Information beeinflusst werden kann. Damit wird klar, dass unsere Wertvorstellungen und unser Verhalten durch Information relativ einfach, effizient und nachhaltig (z. B. durch den Einfluss auf das Wählerverhalten bei demokratischen Entscheidungen) beeinflusst werden kann. Die Kenntnis dieser Zusammenhänge erfordert die Entwicklung neuer Strategien für den Umgang mit Information, weil erkannt werden sollte, dass jede demokratische Gesellschaft durch das Prinzip der „gefühlten Sicherheit" in hohem Maße vulnerabel ist.

Diese Zusammenhänge lassen sich auch auf die Gesundheitssysteme übertragen (Porzsolt, Kilian, Eisemann 2007; Porzsolt 2007a/b). Bei den Bürgern besteht zweifellos die Nachfrage nach gesundheitlicher Sicherheit, die sich – abhängig von der jeweiligen Situation – in einer Nachfrage nach präventiven, diagnostischen, kurativen, rehabilitativen oder palliativen Gesundheitsleistungen äußert. Problematisch ist, dass diese Nachfrage durch die Verbreitung von verunsichernden Informationen oder durch Versprechen, die unterschiedlich seriös sein können, gesteigert werden kann.

Erstaunlich ist auch, dass in der Öffentlichkeit eine erhebliche Nachfrage nach Erbringung von Gesundheitsleistungen, nicht jedoch nach der Dokumentation der Outcomes besteht. Im kommerziellen Bereich möchte jeder, der mit seinen Produkten am Markt teilnimmt, über die Qualität seiner Produkte informiert sein, um ggf. Korrekturen anbringen zu können und um wettbewerbsfähig zu bleiben. Nicht so im Gesundheitssystem. Dort ist es – abgesehen von klinischen Studien – nicht üblich, das Erreichen der angestrebten Ziele systematisch zu dokumentieren. Diese Schritte sind aus Gründen der Qualitätssicherung erforderlich. Wenn es gelänge, diese beiden Schritte, die Definition der angestrebten Ziele und die Dokumentation der erreichten Ziele, zu etablieren, ließe sich wahrscheinlich eine nennenswerte Verbesserung der Gesundheitsversorgung erzielen, weil die Partner des Systems plötzlich miteinander kommunizieren würden. Es bedarf keiner seherischen Fähigkeiten um vorherzusagen, dass die Ergebnisse alleine durch eine Kommunikation zwischen den Partnern verbessert werden können. Sicherheit ist für Gesunde ebenso bedeutend wie für Kranke, nur werden sich die Bereiche unterscheiden, in welchen Sicherheit von Gesunden und Kranken nachgefragt wird.

PRÄFERENZEN VON LEISTUNGSERBRINGERN UND LEISTUNGSNEHMERN

Wir haben den Präferenzen der Leitungserbringer und Leistungsnehmer bisher wahrscheinlich zu wenig Aufmerksamkeit geschenkt weil wir übersehen haben, dass wir alle unsere Entscheidungen an unseren Werten orientieren und Werte und Präferenzen eng miteinander verbunden sind. Die Ökonomen haben verschiedene Methoden entwickelt, um Präferenzen zu messen, z. B. die Conjoint- und Discrete-Choice-Analysen sowie den Analytical Hierachy Process. In einer Übersichtsarbeit haben wir diese Methoden zusammengefasst (Porzsolt, Polianski, Görgen 2011). Wer solche Methoden anwendet, sollte den Unterschied zwischen „Präferenz" und „Wert" beachten. Mit der Messung der Präferenz wird ein virtueller Wert erfasst („Wie würden Sie wählen, wenn Sie entscheiden müssten?"), der noch nichts darüber aussagt, wie dieses Individuum entscheidet, wenn es gezwungen wird, unter Alltagsbedingungen zu unterscheiden. Wenn man den wahrgenommenen Wert z. B. einer Gesundheitsleistung erfahren möchte, sollte man an Stelle der Präferenz die tatsächlich getroffenen Entscheidungen abbilden („Welche Entscheidungen haben die Menschen in einer bestimmten Situation getroffen?"). Diese Diskussion führt unmittelbar in die Problematik der Abgrenzung von „Wert", „Outcome" und „Nutzen", die an anderer Stelle analysiert wird. Studien zeigen sehr konkret, dass Patienten und Ärzte unterschiedliche Wertvorstellungen/Präferenzen haben und unter den gleichen Bedingungen zu sehr verschiedenen Entscheidungen kommen (Murphy, Burrows, Santilli et al. 1994; Kornmann, Porzsolt 2008; Kornmann, Porzsolt, Henne-Bruns 2008).

Im Kontext der Präferenz sollte bedacht werden, dass im Falle der klaren Präferenz einer von mehreren bestehenden Therapie-Optionen eine Randomisation kaum mehr akzeptiert wird. Mit anderen Worten, die Durchführbarkeit einer Randomisation setzt voraus, dass alle an der Randomisation beteiligten Personen keine der zu untersuchenden Optionen klar präferieren.

Wenn man nun berücksichtigt, dass eine eindeutige Präferenz etwas mit Vertrauen in den präferierten Lösungsweg zu tun hat, könnte man erwarten, dass eindeutig präferierte Therapie-Optionen zu besseren Ergebnissen führen als indifferent bewertete Therapie-Optionen. Wenn demnach in randomisierten Studien überwiegend nicht-präferierte Optionen untersucht werden, könnte ein verzerrtes Bild der Realität entstehen, weil nach dieser Definition Untersuchungen zu den vermutlich wirksamen Therapien nicht vorliegen. Analysiert man diesen unglücklich erscheinenden Zustand weiter (Porzsolt, Kliemt 2008; Udell, Redelmeier 2011), findet man interessante Hinweise auf Untersuchungen des Verhaltens von Konsumenten. So wurde das Prinzip der Cognitive Dissonance an Kindern dargestellt, welchen geraten wurde, mit verschiedenen Spielsachen, aber nicht mit einem Roboter zu spielen. Wenn das Spielen mit dem Roboter strikt untersagt wurde, hatten die Kinder den Hinweis häufiger missachtet als wenn nur angedeutet wurde, nicht mit dem Roboter zu spielen (Freeman 1965). Das Prinzip der Selbst-Selektion ist ein soziales Konstrukt, das kapitalistische und sozialistische Länder unterscheidet (Udell, Redelmeier 2011). Eine verdächtige Ähnlichkeit drängt sich auf, wenn man Wissenschaftstheorien miteinander vergleicht, die Selbst-Selektion zulassen oder strikt ablehnen.

PLACEBO-EFFEKTE

Das Grundwissen über Placebo-Effekte darzustellen, würde den Rahmen dieses Buchs sprengen. Dennoch kann die Steuerung des Gesundheitssystems nicht ernsthaft diskutiert werden, wenn Placebo-Effekte unbeachtet bleiben. Deshalb sind hier einige Hinweise zusammengestellt, die dem Leser ein Gefühl für die häufig unterschätzte Macht von Placebos vermitteln sollten.

In Kapitel 2.2.1 haben wir ein beachtenswertes Experiment von Rebekka Waber vorgestellt. Ihr Experiment und die Untersuchung von Kaptchuk et al. (Kaptchuk, Stason, Davis et al. 2006) sind bemerkenswert, weil sie den Nachweis erbringen, dass durch Information alleine, ohne Durchführung eines biomolekularen Effektes, eine physiologische Wirkung (hier Schmerzreduktion nach dosierten elektrischen Stromschlägen) erzielt werden kann. Analoge Befunde lassen sich aus verschiedenen experimentellen Ansätzen ableiten. Es ist erstaunlich, dass selbst Wissenschaftler, die sich einheitlichen Regeln der Epidemiologie unterwerfen, bei Analyse identischer Daten zu divergierenden Aussagen kommen. So hat sich eine Diskussion an der Frage entzündet, ob Placebos wirkungslos sind, was wir im Gegensatz zu anderen entschieden ablehnen (Porzsolt, Schlotz-Gorton, Biller-Andorno et al. 2004) und ob ein erwünschter und in der Tat beobachteter Effekt als spezifische Wirkung eines angewandten Arzneimittels zu verstehen ist oder lediglich der Tatsache zuzurechnen ist, dass ein vielversprechendes Arzneimittel (Interferon alfa) ohne entsprechende Placebo-Kontrolle verabreicht wurde (Coppin, Porzsolt 2003; Porzsolt, Kumpf, Coppin et al. 2003).

2.2.4 Ausblick

Vor dem Hintergrund der oben dargestellten Anwendungshindernisse und dem Blick auf die dargestellten Ansätze, diese Hindernisse zu überwinden, sind für die Erschließung des Nutzenpotenzials gesundheitsökonomischer Studien und der damit verbundenen Optimierung der Allokation knapper Ressourcen für diejenigen, die für die politischen Rahmenbedingungen verantwortlich sind, m. E. folgende Aufgaben noch zu bewältigen:

ENTSCHEIDUNGSINSTANZEN SIND ZU DEFINIEREN.

Als Entscheidungsinstanz fungiert in Deutschland hauptsächlich der gemeinsame Bundesausschuss. Dieser ist sowohl was seine Legitimität als auch seine Kompetenz angeht kritisch zu sehen. Es wäre wünschenswert eine Entscheidungsinstanz zu haben, deren Legitimität und Kompetenz außer Frage steht.

GÜLTIGE NUTZENDEFINITIONEN SIND VON UNGÜLTIGEN ZU UNTERSCHEIDEN.

Der Terminus technicus „Nutzen" ist weder im SGB V noch im Arzneimittelgesetz (AMG) definiert. Ohne den Zielparameter „Nutzen" kann aber keine Optimierung der Allokation erfolgen.

DATENTRANSPARENZ IST HERZUSTELLEN.

Die für eine Optimierung der Allokation notwendige Datentransparenz existiert nicht. Ansätze wie die Gesundheitskarte liegen vor und sollten umgesetzt werden.

VALIDITÄT DER ALLOKATIONSINSTRUMENTE IST ZU PRÜFEN.

Die Validität der QALY-Instrumente ist nicht gewährleistet und sollte deshalb in die Wege geleitet werden.

3 Beispiele zur Anwendung der Klinischen Ökonomik

Die Beispiele, die hier zu Anwendung der Klinischen Ökonomik beschrieben sind, sollen lediglich Denkanstöße vermitteln. Erwünscht ist, dass viele Kollegen, die sich die Denkweise der Klinischen Ökonomik angeeignet haben, selbst Beispiele beschreiben. Mit diesen Beispielen sollte gezeigt werden, dass übliche Entscheidungen im klinischen Alltag überdacht und geändert werden, wenn vorab Überlegungen zum erzielbaren Nutzen für den individuellen Patienten angestellt werden.

Nach diesen Überlegungen ist die Frage zu beantworten, ob die geplante Maßnahme auch aus Sicht der Gesellschaft zu verantworten ist. Diese Frage ist aus Sicht der Klinischen Ökonomik aber nur nachrangig zu beantworten; primär sind die Gesundheitsleistungen zu erwägen, mit welchen das Problem eines Patienten gelöst werden kann.

Unter den zahlreichen Möglichkeiten haben wir die Themen „Ethik medizinischer Grenzwerte", „Recht auf Versorgungsgrenzen", „Definition des Grundleistungspakets" sowie „Prävention", „Diagnostik" und „Therapie aus Sicht der Klinischen Ökonomik" ausgewählt.

3.1 Zur Ethik medizinischer Grenzwerte
PETER STRASSER

GRENZWERTE SIND NICHTS NATÜRLICHES

Wenn ein Internist aufgrund der vorliegenden Auswertung des neuesten Blutbefunds seinem Patienten mitteilt, dass sein LDL-Cholesterinwert über dem zulässigen Grenzwert liegt, dann klingt das für den Laien nicht anders, als ob ihm mitgeteilt würde, dass aufgrund eines langanhaltenden Regens nun der Stadtfluss endgültig aus seinem Bett getreten sei und die Umgebung überschwemmt habe.[1] Und so wie der zu Recht besorgte Stadtbewohner die Meinung vertreten wird, man solle im Rahmen des Möglichen etwas gegen die Überschwemmung und die von ihrer Seite her drohenden Schäden unternehmen, so wird auch der Patient, der von der Cholesterinüberflutung in seinem Blutkreislauf etwas hört, der Meinung sein, dagegen müsste etwas geschehen. Es drohen ja, das ist die autoritative Ansicht des Arztes, die der Patient willig und besorgt übernimmt, längerfristig schwere gesundheitliche Schäden, vor allem eine Erkrankung der Koronargefäße und Herzinfarkt.

An diesem Beispiel sind mehrere Punkte problematisch. Grenzwerte in der Medizin sind nichts Natürliches. Die Natur kennt keine Grenzwerte dieser Art. Wenn ein Fluss über seine Ufer tritt, so übertritt er – könnte man sagen – damit eine Grenze. Aber was wir eine Grenze nennen, ist hier in Wahrheit einfach ein physikalischer Widerstand, den die Wassermassen irgendwann überwinden. Demgegenüber definieren Grenzwerte in der Medizin Grenzen, die durch eine Vereinbarung bzw. Konvention (das Wort tut nichts zur Sache) festgelegt werden. Deshalb ist es sinnvoll und notwendig, nach der Zweckmäßigkeit und/ oder moralischen Vertretbarkeit eines medizinischen Grenzwerts zu fragen. Und diese Frage mag eine komplexe Antwort erfordern.

Denken wir an das „böse" LDL-Cholesterin, dem nachgewiesen werden kann, dass es bei der Entstehung von Herzinfarkten eine Rolle spielt. Bekanntlich steigt der Cholesterinspiegel mit zunehmendem Lebensalter bei vielen Personen. Dafür sind köperinterne Faktoren verantwortlich, aber auch, allerdings zu einem eher geringen Teil, Nahrungsgewohnheiten (eine Diät reduziert das Cholesterin um höchstens 20 Prozent). Nicht das Ansteigen des Cholesterins an sich kann nun aber ein sinnvolles Kriterium dafür sein, wo der Grenzwert festgelegt wird, sondern klarerweise nur die pathogene Funktion einer bestimmten Menge von Cholesterin im Blut. Aber was genau ist eine „pathogene Funktion"?

---

[1] Die folgenden Ausführungen sind so fundamental wie möglich gehalten. Frau Dipl.-Ing. Dr. Mag. Dr. Elke Pichl sei für ihre Hilfe bei der Formulierung fachlicher Details sehr herzlich gedankt. Für alle Mängel der vorliegenden Fassung bin ich selbst verantwortlich.

Nehmen wir den Durchschnittswert an Cholesterin, der bei Personen eines bestimmten Alters, sagen wir bei Über-40-Jährigen, auftritt. Man weiß nun, dass dieser Durchschnittswert im Laufe der Jahre bei vielen Personen höher wird. Damit erhöht sich die Wahrscheinlichkeit, dass später einmal das LDL-Cholesterin beim Auftreten des Herzinfarkts eine gewisse kausale Rolle spielen wird. Bloß eine „gewisse" deshalb, weil andere Faktoren in einem bestimmten Alter und bei entsprechender Konstitution hinzutreten werden, von der Beschaffenheit des alternden Herzens bis zu psychischen Faktoren wie Stress.

Es ist selbstverständlich, dass bei derart multi-kausalen Verläufen des körperlichen Abnutzungsprozesses über viele Jahre die Wahrscheinlichkeit für die krankheitsauslösende Wirkung des Cholesterins praktisch nicht mehr exakt, das heißt in Zahlen ausdrückbar, ermittelt werden kann, falls – das ist die entscheidende Bedingung – der Wert des Cholesterins unter einer bestimmten Grenze bleibt. Angenommen nun, alle empirischen Untersuchungen zeigen Folgendes: Ab einer bestimmten Cholesterin-Anreicherung X im Blut lässt sich zeigen, dass von den betroffenen Über-40-Jährigen innerhalb eines Zeitraums von zwanzig Jahren ein deutlich höherer Prozentsatz an Erkrankungen des Herzens laboriert als solche Vergleichspersonen, deren Cholesterin-Werte deutlich darunter liegen. Wo soll dann der Grenzwert G angesetzt werden, ab welchem mit einer vorbeugenden Behandlung zu beginnen ist?

Normalerweise wird der Präventivmediziner nicht die einfache Gleichung X = G in Erwägung ziehen. Denn er wird zu Recht argumentieren, dass die pathogene Langzeitwirkung des „bösen" Cholesterins mit dessen Konzentration im Blut kontinuierlich ansteigt, also bereits irgendwo unter X beginnt. Aber wo unter X? Die einfachste Lösung bestünde darin, den Durchschnittswert an Cholesterin, der sich für Personen eines bestimmten Alters ergibt, heranzuziehen. Doch da sich unter solchen Personen, besonders in unseren Wohlstandsgesellschaften mit ihren schlechten Ernährungs- und Lebensgewohnheiten, viele befinden werden, deren Cholesterinwerte anzunehmender Weise bereits zu hoch sind, wird der Präventivmediziner dafür plädieren, den Grenzwert unter dem für eine fortgeschrittene Altersgruppe feststellbaren Durchschnittswert anzusetzen, und das umso deutlicher, je älter – und damit gefährdeter und statistisch bereits „kränker" – die fraglichen Personen sind.

Es soll und kann hier nicht davon die Rede sein, ob der heute international anerkannte Grenzwertestandard im Falle des Cholesterins als angemessen oder sogar optimal zu gelten hat. Denn worauf hier hingewiesen werden soll, ist die systematische Unklarheit, die sich im präventivmedizinischen Bereich mit Begriffen wie „angemessen" oder „optimal" verbindet. Wird der Grenzwert sehr niedrig angesetzt, und zwar mit dem Argument, man möchte möglichst früh auf Nummer sicher gehen, dann bedeutet dies eine Reihe ganz unterschiedlicher Dinge:

a) Personen werden schon sehr früh darauf aufmerksam gemacht, dass sie zur Risikogruppe gehören und daher etwas dagegen unternehmen sollten.
b) Das heißt, dass diese Personen zu potentiellen Kranken werden und sich in der Folge auch so zu fühlen beginnen. Wir treffen an diesem Punkt auf ein Phänomen, das bei Grenzwertdiskussionen leicht übersehen wird. Das Gefühl, die eigene Gesundheit sei gefährdet, hängt nicht in erster Linie von der objektiven Bedrohungslage ab, sondern von Informationen darüber, ob und in welchem Ausmaß die eigene Gesundheit bedroht ist. Stammt diese Information von einer medizinischen Autorität, dann ergeben sich auf der Seite der informierten Person eine Reihe von Zuständen des Unwohlbefindens: Sorge um die Zukunft, Unsicherheit mit Bezug auf die eigene Lebensführung, ein schlechtes Gewissen, wenn man sich nicht präventiv angemessen verhält.
c) Personen, die gesünder leben – mit oder ohne medikamentöse Unterstützung zur Unterdrückung des pathogenen Grundprozesses –, werden statistisch gesehen länger leben, was bedeutet, dass der Einzelne hoffen darf, länger zu leben. Da ein langes Leben allgemein als positives und nicht als negatives Gut gilt, als „Geschenk" und nicht als Übel, wird es präventivmedizinisch angebracht erscheinen, dem Einzelnen nahezulegen, sich bereits so früh wie möglich als jemand zu betrachten, der, wenn man nicht rechtzeitig pathogene Prozesse entdeckt, irgendwann in der Zukunft früher krank werden und sterben wird, als es vor dem Hintergrund des medizinischen Wissens und der medizinischen Mittel notwendig wäre.

Auf diese Weise werden, bei entsprechend breitflächiger Bewusstseinsbildung, aus zurzeit noch gesunden Menschen besorgte Personen, die man als „virtuelle Patienten" bezeichnen könnte. Im Extremfall wird der virtuelle Patient psychisch so motiviert, dass er lebt, um nicht krank zu werden. Seine Lebenssorge gilt dann vor allem möglichen Erkrankungen, die in meist erst fernerer Zukunft drohen. Für das Wohlbefinden ist ein solcher Zustand prekär.

Man kann zwar aus dem Umstand, dass man ein virtuell Kranker ist, gewisse Befriedigungen ziehen, indem man aus dem Umstand, gesund zu leben, eine Art Freude und Genugtuung gewinnt. Aber die Tätigkeiten, die man zu diesem Zweck ausführt, von der Genussabstinenz bis zum Ausdauersport, werden nicht mehr um ihrer selbst willen ausgeführt – sie tragen ihren Wert nicht mehr in sich selbst –, sondern sind alle nur mehr Mittel zur Erreichung des Zwecks, nicht krank zu werden. Ihnen ist daher stets das Gefühl einer Unsicherheit beigemischt, die das Wohlbefinden mindert: Mache ich genug? Mache ich das Richtige? Wird es auch wirklich helfen?

LEBEN, UM NICHT KRANK ZU WERDEN?

Die Frage des Zusammenhangs eines derart auf Gesundheitsprävention abgestellten Lebens mit den typisch modernen Formen depressiver Verstimmtheit und dem Gefühl, ab der Mitte des Lebens habe das Leben keinen rechten Sinn mehr (geht es doch nur mehr darum, sich fit zu halten) – diese Frage wurde bisher weder hinreichend gestellt, noch wurden Wege gefunden, sie einigermaßen aufschlussreich zu diskutieren.

Und dafür mag nicht zuletzt folgender Umstand verantwortlich sein: Es geht bei der Präventivmedizin um sehr viel Geld und Personalbedarf. Der präventivmedizinische Markt ist in den letzten Jahren rasch gewachsen, und dieses Wachstum drückt sich ökonomisch in Milliarden-Euro-Beträgen aus. Da würde es nur noch den allernaivsten Beobachter wundern, wenn die medizinische Grenzwertediskussion davon unberührt bliebe.

Denn eines ist klar: Man kann virtuelle Patienten massenhaft dadurch erzeugen, dass man die Grenzen, an denen das „vertretbare" Gesundheitsrisiko bereits überschritten wird, immer tiefer legt und zwar mit dem Argument der Langzeitpathogenese. Wollte man zynisch sein und den Spruch „Das Leben ist lebensgefährlich" bemühen, könnte man sagen, dass schon mit der Geburt der erste Grenzwert überschritten wurde.

Aber, so könnte man dagegenhalten, ist es nicht der Wunsch der allermeisten Menschen, solange wie möglich zu leben? Doch diese Frage ist mehr als suggestiv; sie manipuliert das Problem, mit dem wir es bei der Festlegung von medizinischen Grenzwerten zu tun haben. Die meisten Menschen hängen aufgrund ihrer Natur am Leben wie – man verzeihe den groben Vergleich – ein Sklave an seiner Kette. Der Vergleich ist jedoch in einer Hinsicht wichtig. Der normal veranlagte Mensch ist ein Sklave seines Lebenstriebs, es ist ihm nicht gegeben, über Fragen des Lebens oder Sterbens frei zu disponieren. Er wird dazu getrieben, sich bei einer ernsthaften Gefährdung seiner Gesundheit für das Heilmittel zu entscheiden, mögen die Kosten und Nebeneffekte auch unverhältnismäßig hoch sein.

Unverhältnismäßig hoch werden die Kosten dann sein, wenn sie mit einer gravierenden Absenkung und schließlich dem mehr oder minder vollständigen Verlust der Lebensfreude einhergehen. Lebensgier und Lebensfreude sind zweierlei. Man kann an seinem Leben hängen wie der Sklave an seiner Kette, auch wenn einem das Leben schon gar keine Freude mehr macht. Erst wer diese Dialektik versteht und ernst nimmt, wird begreifen, dass sie die Frage der Festlegung von medizinischen Grenzwerten nicht unberührt lässt.

Dass diese Frage von der ihrem Wesen nach körperorientierten Medizin fast vollständig ausgeblendet wird – ja ausgeblendet werden muss –, ist nicht weiter verwunderlich. Das grundlegende Prinzip des ärztlichen Wohlwollens richtet sich hier darauf, dem virtuellen und akuten Patienten zu helfen, gesund zu bleiben und einmal auftretende Krankheiten zu heilen. Dabei kann der Bereich des subjektiven Wohlbefindens in der Hauptsache immer nur über körperliche Indikatoren definiert werden, während die psychisch negativen Auswirkungen langwieriger, schmerzhafter und daher mit großen Unsicherheitsgefühlen auf Seiten des Patienten einhergehender Behandlungen höchstens am Rande wahrgenommen werden.

Tatsächlich hat ja der Bereich des subjektiven Wohlbefindens kaum jemals eine Auswirkung auf die Frage, ob in einem bestimmten medizinischen Behandlungs- oder Präventionsfall das Prinzip des ärztlichen Wohlwollens verletzt wurde. Diese Frage wird in aller Regel über die ärztliche Verursachung körperlicher Schäden entschieden. Denn es wird davon ausgegangen, dass der Patient über die subjektive Sinnhaftigkeit und Wünschbarkeit einer Behandlung selbst – also autonom – entscheidet, indem er die mehr oder minder große Wahrscheinlichkeit einer Heilung bei den gegebenen Widrigkeiten einer Therapie persönlich und eigenständig gegen seine anderen Lebensinteressen abwägt.

Praktisch ist das gegenwärtig die einzig gangbare Strategie. Doch es darf dabei nicht unter den Tisch fallen, dass in allen Fragen des Überlebens die Autonomie des Patienten mehr ein Postulat als eine Realität ist. Deshalb wird sich bei laufendem medizinischen Fortschritt und den damit verbundenen Möglichkeiten, den Tod auch weit über jene Altersgrenze hinauszuschieben, an der das Leben aufhört, noch Freude zu bereiten, die Frage des medizinischen Wohlwollens in Zukunft weitaus komplexer stellen als heute. Und damit verbunden wird sich auch eine weitläufige Diskussion über Sinn und Unsinn einer Verschärfung medizinischer Grenzwerte aufgrund immer sensiblerer und immer zahlreicherer „Marker" für krankheitsanbahnende Prozesse nicht vermeiden lassen.

Dies umso mehr, als eine solche Diskussion in Ansätzen ja bereits existiert. Beispielsweise gibt es Daten, die über die Wirksamkeit der Vorsorgeuntersuchungen zur Vermeidung und rechtzeitigen Erkennung von Mammakarzinomen und Prostatakrebs Auskunft geben. Die Ergebnisse, sollten sie valide sein, sind einigermaßen erstaunlich: Vergleicht man Patientinnen bzw. Patienten, die an Brust- bzw. Prostatakrebs erkrankt sind, mit Blick darauf, ob sie rechtzeitig und regelmäßig zur Vorsorgeuntersuchung gegangen sind oder nicht, und ermittelt die dazu korrespondierende Sterberate nach zehn Jahren, dann ist der nachweisbare Unterschied bestürzend gering. Er liegt bei tausend behandelten Personen im einstelligen Bereich zugunsten derer, die sich präventiv richtig verhalten haben. Noch genauer gesagt: Er liegt unter der Zahl 5 (Kuperschmidt 2009; Lahrtz 2009)!

Diese Angaben mag man so interpretieren, dass man behauptet, es sei damit die Wirksamkeit der Vorsorgeuntersuchung eindeutig bewiesen. Denn tatsächlich sind nach einem Jahrzehnt noch immer mehr Patientinnen und Patienten aus der Gruppe derer, die die Vorsorgeuntersuchung regelmäßig in Anspruch nahmen, am Leben, verglichen mit der Gruppe der „Ignoranten". Doch abgesehen davon stellen sich jedem, der die Zahlen kennt, einige schwerwiegende Fragen:

a) Ich, Peter Strasser, Jahrgang 1950, stelle mir folgende Frage: Um wie vieles größer ist die Wahrscheinlichkeit, dass, falls bei mir eines Tages Prostatakrebs diagnostiziert werden wird, ich dann nach zehn Jahren noch am Leben sein werde für den Fall, dass ich mich regelmäßig vom Urologen untersuchen lasse, verglichen mit der Option, erst dann zum Urologen zu gehen, wenn bei mir akut einschlägige Beschwerden auftreten. Wenn die Wahrscheinlichkeit nicht einmal um ein (1) Prozent variiert, dann werde ich mir die weitere Frage stellen, ob sich „der ganze Aufwand" für mich wirklich lohnt!

b) Denn der ganze Aufwand besteht ja nicht einfach darin, dass ich regelmäßig den Urologen konsultiere. Hinzurechnen muss ich all die Beunruhigung, der viele Männer – und so auch ich – unterliegen, die regelmäßig zur Vorsorgeuntersuchung gehen und dann jedes Mal auf das Ergebnis der Untersuchung warten müssen. Hinzurechnen muss ich ferner, dass jene Beunruhigung bereits eine „habitualisierte" ist, also Teil meiner Altersidentität, die sich nicht unwesentlich um einen ständigen Gefahrendiskurs in Krankheitssachen aufbaut. Diese beunruhigte Identität wird durch ein immer umfassenderes medizinisches Vorsorgemodell unmerklich verstärkt und zu einem Aspekt der Seniorenpersönlichkeit (um es höflich auszudrücken).

c) Dabei ist abermals noch gar keine Rede von den Kosten dieses Modells, denen riesige Gewinne seitens der Pharmakonzerne, Hersteller medizinischer Hochleistungsapparaturen und nicht zuletzt der behandelnden Ärzte gegenüberstehen. Man müsste sich vor der menschlichen Tendenz zur Raffgier blindstellen, um nicht zu wissen, dass eine derartige Situation für einige der einflussreichsten Gruppen in unserer Gesellschaft derart „motivierend" ist, dass man ernüchternde Daten des oben genannten Typs eher nicht an die große öffentliche Glocke hängen wird. Denn je größer der Profit für die Lebensretter, umso weniger soll noch gefragt werden, ob die Verlängerung einiger Menschenleben wirklich jeden Preis wert ist.

NULL RISIKO, NULL LEBEN

Die Problematik der hohen psychischen und ökonomischen Kosten, die über die Festlegung von medizinischen Grenzwerten direkt und indirekt entstehen können, zeigt sich am allerdeutlichsten dort, wo krankheitserregende

Stoffe in der Natur auftauchen. Tauchen derartige Stoffe punktuell und in entsprechend hoher Konzentration auf, dann wird man Vorsorge zu treffen haben, dass möglichst niemand zu Schaden kommt, vorausgesetzt, das Schädigungsrisiko ist seinerseits entsprechend hoch. Ein Beispiel wäre der Umstand, dass an bestimmten Orten die Strahlenexposition so hoch ist, dass dort zu wohnen eine ernsthafte Gefahr für die Gesundheit darstellte.

Nun gibt es eine Strahlungsquelle, Radon, ein natürlich vorkommendes radioaktives Edelgas, das aus dem Zerfall von Radium entsteht. Radon und seine radioaktiven Zerfallsprodukte haben eine karzinogene Wirkung, die sich weniger aus der Bewegung in der freien Natur und mehr durch das Leben in geschlossenen Räumen ergibt. So etwa ist Radon nach dem Rauchen die zweithäufigste Ursache für Lungenkrebs (Pichl 2009). Einige Tatsachen sind nun für eine etwaige Grenzwertediskussion hinsichtlich des natürlich vorkommenden Radons in Wohnräumen von Bedeutung:

a) Es leben Milliarden Menschen auf der Welt. Das heißt, Radon sowie seine Mutternuklide Radium und Uran kommen in der natürlichen Umgebung des Menschen in derart geringen Konzentrationen vor, dass ein Überleben der Gattung Homo sapiens sapiens jedenfalls nicht durch eine zu hohe Krebsrate in zu jungen Jahren von vornherein unmöglich wurde. Daraus folgt jedoch keineswegs, dass man unter dem Blickwinkel moderner Erkenntnisse nicht doch Schutzmaßnahmen gegen Radon treffen sollte, vor allem deshalb, weil derartige Schutzmaßnahmen sehr einfach sind: Die Aufenthaltsräume ordentlich lüften! (Schließlich versucht man sich heute ja auch vor der Entstehung von Hautkrebs zu schützen, indem man stundenlanges „Sonnenbaden" ohne entsprechende Cremen tunlichst vermeidet.)

b) Nicht an allen Orten der Welt ist die Radonexposition gleich groß. Würde man an die Einführung von einheitlichen Grenzwerten denken, so müsste man doch gleichzeitig immerhin darauf achten – und zwar bei aller Rücksichtnahme auf ein mögliches langfristiges Krebsrisiko –, dass dann nicht wegen der Überschreitung der einmal festgelegten Werte weite Teile der bewohnten Welt evakuiert werden müssten.

c) In den meisten Fällen kommt Radon in so geringer Konzentration vor, dass sein karzinogener Beitrag bei der Entstehung von Krebs nicht mehr in wissenschaftlich objektivierbarer Form demonstriert werden kann, selbst wenn man theoretisch weiß, dass ein solcher Beitrag vorliegt.

d) Schließlich werden dem Radon auch heilende Kräfte zugeschrieben, man denke an den Heilstollen im österreichischen Bad Gastein, laut Eigenwerbung „das Gesundheitszentrum der Radon-Therapie". Diese Kennzeichnung ist, jenseits aller medizinischen Expertisen, vor allem von psychologischem Belang – es existiert in der Bevölkerung kein

Gefühl der Unsicherheit wegen der möglichen Langzeitwirkung des Kontakts mit Radon.

Die Konsequenzen aus den genannten Tatsachen sind nicht eindeutig. Einerseits reagieren Menschen heute auf alles, was als „natürlich" etikettiert wird – auch wenn das „Natürliche" risikobehaftet ist –, tendenziell mit weniger Furcht als gegenüber Dingen, die als „künstlich" und „technisch" erscheinen. Genverändertes Saatgut wird von vielen Menschen, die über wenig Bildung verfügen, kategorisch abgelehnt – denn wer weiß, welche Gefahren daraus für die Gesundheit entstehen? Solche Gefahren können indessen die Fachleute mit größerer Sicherheit ausschließen als bei natürlich vorkommendem Radon. Andererseits würde eine allgemeine, umfassende, über die Massenmedien transportierte und vergröberte Radondebatte sicherlich Gefahrenängste schüren, die sich besonders leicht auf all das richten, was für die normalen Sinne des Menschen gar nicht zu existieren scheint. Das Eindringen von geruchlosem Gas aus Böden und Baumaterialien oder die Kontaminierung mit Radioaktivität sind dafür Paradebeispiele.

Die wichtigste Lehre aber, die wir im Zusammenhang der Grenzwertefrage aus dem Radon-Beispiel ziehen dürfen, lautet: Die Konsequenzen davon, dass wir ein Null-Risiko anstreben wollten, wären keineswegs immer wünschenswert. Vielleicht ist die Vorstellung des Null-Risikos allgemein im menschlichen Leben sinnlos, ja sogar gefährlich. Denn der Versuch, uns der vollständigen Risikofreiheit anzunähern, führt ab einem bestimmten Punkt zu mehr unerwünschten Nebeneffekten, als durch ein noch größeres Maß an Sicherheit gewonnen werden kann. Ein radioaktivitätsfreies Leben wäre nicht einmal möglich, wenn wir unsere Gesellschaft zu einer Art Bunkerwelt umgestalten würden, denn in einem schlecht belüfteten Bunker sammelt sich erst recht wieder Radon – vom unsinnigen Kostenaufwand einer solchen Maßnahme ganz zu schweigen.

Freilich ist damit die entscheidende Frage, ab welcher Aktivitätskonzentration tatsächlich Gegenmaßnahmen ergriffen werden sollten, nicht beantwortet. Es ist klar, dass es eine Toleranzschwelle geben muss, deren Überschreitung bedeutet, dass die karzinogene Langzeitwirkung (in unserem Beispiel des Radons) zu einem vermehrten Auftreten von Lungenkrebs führt, das, unter Berücksichtigung aller Faktoren, als intolerabel eingestuft wird. Wie immer man aber die Sache dreht und wendet, stets gilt: Die Fixierung eines Grenzwertes muss argumentiert werden, das heißt, sie ergibt sich nicht aus den Tatsachen selbst, sondern ist eine Konvention, eine normative Festlegung, die sich an den vorliegenden natürlichen Gegebenheiten, an der verfügbaren Technik, an den ökonomischen Kosten und nicht zuletzt am Wohlbefinden der Menschen orientiert.

Das Wohlbefinden seinerseits ist eine Resultierende aus Risikobelehrung, Hoffnungen und Ängsten (ob rational oder irrational), Einschränkungen der individuellen Freiheit und anderen Belastungen durch effektive Vorsorgemaßnahmen sowie dem Leidensdruck, der auf tatsächlicher Erkrankung beruht. Dass es sich dabei um eine Resultierende handelt, die sich nicht berechnen und in Zahlen ausdrücken lässt, sondern letzten Endes nur zu einem intuitiven Gewichtungsurteil führt, muss klar sein. Denn das bedeutet, dass jede Gewichtung nur dann allgemein als haltbar empfunden werden wird, wenn sie das Ergebnis einer möglichst vorurteilsfreien Diskussion der verfügbaren Fakten darstellt, sodass am Schluss unter Informierten ein größtmöglicher Konsens erreicht werden kann.

Die Vorstellung vom Experten, der aufgrund seiner Kompetenz in der Lage ist, aus den vorliegenden Fakten auf den richtigen medizinischen Grenzwert zu schließen, ist ein Mythos. Deshalb sind auch hier Ethikkommissionen, in denen Vertreter unterschiedlicher Fachgebiete und Interessensgruppen sitzen, vermutlich das beste Instrument, um zu allgemein akzeptablen Lösungen unter der Voraussetzung zu kommen, dass es kein Null-Risiko gibt.

GRENZWERTE ALS KULTURBILDNER

Am Ende dieser fragmentarischen Bemerkungen zur Ethik medizinischer Grenzwerte soll noch kurz auf einen Punkt eingegangen werden, der zeigt, wie durch Grenzwertfestlegungen auf lange Sicht das gesellschaftliche Leben insgesamt tiefgreifend beeinflusst wird. Dieser Punkt betrifft die Festlegung dessen, was „Normalsichtigkeit" bedeuten soll (Canguilhem 1974).

Von vielen Menschen wird ohne weiteres angenommen, dass die Frage, ob jemand kurz- oder weitsichtig ist, einfach durch eine medizinische Untersuchung des Auges festgestellt werden kann. Normalsichtigkeit wäre demnach ein empirisches Merkmal. So wie man einen entzündeten Hals spürt, indem es beim Schlucken wehtut, so merkt auch der Laie, dass mit seinem Sehvermögen „etwas nicht stimmt", wenn er die Zeitung weit von sich weghalten muss, um das Druckwerk lesen zu können, oder wenn er beim Autofahren entdeckt, dass er die Zahl auf den Hinweisschildern zur erlaubten Höchstgeschwindigkeit nur mehr erahnen kann. Kaum jemand, der eine derart verdrießliche Feststellung zum Zustand seines Sehvermögens machen muss, kommt in den Sinn, dass seine Weit- oder Kurzsichtigkeit nichts „Natürliches" ist, sondern die Folge von Festlegungen, die bereits vor langer Zeit getroffen wurden.

Als das Herstellen von Druckwerken noch teuer war, weil es eines Bleisatzes, des Aufsetzens von Druckerplatten und deren Pressung in langsam arbeitenden, mit der Hand zu betreibenden Druckerpressen bedurfte, erforderte die Ökonomie, dass möglichst viel auf eine Seite gedruckt wurde (schließlich war auch das erforderliche Papier nicht billig). Die Folge: ein kleiner Druck.

Die Herstellung von Brillen diente zunächst vor allem dem Zweck, die Lesbarkeit solcher Druckwerke für jene zu ermöglichen, die das mit freiem Auge nur schwer oder gar nicht mehr konnten. Damit wird nicht bestritten, dass es eine natürliche Alterssichtigkeit gibt. Aber die große Anzahl der jungen Leute, die heute Sehhilfen in Anspruch nehmen, ist ein guter Hinweis darauf, dass hier etwas nicht „mit natürlichen Dingen" zugeht.

Und in der Tat: Nachdem sich erst einmal, resultierend aus bestimmten sozialen Bedürfnissen, besonders dem Bedürfnis, Druckwerke lesen zu können, ein bestimmter optischer Grenzwert für Normalsichtigkeit herausgebildet hatte und etabliert worden war, passte sich die gesellschaftliche Umwelt wie von selbst der gültigen Sehkonvention an. Amtliche Aufschriften, Hinweisschilder auf öffentlichen Straßen, die durchschnittliche Buchstabengröße in Massendruckwerken etc. pp. sind heute so, wie sie sind, weil es einen lange eingebürgerten Standard für Normalsichtigkeit gibt und eine akzeptierte Tradition von Sehhilfen. „Natürlich" ist das nicht; es handelt sich vielmehr um eine optische Kultur, die theoretisch auch anders beschaffen sein könnte (so wie ambitionierte Verlage heute auflagenstarke Werke auch in einer großen Schrift anbieten).

Daraus lernen wir, dass Grenzwerte, ob in der Medizin oder anderen Gebieten, nicht bloß auf eine Situation des Risikos oder Mangels reagieren, um Schäden oder Beeinträchtigungen des Wohlbefindens vorzubeugen. Grenzwerte führen unter anderem dazu, dass sich die Gesellschaft auf die durch sie normierten Schwellensituationen weitläufig einzustellen, anzupassen und konstruktiv zu reagieren beginnt. In einer lebenswichtigen Angelegenheit wie der Gesundheit kann das dazu führen, dass die Medizin nicht mehr nur im Dienste unseres Wohlbefindens und der Ermöglichung eines langen Lebens steht, sondern dass wir in einem bestimmten Ausmaße zu Sklaven unseres eigenen Sicherheitsbedürfnisses werden.

Hat die Präventivmedizin erst einmal alle Lebensbereiche durchdrungen, dann werden alle Tätigkeiten, vom Aufwachen, Essen, Trinken über alle Arten von Bewegungen und Nichtbewegungen bis hin zum Sex, zu medizinischen Angelegenheiten. Von überall her droht die Gefahr eines Versäumnisses. Das ist dann der Moment, wo der Einzelne bloß zu leben scheint, um nicht krank zu werden, und er nur noch versuchen kann, diesen Widersinn möglichst lustvoll zu absolvieren (zum Beispiel, indem er sich erfolgreich einredet, tägliches Joggen mache ohnehin Spaß, während schlichtes Spazierengehen in der freien Natur langweilig, weil körperlich zu wenig fordernd sei).

Uns allen steht eine Grenzwertdiskussion ins Haus, vor der die Medizin vorerst noch zurückschreckt. Weil in ihren Hochleistungssektoren eine Art Übereinkunft zu bestehen scheint, der zufolge jeder Tod im Grunde unnötig und daher inakzeptabel sei, wird das menschliche Leben in unseren Wohlstandsgesellschaften einfach dadurch immer elender, dass es immer länger dauert. Es gibt aber auch einen Grenzwert des Lebenselends. Der ist dann überschritten, wenn sich der alte und kranke Mensch sagt: „Ich habe genug!" Wie man mit dieser Situation ethisch richtig umgehen könnte, darüber gehen die Meinungen weit auseinander. Es wird hier auch keiner Lösung das Wort geredet; einzig darauf soll aufmerksam gemacht werden, dass die Diskussion der Hilfestellung beim Sterbenwollen nicht zuletzt die Folge etablierter medizinischer Grenzwerte ist, deren permanente Umsetzung, Verfeinerung und Verschärfung unsere Gesellschaft in ihrem Innersten psychisch, sozial und ökonomisch tief verändert hat.

3.2 Definition eines Grundleistungspaketes: Kategorisierung und Priorisierung von Leistungen im Gesundheitswesen

VERONIKA MINICH & FRANZ PORZSOLT

Seit geraumer Zeit werden in den wissenschaftlichen und politischen Bereichen Diskussionen über die Zukunft des deutschen Gesundheitswesens geführt. Fragen nach der Bezahlbarkeit der medizinischen Versorgung und nach der Qualität der Versorgungsleistungen stehen dabei im Mittelpunkt. Bis jetzt wurden leider keine universellen Lösungen gefunden. Die Entwicklung von Prioritäten in der gesundheitlichen Versorgung der Bevölkerung erscheint unvermeidbar.

Bevor die Diskussion über die Prioritätensetzung beginnt, sollten Kriterien für die Prioritätensetzung definiert werden. Basierend auf den Erfahrungen anderer Länder (Ham 1993; Busse, Stargardt, Schreyögg 1995; Masson, Smith 2005), die sich länger als Deutschland mit dieser Frage beschäftigt haben, scheint es nicht möglich zu sein, diese Kriterien direkt auf den Leistungskatalog, der allen Bürgern zur Verfügung steht, anzuwenden. Mit Hilfe einer Zwei-Schritt-Methode (Kategorisierung und Priorisierung) hoffen wir, diese Schwierigkeiten zu umgehen.

DAS PROJEKT

Im Rahmen des Projektes „Categorization and Prioritization" haben wir uns mit der Idee des Grundleistungskataloges beschäftigt und sind dabei von der Hypothese ausgegangen, dass die ökonomische und politische Stabilität des Gesundheitswesens ohne eine institutionelle Neuorganisation des Leistungskataloges nicht möglich ist. Das Ziel dieses Projektes war es, ein Modell zu entwickeln, das helfen soll, den optimalen Leistungskatalog zu definieren. Dieses Modell basiert auf zwei Schritten: Kategorisierung und Priorisierung.

Im ersten Schritt (Kategorisierung) werden die Eigenschaften der Leistungen definiert, welche den baskets bzw. Warenkörben zugeordnet werden. Die Leistungen sind durch die Wertvorstellungen der Bürger eines Landes geprägt. Dabei wird zwischen lebensrettenden (life saving services kurz LSS) und qualitätsverbessernden (quality improving services kurz QIS) Leistungen unterschieden. Die LSS werden in einem minimal benefit basket (MBB) und die QIS plus LSS in einem public benefit basket (PBB) zusammengefasst.

Das MBB entspricht dem, was verfassungsrechtlich als medizinisches Existenzminimum anzusehen ist. Mit anderen Worten soll dieser Grundleistungskatalog nur das Überleben garantieren. Die Herausnahme jeder weiteren Gesundheitsleistung würde unweigerlich einen Todesfall verursachen. Die lebensrettenden Leistungen werden entweder durch allgemeine Übereinstimmung oder mit Hilfe von wissenschaftlichen Methoden definiert. Wir empfehlen als evidenzbasierte Kriterien die Ergebnisorientierung, Validität und Kosteneffektivität zu berücksichtigen, die jeder Leistungsnachweis erfüllen muss, damit die korrespondierende Leistung in das MBB aufgenommen werden kann.

Das erste der notwendigen Kriterien ist die Beschreibung der Ergebnisse einer Intervention. Das heißt, dass nur die Gesundheitsleistungen in Betracht gezogen werden, die sich auf die Ergebnisse einer Intervention konzentrieren, weil viele Leistungen eher Strukturen und Prozesse verbessern, aber den Effekt einer Intervention auf das erzielte Ergebnis nicht nachweisen können. Darüber hinaus soll mit Hilfe von validen wissenschaftlichen Berichten gezeigt werden, dass Leistungen, die für das MBB vorgeschlagen wurden, tatsächlich Leben retten und darin anderen, konkurrierenden Leistungen überlegen sind. In welcher Reihenfolge die Effektivitäts- und Validitätsprüfung erfolgt, ist unbedeutend. Wir bevorzugen die in Abb. 10 dargestellte Sequenz. Schließlich definieren wir Kosten als eins der wichtigen Kriterien für die Aufnahme in das MBB.

Oft besteht das Problem, zuverlässige Daten bezüglich der Validität und Effektivität zu beschaffen. Informationen über Kosten sind normalerweise vorhanden. Daten zur Validität sind nur mit Mühe, großem Zeitaufwand und mit Erfahrung im Umgang mit wissenschaftlichen Berichten zu beschaffen. Validität ist der wichtigste Indikator für die Qualität der wissenschaftlichen Berichte. Viele Gesundheitsleistungen werden durchgeführt, obwohl sie nicht effektiv sind. Der Grund dafür ist, dass die Validität der Daten nicht sorgfältig analysiert wurde. Deshalb stellen viele ineffektive Leistungen im Gesundheitswesen ein großes finanzielles Problem dar. Dieses Problem könnte aber kontrolliert werden. Dazu schlagen wir ein Konzept vor (Straus, Richardson, Glasziou et al. 2005; Porzsolt, Bonotto de O. Costa, Thomaz 2009), das die erforderlichen Schritte beschreibt, um die beste verfügbare Evidenz zu gewinnen.

In den meisten Fällen werden Wirksamkeitsdaten (efficacy), d. h. Daten aus randomisierten Studien, die unter idealen Bedingungen durchgeführt wurden, verwendet, da Effektivitätsstudien unter realen Bedingungen nicht verfügbar sind. Jüngere Daten zur Brustkrebs-Untersuchung zeigen, dass sich ein erheblicher Anteil der Tumoren (ca. 22%), die bei der Mammographie identifiziert wurden, spontan zurückbilden würden, wenn keine Behandlung durchgeführt würde (Zahl, Maehlen, Welch 2008). Für jeden Onkologen, der eine übliche Ausbildung genossen hat, ist dieses Ergebnis so weit von „seiner Realität" entfernt, dass er geneigt ist, diese Aussage nicht ernst zu nehmen. Beschäftigt man sich aber mit den Details dieser Untersuchung, werden die Limitationen der allgemein vertretenen Lehrmeinung zunehmend klar und die als unmöglich eingestufte Erklärung gewinnt an Plausibilität. Das Beispiel verdeutlicht den dringenden Bedarf valider Wissenschaftsberichte.

Das PBB entspricht einem realen Leistungskatalog, der tatsächlich existiert und alle von den Krankenkassen den Mitgliedern der Gesellschaft angebotenen Leistungen umfasst. Dieser Leistungskatalog wird aus der öffentlichen Hand finanziert und enthält neben dem MBB Leistungen, die notwendig sind, um die Erwartungen bzw. Präferenzen der Gesellschaft bezüglich der Lebensqualität zu befriedigen. Diese qualitätsverbessernden Leistungen (QIS) werden durch die gesellschaftlichen Präferenzen bestimmt. Die Anzahl der Variablen, welche die Lebensqualität beeinflussen wäre zu groß, um diese Entscheidungen durch Berechnungen zu stützen.

Die Kategorisierung von Gesundheitsleistungen in MBB und PBB wird das Volumen von umstrittenen Leistungen erheblich reduzieren, weil diese Schritte unterschiedliche Kriterien (basierend entweder auf Evidenz oder Präferenz) für die Definition der baskets benutzen. Die Definition des MBB basiert auf wissenschaftlichen Kriterien. Soziale Werte wie Traditionen, Moral, Gerechtigkeit, Verantwortlichkeit und Fürsorge dürfen berücksichtigt werden, können aber nicht die wissenschaftliche Basis bei der Entscheidung ersetzen. Daher wird es nicht sehr schwer sein, einen Konsens bezüglich des MBB zu erreichen. Das PBB wird die Leistungen aus MBB plus Leistungen enthalten, die nicht mit wissenschaftlicher Evidenz begründet werden können. Die Auswahl dieser Leistungen soll auf gesellschaftlichen Werten beruhen.

Im zweiten Schritt (Priorisierung) werden Leistungen rangiert. Eine demokratisch legitimierte Behörde soll die Ausgabengrenzen der Gesellschaft für das MBB und das PBB, d. h. für die Summe aller lebensrettenden Maßnahmen und für die Summe aller solidarisch finanzierten Gesundheitsleistungen, festlegen. Zur Berechnung des verfügbaren Budgets kann die Anzahl der notwendigen LSS (d. h. die number needed to treat; NNT) mit den Kosten pro Behandlung (NTT × costs) multipliziert werden. Daraus ergibt sich das für die LSS erforderliche Budget. Die Differenz zwischen dem Gesamtbudget (Budget für PBB) und dem errechneten Budget für LSS ergibt das Budget, welches für die Finanzierung der QIL verbleibt.

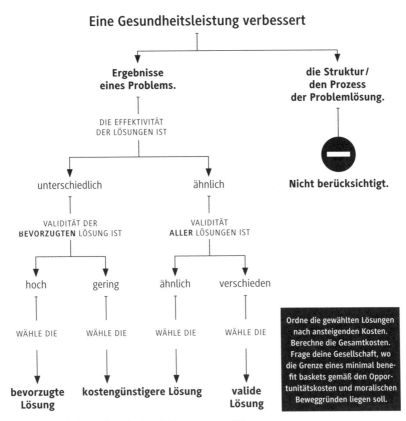

Abb. 10: Kriterien für die Erstellung eines Grundleistungskataloges (MBB).

FAZIT

Wir glauben nicht, dass ein Individuum oder ein Gesundheitssystem, in welchem Land auch immer, ein MBB für erstrebenswert hält. Das Konzept des MBB soll aber definieren, was unter einem Grundleistungskatalog verstanden werden könnte. Zudem wird das Konzept beitragen, das für ein Land spezifische Leistungspaket im Gesundheitssystem, das sogenannte public benefit basket, zu definieren. Die Schwierigkeit besteht darin, so viele Leistungen in das Paket hinein zu packen und die Kosten für dieses Paket so niedrig wie möglich zu halten, damit die Erwartungen möglichst vieler Bürger erfüllt werden.

3.3 Prävention aus Sicht der Klinischen Ökonomik
DAGMAR ITTNER & FRANZ PORZSOLT

BEDEUTUNG DER PRÄVENTION

Präventionsmaßnahmen erfahren in der Öffentlichkeit eine zunehmende Bedeutung. Man sollte bedenken, dass diese Bedeutung der Prävention zum einen auf der erwarteten Vermeidung von Gesundheitsproblemen beruhen könnte, die im Falle der Primärprävention nach etwa 15 Jahren eintritt. Sie könnte auch auf erwarteten Einsparungen beruhen, weil angenommen wird, dass die Gesundheitsprobleme, die durch die Prävention reduziert werden, deshalb weniger Gesundheitsleistungen erfordern und folglich weniger Ressourcen verbrauchen.

Diese Erwartungen werden zutreffen, wenn es in einem ersten Schritt tatsächlich gelingt, Gesundheitsprobleme durch Präventionsmaßnahmen zu vermeiden, was aber nur eintreten wird, wenn die Präventionsmaßnahmen auch tatsächlich durchgeführt werden. Am Beispiel der Gewichtsreduktion kann gezeigt werden, dass das Ziel in den ersten Wochen der 15-jährigen Präventionsperiode leicht zu erreichen ist, aber nicht in der verbleibenden Periode (Simon, Rohde, Ludman et al. 2010; Fabricatore, Wadden, Moore et al. 2009). Angaben zur mittelfristigen Erfolgsrate einer Reduktion des Body Mass Index (BMI) werden nicht häufig berichtet, obwohl sie leicht zu erheben sind.

Die geringe Abbruch-Rate bei Präventionsprogrammen ist eine unabdingbare Voraussetzung für den medizinischen und den erwarteten ökonomischen Nutzen eines Präventionsprogramms. Der ökonomische Nutzen der Primärprävention wird für die Gesellschaft nach etwa 15 Jahren nur eintreten, wenn der medizinische Nutzen für den individuellen Patienten bis dahin eingetreten ist. Im Gegensatz dazu wird der ökonomische Nutzen eines Präventionsprogrammes für den Leistungserbringer sofort eintreten und nicht erst nach 15 Jahren, weil diese Leistungen entweder sofort in Rechnung gestellt werden oder als Marketing-Effekte wirksam sind. Das gilt für medizinische Leistungserbringer ebenso wie für Leistungserbringer der Versicherungsbranche.

Aus ökonomischer Sicht bedeutet das, dass die Teilnehmer eines Präventionsprogramms erst lange nach Beginn des Präventionsprogramms den medizinischen Nutzen und die Gesellschaft den ökonomischen Nutzen wahrnehmen können. Die Leistungserbringer dagegen können den ökonomischen

Nutzen direkt wahrnehmen: Beide, der Arzt und die Versicherung, gewinnen sofort bei Beginn des Präventionsprogramms einen Patienten, der ihre Dienste in Anspruch nimmt.

Man kann sich nun die Frage stellen, ob ein Nutzen, der sich unverzüglich einstellt, stärker motiviert als ein Nutzen, der erst in 15 Jahren eintritt. Bei Präventionsprogrammen, deren Erfolg angepriesen wird, sollte deshalb analysiert werden, welche Art eines Erfolges angesprochen ist und ob der Erfolg, z. B. eine anfänglich hohe Teilnehmerrate an Präventionsprogrammen, nur erreicht wird, weil versteckte Anreize, z. B. der Erlass von Gebühren, gewährt wird. Dieses Beispiel zeigt, dass das ökonomische Prinzip der Abzinsung für den Arzt bedeutend ist: Ereignisse, die in der Gegenwart liegen, sind mehr wert als zukünftige Ereignisse (10 €, die jemand heute bekommt, sind mehr wert als 10 €, die er in einem Monat bekommt).

Was unter Prävention verstanden wird, hängt vom Standpunkt ab. Fast jeder möchte lieber gesund bleiben als Patient zu werden. Deshalb verwundert es nicht, dass medizinische Laien in der Regel unter Prävention generell die Verhinderung von Krankheiten verstehen (Porzsolt 2010c). Wissenschaftlich unterscheiden wir drei Arten der Prävention: Die Primär-, Sekundär- und Tertiärprävention. Ziel der Primärprävention ist, durch geeignete Maßnahmen und Verhaltensweisen das Auftreten bestimmter Erkrankungen zu verhindern. Die Sekundärprävention versucht mittels früher Diagnose und Behandlung die Heilungschancen bestimmter schwerwiegender Erkrankungen im Vergleich zur späteren Erkennung zu erhöhen. Maßnahmen, die zwar nicht mehr zur Heilung führen, aber das Fortschreiten schwerwiegender Erkrankungen oder den Eintritt von Komplikationen verhindern sollen, werden schließlich unter dem Begriff der tertiären Prävention zusammengefasst (Fletcher, Fletcher, Wagner 1996).

DAS IDEALE PRÄVENTIONSPROGRAMM

Ziel eines idealen Präventionsprogramms sollte die Erhaltung bestmöglicher Gesundheit bei möglichst geringen Belastungen sein. Vereinfacht gesagt sollte die optimale Vorsorgemaßnahme effizient sein (Fletcher, Fletcher, Wagner 1996). Beispiele für empfohlene Vorsorgemaßnahmen sind die regelmäßige Blutdruckmessung oder die Messung des Augeninnendrucks oder die seltener durchgeführte Koloskopie.

Es ist unbestritten, dass durch die Sekundärprävention bei manifester Hypertonie Folgeschäden vermieden werden können. Problematisch sind allerdings die vielen Fälle grenzwertiger Blutdruckerhöhungen, weil das Risiko eines Spätschadens mit der Höhe des Blutdrucks korreliert. Da die Inzidenz von Spätschäden bei grenzwertiger Erhöhung des Blutdrucks ohnehin sehr niedrig ist, ist es extrem schwierig, die Reduktion seltener Ereignisse durch Screening-

Maßnahmen nachzuweisen. Wenn zudem die therapeutische Compliance – bei ohnehin geringem Risiko – nicht sehr hoch ist, wird die Nachweisbarkeit einer effizienten Präventionsmaßnahme immer unwahrscheinlicher.

Die Messung des Augeninnendrucks ist als diagnostische Methode zweifellos sinnvoll. Allerdings kennen wir keine Ergebnisse, die zeigen, dass diese Screening-Methode im Sinne einer Prävention erfolgreich ist. Dazu wäre zu zeigen, dass durch die regelmäßige Messung des Augeninnendrucks Einschränkungen des Sehvermögens häufiger verhindert werden können als ohne diese Maßnahme.

Beim Screening zur Früherkennung von Kolonkarzinomen sind die Aussagen in der Literatur keineswegs einheitlich. Es ist äußerst schwierig, eine angemessene Bewertung des Nutzens der Koloskopie aus der Sicht unterschiedlicher Akteure (Leistungserbringer und Leistungsnehmer) abzugeben. Ziel der nachfolgend geführten Diskussion ist, Verbesserungen auch tatsächlich herbeizuführen, wenn die beteiligten Akteure Verbesserungen für möglich halten.

HERAUSFORDERUNGEN AUS SICHT DER KLINISCHEN ÖKONOMIK

Die Klinische Ökonomik versucht, Maßnahmen auszuwählen, die effizient sind, ohne Ressourcen zu verschwenden. Bisher fehlen im Bereich der Prävention einheitliche Standards in Bezug auf Zielsetzung, Studiendesign, Messgrößen und Kommunikation. Auf die Qualität der Ergebnisse wird zu wenig geachtet; nahezu die gesamte Aufmerksamkeit wird den Strukturen und Prozessen der Präventionsprogramme gewidmet. So sind sich Experten zunehmend darüber einig, statt der weit verbreiteten Routine-Check-Ups ein gezieltes Vorgehen vorzuschlagen (Lauritzen, Leboeuf-Yde, Lunde et al. 1995), das bedeutet, z. B. bei Rauchern den Nikotinabusus abzustellen und bei Übergewichtigen den BMI zu reduzieren. In beiden Fällen wären die Programme a priori sinnlos, wenn der Erfolg des Programms nicht dokumentiert wird. Die systematische Dokumentation ist zwingend notwendig. Die Erinnerung alleine ist nicht ausreichend, weil wir Erfolge wesentlich häufiger erinnern als Misserfolge und weil eine verlässliche Bewertung des Nutzens von diesen Programmen nur möglich ist, wenn Erfolge und Misserfolge systematisch dokumentiert werden. Erste Ansätze dafür findet man im Bereich des Screenings. Für die Auswahl eines Screening-Programms sind vier Kriterien bedeutend (Fletcher, Fletcher, Wagner 1996): Leidensdruck, Qualität, Handlungsrelevanz des Ergebnisses und Effizienz der Intervention/Behandlung.

Leidensdruck bedeutet nicht notwendigerweise, dass nur lebensbedrohliche Erkrankungen, die relativ häufig auftreten, eingeschlossen werden sollten. Qualität besagt, dass ein Screening-Verfahren eine möglichst hohe Sensitivität und Spezifität aufweisen muss. Handlungsrelevanz bedeutet, dass die nach dem Test durchgeführte Handlung, z. B. eine Therapie vom Testergebnis, nicht unabhängig sein sollte, weil sonst das Testergebnis überflüssig wäre. Unter Effizienz ist zu verstehen, dass Aufwand und Ertrag in einem vernünftigen Verhältnis stehen müssen.

Wenn eine Erkrankung morphologisch als maligne klassifiziert wird, sich aber funktionell benigne verhält, was auf viele Fälle eines Prostatakarzinoms und möglicherweise auch auf viele andere Erkrankungen, z. b. das Mammakarzinom, zutrifft, muss eine positive Diagnose nicht zwingend zur Behandlung führen. Dieser medizinische Konflikt zwischen morphologischen und funktionellen Eigenschaften einer Erkrankung wird auch als „Pseudodisease" bezeichnet (Welch 2004).

Bei anderen malignen Erkrankungen, z. b. dem Pankreaskarzinom, verbessert auch eine früh einsetzende Diagnostik und Therapie in der Regel nicht die Prognose (Beger, Rau, Gansauge et al. 2008). Deshalb wird bei dieser Erkrankung mit Recht keine Screening-Maßnahme durchgeführt. Zusammenfassend sollte die Effektivität einer etablierten Screening-Maßnahme nicht nur erwartet werden, sondern tatsächlich belegt sein.

Im Bereich der Primärprävention könnten zusätzlich epidemiologische, soziale und individuelle Prädiktoren für die Entscheidungsfindung herangezogen werden. Wenn ein kausaler Zusammenhang zwischen Lebensgewohnheiten und gewünschten Outcomes nachgewiesen ist oder wenn ein Präventionsprogramm politisch akzeptiert wird oder wenn die Öffentlichkeit durch ein Präventionsprogramm informiert wird (Porzsolt, Kirner, Kaplan 2009), werden diese Indikatoren hilfreich sein, um ein Präventionsprogramm zu begründen.

Bei der Sekundärprävention – im Sinne von Screening-Maßnahmen – sollte gewährleistet sein, dass der klinisch-ökonomische Index (ICE) > 1 ist, d. h. die Chance zu nützen sollte größer sein als die zu schaden (Porzsolt 2010c). Da im Bereich der Tertiärprävention in der Regel kostenintensive Therapien zur Anwendung kommen, sollte deren Spezifität nachgewiesen sein (Porzsolt, Schlotz-Gorton, Biller-Andorno et al. 2004), d. h. es sollte nachgewiesen sein, dass ein bestimmter Effekt nicht mit vielen verschiedenen, sondern nur mit einem spezifischen Arzneimittel erzielt werden kann.

In Hinblick auf eine ökonomische Abwägung könnten folgende Kriterien helfen, Vorsorgemaßnahmen mit hohem Potenzial herauszufiltern (Porzsolt 2010c):

AUSSICHT AUF ERFOLG

Die Basis eines erfolgreichen Präventionsprogramms bildet die wissenschaftliche Evidenz. Diese lässt sich z. B. über den Nachweis des Zusammenhangs zwischen einer Intervention und einem klinisch relevanten Ergebnis herstellen. Ein klinisch nicht relevantes Ergebnis wäre z. B. die Verbesserung eines Laborwertes ohne entsprechende Verbesserung der Lebensqualität oder Lebenserwartung.

FINANZIERBARKEIT

Die Krankenversicherungen könnten über die Analyse bereits erhobener Daten wertvolle Hinweise in Bezug auf die Finanzierbarkeit bestimmter Programme geben. Ob ein Präventionsprogramm solidarische Unterstützung erfährt, ist aber letztendlich eine politische Entscheidung.

WIRKSAMKEIT/EFFIZIENZ

Zur Beurteilung der Wirksamkeit von Präventionsprogrammen könnten frühe Indikatoren wie z. B. der BMI herangezogen werden. Wenn sich über die Entwicklung solcher Indikatoren ein dauerhaft prognostisch günstiger Trend abzeichnet, könnte das ein Hinweis auf die Wirksamkeit einer bestimmten Maßnahme sein. Von Effizienz sprechen wir, wenn eine nachweislich wirksame Methode auch zu akzeptablen Kosten angeboten werden kann.

WERT DER LEISTUNG AUS PATIENTENSICHT

Bei der Frage, wie ein Präventionsprogramm zu bewerten ist, handelt es sich letztendlich um den Wert der Vorsorgemaßnahmen aus Patientensicht. Deswegen müssen Patienten über Vor- und Nachteile von Vorsorgemaßnahmen aufgeklärt werden, um eine eigenständige Beurteilung treffen zu können.

FAZIT

Die Prävention könnte einer sogenannten Find and Fix-Strategie überlegen sein, wenn die möglichen Risiken von Vorsorgemaßnahmen nicht unbeachtet bleiben. So bergen Präventionsprogramme neben Kosten- und Zeitaufwand Risiken wie z. B. psychische Beschwerden bzw. eine Stigmatisierung aufgrund falsch positiver Ergebnisse (Porzsolt 2010c; Lauritzen, Leboeuf-Yde, Lunde 1995; Lerman, Trock, Rimer et al. 1991). Unbeantwortet ist die Frage, ob die „gefühlte Sicherheit" (Porzsolt 2007a) im Sinne der Erfüllung eines menschlichen Grundbedürfnisses ausreicht, um die Finanzierung von Präventionsmaßnahmen zu rechtfertigen.

Tatsache ist, dass zwischen den realen Auswirkungen von Präventionsmaßnahmen und deren Wahrnehmung in der Bevölkerung eine Lücke klafft. Aus wissenschaftlicher Sicht ist festzustellen, dass in den meisten Fällen wenige oder keine Daten existieren, die zeigen, welche Effekte präventiver Maßnahmen unter Alltagsbedingungen verloren gehen, wenn die empfohlenen Präventivmaßnahmen nicht durchgeführt werden. Nur eine klar definierte Vorgehensweise mit eindeutiger Zielsetzung und Zielgruppe wird dazu beitragen, hochwertige Präventionsprogramme aus der Fülle von Ideen und Angeboten zu identifizieren. Letztlich sollte zählen, wie häufig die in einem Präventionsprogramm angestrebten Ziele auch tatsächlich erreicht werden (Abb. 11).

Abhilfe könnte die Einrichtung nationaler und internationaler Präventionsdatenbanken schaffen. Diese würden Rückschlüsse in Bezug auf die Nachhaltigkeit von Vorsorgemaßnahmen ermöglichen (Porzsolt 2010c) und einen internationalen Austausch über den Erfolg im Sinne eines Best Practice-Ansatzes ermöglichen.

Letztendlich hängt die Qualität eines Präventionsprogramms davon ab, wie häufig das zu verhindernde Gesundheitsproblem auch tatsächlich gelöst wird. Das bedeutet, dass eine Vorsorgemaßnahme für eine bestimmte Bevölkerungsgruppe nur verbindlich sein kann, wenn sie auch kosteneffektiv, d. h. effizient ist. Deshalb ist zu diskutieren, ob Maßnahmen, welche die oben genannten Kriterien einer wissenschaftlichen und ökonomischen Bewertung nicht erfüllen, zunächst in den Bereich der Forschung fallen und nicht über die Solidargemeinschaft finanziert werden sollten.

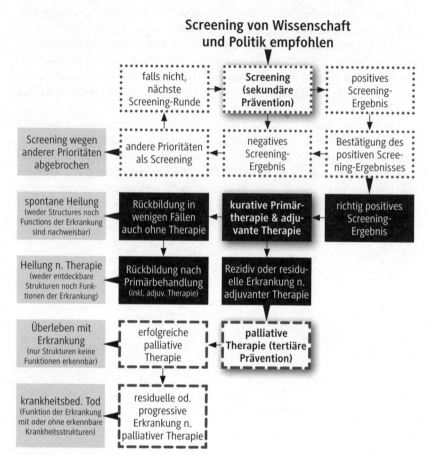

Abb. 11: Graphische Darstellung der durch Screening angestrebten Ziele, Zwischenergebnisse und Ergebnisse. Die Phasen des Screenings (gepunktet), der erfolgreichen Therapie (schwarz), der Therapie bei unzureichendem Erfolg (gestrichelt) und der Ergebnisse (grau) sind farblich unterschieden.

3.4 Diagnostik aus Sicht der klinischen Ökonomik

Knapp waren die Mittel im Gesundheitssystem – wie auch in allen anderen Systemen – schon immer, nur haben wir die Knappheit über lange Zeit nicht wahrgenommen. So auch die Diagnostik, die Mittel bindet, und uns dafür Sicherheit gibt.

Wir sollten zunächst erwähnen, dass Sicherheit per se nicht messbar ist. Messbar sind Risiken. Sie können als Wahrscheinlichkeiten des Eintritts einer Bedrohung und als Wahrscheinlichkeit der Macht der Bedrohung (z. B. Anzahl der betroffenen Menschen oder Schweregrad der Bedrohung wie Krankheit oder Tod) ausgedrückt werden. Messbar ist auch die wahrgenommene Sicherheit. Dazu sind situationsspezifische Messinstrumente (Fragebogen) zu entwickeln, weil die „gefühlte Sicherheit" des Lesers einer Arzneimittelbeipackinformation von anderen Kriterien beeinflusst wird, als die „gefühlte Sicherheit" älterer alleinlebender Mitbürger.

Die messbaren Risiken, die von deutschen Kernkraftwerken ausgehen, waren in den Monaten vor und nach dem März 2011 identisch. Die Wahrnehmung von Sicherheit hat sich aber im März 2011 deutlich geändert. Entscheidend ist dabei, dass das Verhalten der „Konsumenten von Sicherheit" nicht von den tatsächlich bestehenden Risiken abhängt, sondern von der subjektiv wahrgenommenen Sicherheit. Im Land Baden-Württemberg haben diese Wahrnehmungen das Wahlergebnis zum Landesparlament erheblich beeinflusst.

Die Lehren, die für das Verständnis diagnostischer Entscheidungen abgeleitet werden können, sind für das Gesundheitssystem wahrscheinlich nicht unbedeutend: Es wird nur selten diskutiert, dass vermeidbare Kosten für Diagnostik die korrespondierenden Kosten für Therapie vermutlich wesentlich übersteigen. Unsere Vermutung stützt sich auf Daten, die zeigen, dass für Diagnostik nennenswerte Summen ausgegeben werden, aber die Entdeckung wenig nützlicher Diagnostik wesentlich schwieriger ist als die Entdeckung wenig nützlicher Therapien.

Zusammenfassend sollte festgestellt werden, dass wir uns sowohl bei den Entscheidungen, diagnostische Methoden anzuwenden, wie auch bei den Konsequenzen, die aus den Ergebnissen der Diagnostik abgeleitet werden, von unseren subjektiven Eindrücken leiten lassen, ohne eine kritische Analyse der erreichbaren Erfolge abzuwägen.

Als Begründung für die schwierige Beurteilbarkeit von Tests ist die Aussage zu bedenken, dass ein Test verschiedene Kriterien erfüllen muss, um einen gesundheitlichen Mehrwert für den Patienten zu erzielen.

Wenn ein Test wenig sensitiv und wenig spezifisch ist, wird er sich weder zum Ausschluss noch zum Nachweis (siehe Kapitel 2.2.1) einer Erkrankung eignen. Ein Test mit hinreichend hoher Sensitivtät wird geeignet sein, um das Vorliegen einer Erkrankung auszuschließen; damit generiert dieser Test einen Mehrwert.

Ein Test mit hinreichend hoher Spezifität kann das Vorliegen einer Erkrankung bestätigen. Diese Information alleine ist wesentlich „gefährlicher" als eine Information, die eine Erkrankung ausschließt, weil die meisten Empfänger dieser Information (Patienten und health care professionals) daraus einen Handlungsbedarf ableiten.

Eine einfache ökonomische Überlegung zeigt, dass die Annahme eines Handlungsbedarfs nur gerechtfertigt ist, wenn sichergestellt wird, dass durch die eingeleitete Maßnahme nicht mehr Schaden angerichtet als Nutzen gestiftet wird. Leider gibt es bisher nur wenige Untersuchungen, die diese Frage aufgreifen. In Abb. 12 und 13 sind die beiden ökonomischen Entscheidungen dargestellt, die aus jeweils zwei Informationen bestehen. Diese beiden Entscheidungen sollten vor Durchführung eines Tests geprüft sein, um wertlose Tests zu vermeiden. Die erste Entscheidung (Abb. 12) betrifft die Sensitivität und Spezifität eines Tests. Diese beiden Informationen ermöglichen – wenn sie hinreichend gut sind – den Ausschluss oder Nachweis einer Erkrankung. Die Güte der Information lässt sich durch Berechnung der Likelihood-Ratio (LR) feststellen (siehe Kapitel 2.1.1). Abb. 12 stellt die Bedingungen graphisch dar, die erfüllt sein müssen, um eine Erkrankung durch einen Test auszuschließen oder nachzuweisen. Ausschluss und Nachweis sind in diesem Zusammenhang zunächst nur als „Beitrag" zum Ausschluss/Nachweis zu verstehen, weil die Wahrscheinlichkeit, dass ein Ausschuss/Nachweis zutreffend ist, von der LR abhängt.

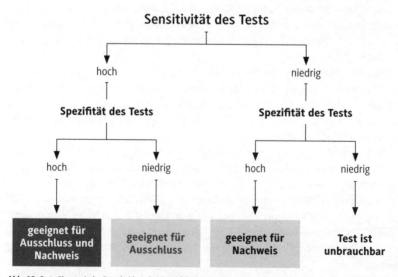

Abb. 12: Erste ökonomische Entscheidung bei Durchführung eines Tests.

In Abb. 13 ist gezeigt, dass die Information über das Vorliegen einer Erkrankung nur in wenigen Fällen ausreicht, um eine Entscheidung zu treffen (z. B.

Feststellung der Flugtauglichkeit). In allen Fällen, in welchen eine Therapie der nachgewiesenen Erkrankung vorgesehen ist, sollte sichergestellt sein, dass das Testergebnis für die Auswahl der Therapie auch entscheidungsrelevant ist. Wenn die Therapieentscheidung auch ohne das Testergebnis getroffen werden kann, sollte hinterfragt werden, ob auf diesen Test nicht verzichtet werden könnte. Mit anderen Worten: es sollte überlegt werden, ob der Mehrwert, der durch die Anfertigung des Testes generiert wird, die tangiblen und intangiblen Kosten des Tests aufwiegt.

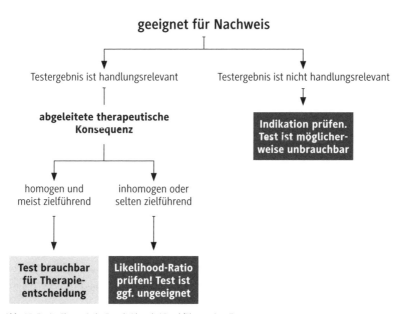

Abb. 13: Zweite ökonomische Entscheidung bei Durchführung eines Tests.

Wenn ein Testergebnis eine Therapieentscheidung beeinflusst, sollte geprüft sein, ob das angestrebte Ergebnis tatsächlich als Folge der eingeleiteten Therapie oder auch als Folge jeder anderen Therapie oder möglicherweise auch durch den Verzicht auf eine Therapie (Spontanheilung) eintritt. Diese Problematik ist in Abb. 13 dargestellt. Wenn diese Fragen nicht vorab geklärt sind, besteht ein erhebliches Risiko, für diagnostische Maßnahmen Ressourcen zu verschwenden, ohne dieses ökonomische Problem wirklich wahrzunehmen.

Als Beispiel für den Nachweis des therapeutischen Mehrwerts mit Hilfe einer diagnostischen Methode wird das FIX-FLEX-Protokoll in Abb. 14 dargestellt. Das Protokoll wurde entwickelt, um die Frage zu prüfen, ob durch die Durchführung einer Kernspintomographie des Kniegelenks mehr Schaden anrichtet als Nutzen gestiftet wird, weil die Rate der operativen Eingriffe durch das bildgebende Verfahren gesteigert werden könnte, ohne dass bessere Outcomes für die Patienten erzielt werden. Ausgangspunkt für die Beschäftigung mit dieser Fragestellung war die Skepsis mancher Orthopäden gegenüber dieser Methode und der Befund, dass Kernspintomographien bei älteren Menschen nicht nur am schmerzhaften Kniegelenk pathologische Veränderungen nachweisen. Damit entsteht der Konflikt zu entscheiden, welche der durch die Diagnostik erkennbaren Veränderungen klinische Bedeutung haben.

Das Studiendesign sieht vor, bei Patienten mit Kniegelenksbeschwerden, bei welchen nach der klinischen Untersuchung entweder der dringende klinische Verdacht auf eine Läsion des medialen Meniskus besteht oder eine Läsion des medialen Meniskus nicht mit hinreichender Sicherheit ausgeschlossen werden kann, eine schriftlich fixierte Entscheidung über die unmittelbare Durchführung einer OP festzuhalten.

Die Patienten werden über diese klinisch begründete Entscheidung informiert. Zusätzlich werden sie über die Studie nach einem standardisierten (!) Verfahren informiert. Bei Zustimmung zur Randomisation wird bei allen Patienten ein MRI des betroffenen Kniegelenks durchgeführt.

Danach werden die Patienten in zwei Gruppen stratifiziert: Die Läsion des medialen Meniskus ist nicht auszuschließen oder es besteht der dringende Verdacht auf Vorliegen dieser Läsion. Die beiden Strata werden (als ob es sich um zwei getrennte Studien handeln würde) getrennt in jeweils zwei Gruppen, FIX und FLEX randomisiert.

Bei Patienten der FIX-Gruppe wird dem Arzt das Ergebnis der MRI-Untersuchung NICHT mitgeteilt. Bei Patienten der FLEX-Gruppe erhält der Arzt das Ergebnis der MRI-Untersuchung und kann seine klinische Entscheidung durch den MRI-Befund bestätigen oder revidieren. Acht Wochen nach Randomisation werden die definierten PROs geprüft.

Die primäre Auswertung vergleicht lediglich die PROs der Gruppen FIX und FLEX, um die Fragestellung der Studie zu beantworten. Die Zahl der unterscheidbaren Gruppen ist von der Anzahl der untersuchten Merkmale abhängig. Sinnvoll ist, die beiden unterschiedenen Strata, Meniskusläsion klinisch nicht auszuschließen bzw. klinisch nachweisbar, getrennt auszuwerten, d. h. es werden de facto vier Gruppen unterschieden: Je eine FIX- und eine FLEX-Gruppe in jedem der beiden Strata.

In den beiden FIX-Gruppen sind die Outcomes (klinische und ökonomische Ergebnisse) in jeweils zwei Gruppen zu messen. In den beiden Gruppen wurde klinisch definitiv entschieden, ob eine OP durchgeführt wird oder nicht. In den beiden FLEX-Gruppen sind die Outcomes in jeweils vier Gruppen zu messen, mit oder ohne OP und ob die finale Entscheidung durch das MRI geändert wurde oder nicht.

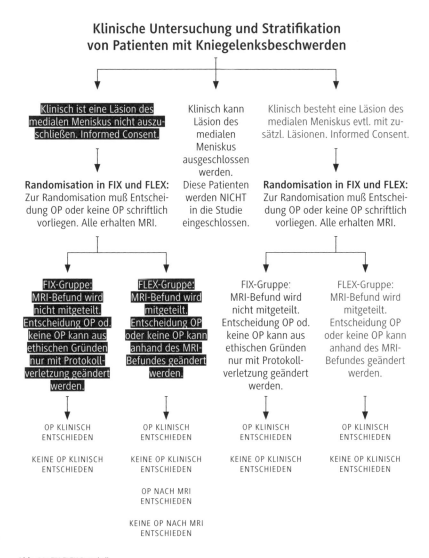

Abb. 14: FIX-FLEX-Protokoll

Bei Anwendung aller diagnostischen Verfahren ist an die Möglichkeit zu denken, dass eine nachgewiesene Erkrankung auch ohne Therapie nicht zwingend fortschreiten muss oder sich sogar zurückbilden kann. In diesen Fällen spricht man von Pseudodisease oder Überdiagnostik. Es handelt sich um morphologisch zweifelsfrei diagnostizierbare maligne Erkrankungen, die sich aber

funktionell wie „benigne" Erkrankungen verhalten. Man könnte sie auch als „morphologisch-funktionelle Dissoziation" bezeichnen.
Praktische Beispiele sind das Prostatakarzinom, bei dem etwa 80 % aller Erkrankungen sich so benigne verhalten, dass keine Lebensbedrohung resultiert. Beim Mammakarzinom gibt es verlässliche Daten, die darauf hinweisen, dass sich etwa 20 % der manifesten Erkrankungen spontan zurückbilden und keiner Therapie bedürfen (Zahl, Maehlen, Welch 2008; Porzsolt, Hölzel 2009; Kaplan, Porzsolt 2008). Das Problem bei beiden Erkrankungen ist, dass heute noch niemand die behandlungsbedürftigen Fälle von den nicht behandlungsbedürftigen unterscheiden kann. Diese klinisch-ökonomischen Überlegungen zeigen aber deutlich, wo Forschungsbedarf besteht, um zu verhindern, dass wir mit unseren Aktionen mehr schaden als nützen.

Als Fazit lässt sich formulieren, dass die Qualität der Diagnostik deutlich schwieriger als die Qualität der Therapie zu bestätigen ist, weil dieser Nachweis bei der Diagnostik auf drei Ebenen geführt werden muss:

▶ Ebene der Testgüte (Likelihood-Ratio): Wenn der Anteil der Test-Positiven unter den Gesunden ebenso groß ist wie der Anteil der Test-Positiven unter den Erkrankten, ist der Test absolut wertlos.
▶ Ebene der Handlungsrelevanz: Wenn ein positiver Test zu gleichen Konsequenzen führt wie ein negativer Test, ist die Diagnostik nicht handlungsrelevant und damit wertlos.
▶ Ebene der therapeutischen Effizienz: Wenn jede Form der Behandlung zum gleichen Ergebnis führt, ist die Therapie wertlos.

Daraus ergibt sich das Dilemma der Diagnostik: Wenn der Test gut und die Diagnostik handlungsrelevant ist, aber die Therapie versagt, weiß der Arzt zwar mehr, kann aber nicht helfen.

3.5 Therapie aus Sicht der Klinischen Ökonomik

Die Bewertung von Therapien aus Sicht der Klinischen Ökonomik erfordert zunächst die Definition eines Therapieziels. Ohne definiertes Ziel kann eine Therapie nicht bewertet werden, weil sich das primäre Interesse der Bewertung auf die Frage konzentriert, ob mit der Therapie tatsächlich erreicht wurde, was mit ihr angestrebt wurde. Bei den Therapiezielen unterscheidet man präventive, kurative, rehabilitative und palliative Therapieziele, wobei bei den präventiven Zielen zwischen primärer und sekundärer bzw. tertiärer Prävention zu unterscheiden ist. Mit der primären Prävention soll das Entstehen einer noch nicht bestehenden Erkrankung verhindert werden. Beispiel sind die Anti-Raucher Kampagnen zur Verhinderung von Bronchialkarzinomen oder die Kampagnen gegen das Übergewicht bei Kindern.

Bei der sekundären/tertiären Prävention besteht bereits eine Erkrankung. Ziel der sekundären Prävention ist, die Erkrankung in ihrem Frühstadium zu erkennen und zu heilen, während bei der tertiären Prävention die Erkrankung erst in einem fortgeschrittenen Stadium entdeckt wird, in welchem eine Heilung in der Regel nicht mehr möglich ist. Deshalb kann das Ziel der tertiären Prävention nur palliativ sein, d. h. drohende Komplikationen sind abzuwenden oder die Folgen bestehender Komplikationen sind zu lindern.

Auch die diagnostischen Maßnahmen (siehe Kapitel 3.4) und die Bewertung (siehe Kapitel 3.3) der primären, sekundären und tertiären Prävention unterscheiden sich erheblich. Die Kenntnis dieser Unterschiede ist essentiell, um sinnvolle von wertlosen Gesundheitsleistungen trennen zu können.

Als Endpunkte für die Bewertung von Therapien werden sogenannte harte Endpunkte (z. B. messbare Laborwerte oder bildgebende Verfahren) und weiche Endpunkte (z. B. berichtete Schmerzreduktion) erhoben. Diese Endpunkte lassen aber selten konkrete Schlussfolgerungen auf den Nutzen für die Patienten zu, weil Patienten meist andere Wertvorstellungen als Ärzte haben. So lässt sich durch den Vergleich von Leitlinien zur Behandlung von kolorektalen Karzinomen mit den Präferenzen von Laien zeigen, dass Therapieoptionen, die sich nur kaum in der Überlebensrate unterscheiden, von Laien anhand der Nebenwirkungsspektren (z. B. Stuhlinkontinenz) und von Ärzten anhand von bildgebenden Verfahren (z. B. Remissionsraten) ausgewählt werden (Kornmann, Porzsolt 2008).

3.6 Die systematische Bewertung von Leitlinien

MANFRED WEISS & FRANZ PORZSOLT

Leitlinien im Gesundheitssystem sind systematisch entwickelte Empfehlungen, um vorwiegend ärztliche Entscheidungen zu unterstützen. Historisch wurde der Bedarf, Leitlinien zu entwickeln, mit der Streuung der angewandten diagnostischen und therapeutischen Aktionen begründet (Bossaert 2011; Cecamore, Savino, Salvatore et al. 2011, Ljungqvist 2010; Scott, Guyatt 2011). Obwohl das implizite Ziel, das durch die Erstellung von Leitlinien angestrebt wird, die Optimierung der Gesundheitsversorgung betrifft, besteht alleine auf Grund der historischen Begründung der Leitlinien ein erhebliches Risiko, dieses Ziel zu verfehlen. Diese Warnung bedarf einer Begründung.

Wenn der Bedarf, Leitlinien zu erarbeiten, mit der Streuung der Handlungsoptionen begründet wird, werden die meisten Bemühungen der Leitliniengestalter sich darauf konzentrieren, diese Streuung der Handlungsoptionen zu reduzieren. Eine Reduktion dieser Streuung bestätigt aber keineswegs, dass damit die Gesundheitsversorgung optimiert wird. Es ist sehr wohl möglich, dass durch eine Leitlinie zwar die Handlungsvielfalt reduziert wird, aber weder die Wirksamkeit oder Effektivität (Erzielung des best möglichen Effektes unter Alltagsbedingungen) noch die Effizienz der Gesundheitsversorgung (= deren Kosteneffektivität) gesteigert wird.

Eine Optimierung setzt voraus, dass ein Ziel explizit definiert wurde und das Erreichen dieses expliziten Ziels auch bestätigt wurde. Es reicht nicht aus, das eigentlich angestrebte Ziel nur implizit, d. h. virtuell zu definieren, aber bei der expliziten, konkreten Benennung der tatsächlich angestrebten Zielparameter auf Surrogatparameter auszuweichen. Beispiel: Die Serumkonzentration eines Laborparameters konnte gesenkt werden, nicht jedoch die Letalität.

Im Prinzip gibt es in der Gesundheitsversorgung nur vier explizite Ziele: Auf der Seite der Konsequenzen ist die durch Krankheit verkürzte Quantität (Lebenserwartung) und/oder die Qualität des Lebens (Lebensqualität) wieder herzustellen. Auf der Seite der Kosten sollten diese Ziele unter Verwendung der geringstmöglichen Ressourcen bzw. mit einem Minimum an Belastungen erreicht werden. Die Bewertung einer Leitlinie sollte sich deshalb an diesen vier Zielen orientieren.

Da in klinisch unkomplizierten Situationen Leitlinien auch problemlos anwendbar sein werden, erhebt sich die Frage, ob Leitlinien bei problemlos verlaufenden Krankheitsbildern tatsächlich notwendig sind oder nur Mehrarbeit induzieren (Bossaert 2011; Lyman 2011). Um zu klären, ob bei nicht problemlos verlaufenden Krankheitsbildern der erwartete Mehrwert durch Leitlinien erreicht werden kann, haben wir ein komplexes Krankheitsbild, den septischen Schock, ausgewählt. Die Prävalenz der Sepsis beträgt in Deutschland 76–110 Fälle/100.000 erwachsene Einwohner (Engel, Brunkhorst, Bone et al. 2007), wobei erhebliche Unterschiede in der Letalität zu beachten sind. Während sie bei schwerer Sepsis 1–4 % beträgt, sterben 20–72 % der Patienten, bei welchen ein septischer Schock vorliegt (Schoenberg, Weiss, Radermacher 1998; Weiss, Huber-Lang, Taenzer et al. 2010). Im Jahr 2004 wurden die international anwendbaren Surviving Sepsis Campaign-Leitlinien (SSC-Leitlinien) publiziert, um die Heterogenität der Therapie zu reduzieren und die Letalität bei diesem Krankheitsbild zu senken (Dellinger, Carlet, Masur et al. 2004). Im Jahr 2008 erschien ein Update, in welchem die Empfehlungen sehr differenziert waren und Kosten sowie der Nutzen beim Grad der Empfehlung berücksichtigt wurden (Dellinger, Levy, Carlet et al. 2008).

Die primäre Fragestellung unserer Studie war, ob ein Zusammenhang zwischen dem Erfüllungsgrad der Leitlinie und der Reduktion der Letalität zu beobachten ist. Falls sich dieser Zusammenhang nicht darstellen lässt, sind detailliertere Analysen erforderlich, um mögliche Ursachen des fehlenden Zusammenhangs zu identifizieren. Deshalb analysierten wir nach Einführung der 2008-SSC-Empfehlungen die Diagnostik und Therapie bei 98 Patienten im septischen Schock, die auf der Anästhesiologischen Intensivstation des Universitätsklinikums Ulm in der Zeit vom 01.01.2008 bis zum 30.06.2009 durchgeführt wurden.

Bei der Untersuchung des Erfüllungsgrades der 34 einzelnen Maßnahmen des 6-Stunden und des 24-Stunden-Bündels der „Surviving Sepsis Campaign 2008 guidelines" zeigte sich, dass 26 der 98 Patienten (27%) im septischen Schock verstarben, ohne dass ein Zusammenhang zum Erfüllungsgrad nachzuweisen war. Der Vergleich der Letalität mit dem APACHE II Score, der als Maß für den Schweregrad der Erkrankung verwendet werden kann, zeigt bei einer Gegenüberstellung bundesweiter Daten (Engel, Brunkhorst, Bone et al. 2007) mit den Daten unserer Intensivstation, dass bei vergleichbarem Erkrankungsschweregrad der Patienten (APACHE II Score von 21) sich die Letalitätsraten deutlich unterscheiden (Abb. 15).

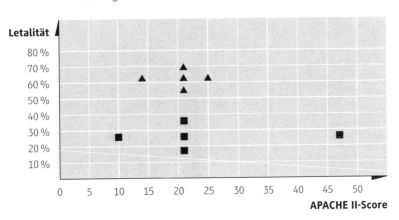

Abb. 15: APACHE II-Score und Letalität zweier Patientenkollektive. Angegeben sind jeweils die prozentuale Letalität sowie die Medianwerte des APACHE II-Scores und die jeweiligen 95% Konfidenzintervalle. Bundesweite Daten (Engel 2007, n = 190, Dreiecke) und Ulmer Patienten (n = 98, Quadrate).

Die Letalität in der bundesweiten Gruppe (62,4 %) war signifikant höher als in der Ulmer Gruppe (26,5 %). Der Schweregrad der Erkrankung war in beiden Gruppen gleich; lediglich die Streuung war in der Ulmer Gruppe größer als in der bundesweiten Gruppe. Der Unterschied der Letalität lässt sich also nicht durch einen unterschiedlichen Schweregrad der Erkrankung erklären. Wir halten es für wahrscheinlich, dass die Leitlinien dazu beigetragen haben, die Letalität zu reduzieren, weil die Leitlinien noch nicht verfügbar waren, als im Jahr 2003 die von Engel beschriebenen Patienten behandelt wurden. Die Patienten der Studie von Engel (Engel, Brunkhorst, Bone et al. 2007) wurden zwischen dem 15.01.2003 und dem 14.01.2004 rekrutiert. Die SSC-Leitlinien wurden 2004 publiziert und 2008 erfolgte das Update.

Man sollte annehmen, dass mit zunehmendem Erfüllungsgrad einer Leitlinie auch die klinischen Ergebnisse verbessert werden. Dem steht die schwierige Umsetzbarkeit der Leitlinien gegenüber, die wir (Abb. 16) und andere (Brunkhorst, Engel, Ragaller et al. 2008) beobachtet haben.

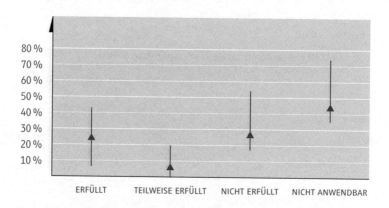

Abb. 16: Erfüllungsgrad der Unterpunkte der SSC 2008 Leitlinie auf der Anästhesiologischen Intensivstation in Ulm (n = 98 Patienten im septischen Schock). Angegeben sind die Mittelwerte in % sowie die Streuungsbereiche der Kategorien „erfüllt" bis „nicht anwendbar".

Die Leitlinien für komplexe Erkrankungen wie den septischen Schock sind also nur bei einem Teil der Patienten anwendbar. Die Daten legen den Verdacht nahe, dass die Umsetzung von Leitlinien mit zunehmender Komplexität der Erkrankung schwieriger werden könnte. Das aus den Wirtschaftswissenschaften stammende erste Gossensche Gesetz sagt voraus, dass zum einen die Anwendbarkeit von Handlungsempfehlungen und die erzielbaren Behandlungserfolge nicht linear gesteigert werden können, sondern sich in Analogie zum

Massenwirkungsgesetz einer Asymptote nähern. Übertragen auf die klinische Anwendung von Leitlinien bedeutet das, dass bei jedem Krankheitsbild eine natürliche Grenze für die Anwendbarkeit einer Leitlinie und für die Erreichbarkeit der angestrebten Ziele zu erwarten ist (Abb. 17). Diese Grenze wird bei sehr komplexen Erkrankungen deutlich niedriger liegen als bei wenig komplexen Erkrankungen.

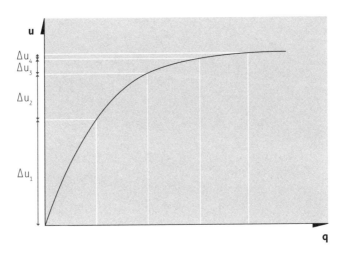

Abb. 17: Erstes Gossensches Gesetz angewendet auf medizinische Therapien. Mit jeder zusätzlichen Teilmenge (quantity; q) eines Gutes, z. B. einer Empfehlung oder einer Therapie, nimmt der Zuwachs des resultierenden Nutzens (delta utility; ΔU) ab, z. B. die Umsetzbarkeit der Empfehlung oder das Ergebnis der Therapie.

Diese Limitation könnte dazu führen, dass der Einfluss von Leitlinien auf den Therapieerfolg generell in allen Fällen schwer zu erbringen ist: Unproblematisch verlaufende Erkrankungen werden mit und ohne Leitlinie sehr ähnlich verlaufen. Bei komplexen Erkrankungen ist auf eine praktikable Umsetzung der Leitlinien zu achten. Dieses Ziel könnte erreicht werden, wenn es gelingt, die Leitlinien auf wenige essentielle Punkte zu verdichten. Die wesentliche strategische Änderung besteht in einem Wechsel von vielen optionalen zu wenigen obligaten Punkten einer Leitlinie zu gelangen.

Diese Strategie würde vermutlich die Zahl sich widersprechender Leitlinien erheblich reduzieren, die wissenschaftliche Sicherheit und die Rechtssicherheit würde erhöht und die Versorgung der Patienten auf eine wissenschaftlich sorgfältiger geprüfte Grundlage gestellt. Da bekannt ist, dass die Erfüllung von Leitlinien überschätzt wird (Brunkhorst, Engel, Ragaller et al. 2008), sollten diese Überlegungen im Sinne einer Sorgfaltspflicht unseren Patienten gegenüber diskutiert werden.

4 Messung und Bewertung klinisch ökonomischer Effekte

UNTERSCHEIDUNG VON WIRKUNG, WIRKSAMKEIT, WERT UND NUTZEN

Eine Einigung auf eine gemeinsame Definition von Wirkung, Wirksamkeit, Wert und Nutzen ist eine unabdingbare Voraussetzung für die Auswahl von Messmethoden, die von den beteiligten Akteuren als geeignet akzeptiert werden. Leider werden auch in der wissenschaftlichen Literatur identische Worte mit unterschiedlichen Inhalten und identische Inhalte mit unterschiedlichen Worten beschrieben. Im Interesse einer zielführenden Diskussion ist diese unzureichende Abstimmung zu vermeiden.

Deshalb wird die hier verwendete Terminologie im Folgenden kurz dargestellt. Zu beachten ist, dass „Effektivität" (effectiveness) sowohl als Sammelbegriff wie auch zur Bezeichnung einer spezifischen Eigenschaft verwendet wird. Als spezifische Eigenschaft beschreibt „Effektivität" oder „Wirksamkeit" (effectiveness) Effekte, die unter Alltagsbedingungen gemessen werden, während die spezifische Eigenschaft der „Wirkung" (efficacy) Effekte beschreibt, die unter idealisierten aber artifiziellen Bedingungen einer kontrollierten randomisierten Studie erhoben wurden. Diese Unterscheidung zwischen Wirkung (efficacy) und Wirksamkeit (effectiveness) ist in internationalen Fachkreisen etabliert, wird aber immer noch nicht durchgehend angewandt. Es ist auch zu betonen, dass „Wirkung" und „Wirksamkeit" nicht als Synonyma für „Nutzen" verwendet werden sollten. Die Wirkung lässt sich, umgangssprachlich ausgedrückt, weitgehend „objektiv" messen, da ihr Nachweis falsifizierbar ist. Bei der Beschreibung der Wirksamkeit unter Alltagsbedingungen ist die „objektive" Messung bereits problematischer, weil nicht ausgeschlossen werden kann, dass die zahlreichen nicht kontrollierbaren Einflussfaktoren das beobachtete Ergebnis verändern. Berücksichtigt man zudem ein unterschiedliches sprachliches Verständnis des Wortes „messen", wird der Grad der Toleranz gegenüber Informationsdefiziten bei derart komplexen Fragen deutlich. Psychologen subsummieren unter einer Messung einen mehrdimensionalen Prozess, der zumindest alle bekannten Variablen bei der Ermittlung des Ergebnisses einbezieht (Bühner 2010). Ökonomen versuchen dagegen, Modelle zu erstellen, mit welchen komplexe Sachverhalte möglichst in einer einzigen Dimension kondensiert werden können.

Um schließlich den Unterschied zwischen Wirksamkeit und Nutzen zu erläutern, wird hier auf Beispiele zur Therapie der Schizophrenie und des Diabetes Mellitus (DM) zurückgegriffen. Die Wirksamkeit der Neuroleptika bei Schizophrenie kann durch eine Linderung der Krankheitssymptome nachgewiesen werden. Ob dieser Effekt vom Betroffenen als Nutzen wahrgenommen wird, wenn er nach wirksamer Therapie realisiert, dass er weder Geld noch Job noch einen Lebenspartner hat, ist u. a. von seinen Wertvorstellungen abhängig. Ein DM kann durch körperliche Aktivität und Diät beeinflusst werden. Die Wirksamkeit der Maßnahme lässt sich z. B. durch Messung des HbA1c nachweisen. Aus Sicht des Arztes wird die Senkung eines erhöhten HbA1c als Nutzen wahrgenommen, weil derzeit gilt, dass dadurch unerwünschte Spätfolgen vermieden werden können. Ob die Vermeidung von Spätfolgen aus der Sicht eines Patienten als Nutzen empfunden wird, hängt wiederum u. a. von dessen Wertvorstellungen ab. Wenn der Verzicht auf die Einhaltung der Diät und der Verzicht auf eine regelmäßige Aktivität nützlicher als die Vermeidung von Spätschäden bewertet werden, wird der Betroffene weder eine Diät einhalten, noch sich körperlich betätigen.

Im Gegensatz zur Messung von Effekten ist Nutzen nicht „objektivierbar", d. h. Nutzen per se kann nicht falsifiziert werden, weil Nutzen von individuellen Wertvorstellungen abhängig ist. Es besteht die Möglichkeit, zur Berechnung des Nutzens Regeln zu erstellen, die von den Akteuren zu akzeptieren sind. Für eine gerechte und effiziente Gesundheitsversorgung werden aber Aussagen zur Wirkung, zur Wirksamkeit und zum Nutzen benötigt. Die Charakteristika zur Unterscheidung falsifizierbarer und nicht falsifizierbarer Dimensionen zur Bewertung von Therapieeffekten ist an anderer Stelle beschrieben (Porzsolt, Pressel, Maute-Stephan et al. 2010) und in Abb. 18 dargestellt.

THERAPIE	WIRKUNG	KOSTEN	WIRKSAMKEIT	WERT	NUTZEN
Perspektive des/der	Biostatistiker	Ökonom	Leistungserbringer	Leistungsnehmer	Gesellschaft
Expertise	Präklinik	Ökonomie und Klinik	klinische Erfahrung	Wertvorstellungen	Entscheidungsträger
Handlungsalternative	verglichene Therapien	Opportunitätskosten	keine/andere Therapie	Präferenzen	Opportunitätskosten
Endpunkte	Output oder Outcomes	monetäre Kosten	Outcomes	Outcomes	ICER (QALY, effectivness, value)
Setting	ideale Studienbedingung		Alltagsbedingungen der täglichen Praxis		
Evaluationskriterien	experimentell überprüfbare Aussagen		experimentell nicht überprüfbare Aussagen		

Abb. 18: Charakteristika der Wirkung, Kosten, Wirksamkeit, des Wertes und Nutzens therapeutischer Maßnahmen.

Analog zur Therapie sind die Charakteristika der genannten Dimensionen auch für die Diagnostik (Abb. 19), das Screening (Abb. 20) und für komplexe Systeme (Abb. 21) zusammengefasst.

DIAGNOSTIK	WIRKUNG	KOSTEN	WIRKSAMKEIT	WERT	NUTZEN
Perspektive des/der	Biostatistiker	Ökonom	Leistungserbringer	Leistungsnehmer	Gesellschaft
Expertise	Präklinik	Ökonomie und Klinik	klinische Erfahrung	Werte	Entscheidungsträger
Handlungsalternative	verglichenes System	Opportunitätskosten	kein oder anderer Test	Präferenzen	Opportunitätskosten
Endpunkte	LRs bezogen auf einen Goldstandard	Kosten des Testes	NNT ± Test	Vor- und Nachtestwahrscheinlichkeit	Outcomes	ICER (QALYs, Wirksamkeit, Wert)
Setting	ideale Studienbedingung		Alltagsbedingungen der täglichen Praxis		
Evaluationskriterien	Aussagen lassen sich unter experimentellen Bedingungen prüfen		experimentell nicht prüfbare Aussagen		

Abb. 19: Charakteristika der Wirkung, Kosten, Wirksamkeit, des Wertes und Nutzens diagnostischer Maßnahmen.

SCREENING	WIRKUNG	KOSTEN	WIRKSAMKEIT	WERT	NUTZEN
Perspektive des/der	Evaluation unter idealen Studienbedingungen wegen des hohen Aufwandes nur in Ausnahmefällen möglich	Ökonom	Leistungserbringer	Leistungsnehmer	Gesellschaft
Expertise		präklinischer Experte	praktische/klinische Erfahrung		Entscheidungsträger
Handlungsalternative		Opportunitätskosten	kein/anderes Screening	kein/anderes Screening	verglichenes System
Endpunkte		Kosten des Systems	Compliance, QQL & Surrogatparameter	Wahrgenommene Ergebnisse	ICER (QALYs, Wirksamkeit, Wert)
Setting		Alltagsbedingungen der täglichen Praxis			
Evaluationskriterien		Aussagen lassen sich nur unter Alltagsbedingungen aber nicht unter idealen experimentellen Bedingungen prüfen			

Abb. 20: Charakteristika der Wirkung, Kosten, Wirksamkeit, des Wertes und Nutzens von Screening-Maßnahmen.

Die zunehmende Bedeutung wirtschaftlicher Aspekte hat im Gesundheitssystem dazu beigetragen, dass neben den Prinzipien der erwünschten Wirkung bzw. Wirksamkeit und den unerwünschten Wirkungen der Nachweis des Nutzens gefordert wird. Bisher gibt es keine allgemein akzeptierte Methode, um den Nutzen von Gesundheitsleistungen nachzuweisen. Das am häufigsten angewandte Konzept beruht auf dem Produkt von Lebensjahren und der durchschnittlichen Lebensqualität, den qualitätsbezogenen Lebensjahren (quality adjusted life years, QALYs). Dieses Konzept bietet zweifellos aus Sicht der Ökonomie interessante Vorteile, erfordert aber aus Sicht der Medizin verschiedene idealisierende Annahmen und Abstraktionen, welche die Anwendbarkeit in der täglichen Praxis erschweren. Der wohl umstrittenste Punkt betrifft die Bewertung einer Gesundheitsleistung, die beim QALY-Konzept nicht dem Entscheidungsträger überlassen bleibt, sondern bereits in der Berechnung des Ergebnisses enthalten ist und bei Entwicklung des Messinstruments entweder von Betroffenen oder von Unabhängigen vorgenommen wird.

In Analogie zu den oben dargestellten Verfahren wird hier diese Methode zur Bewertung des Nutzens komplexer Systeme angewandt. Die Bewertung des Nutzens komplexer Systeme setzt voraus, dass alle bedeutenden Faktoren, welche das beobachtete Ergebnis beeinflussen, auch erfasst werden. Im Fall einer neuen Ausstattung eines Operationssaals, bei der verschiedene Einheiten zu einem neuen System zusammengefügt werden, können die erzielten Effekte dieses neuen Systems mit den Effekten eines früher verwendeten Systems wegen der großen Zahl möglicher Variablen nicht unter idealen Studienbedingungen geprüft werden.

Eine ökonomische Bewertung des neuen Systems ist nur sinnvoll, wenn der Nutzen und die Kosten, die durch dieses neue System entstehen, im Vergleich zum Nutzen und den Kosten dargestellt werden können, die durch das alternativ verwendbare System entstehen. Dazu sind zunächst die Methoden einschließlich der Dimensionen zu beschreiben, mit welchen die Kosten und der Nutzen der alternativen Handlungsmöglichkeiten, hier der beiden verglichenen Systeme, dargestellt werden können.

Nach unserem Verständnis des Nutzens lassen sich direkt nur der wahrgenommene Nutzen oder die Risiken messen, durch deren Reduktion Nutzen entsteht. Der wahrgenommene Nutzen kann – analog zur „gefühlten Sicherheit" – mit aufwändigen psychometrischen Methoden (Fragebögen) in einzelnen Dimensionen abgebildet und quantifiziert werden. Der gestiftete Nutzen, der von verschiedenen externen Betrachtern aus unterschiedlichen Perspektiven gesehen wird, ist nur über die Reduktion von Risiken messbar, die durch die Messung der Wirkung (efficacy), der Wirksamkeit (effectiveness) und des Wertes (value) möglich ist.

In komplexen Systemen lässt sich aber der Nachweis der Wirkung nicht erbringen, wohl aber der Nachweis der Wirksamkeit unter Alltagsbedingungen aus Sicht des Leistungserbringers (effectiveness) und der Nachweis des Wertes aus der Sicht des Leistungsnehmers (value). Aus diesen beiden Größen, Wirksamkeit und Wert, lässt sich der Nutzen durch ein nicht formales Verfahren abschätzen. Die Kosten werden in monetären Einheiten ausgedrückt und können in Relation zum abgeleiteten Nutzen als Kosten-Nutzen-Relation dargestellt werden.

Innerhalb dieses vorgegebenen Rahmens bleibt zu definieren, wie die Wirksamkeit und der Wert eines komplexen Systems gemessen werden können. Unter der Annahme, dass diese Effekte durch verschiedene Faktoren ausgedrückt werden, sollten sich diese Wirksamkeits-Faktoren letztlich in einer einzelnen, globalen Dimension beschreiben lassen. Dazu nehmen wir an, dass die optimale Wirksamkeit eines komplexen Systems erreicht wird, wenn die Erwartungen des Leistungserbringers an das System erfüllt werden, d. h. wenn der Leistungserbringer keine Dimension benennt, in welcher das System verbessert werden sollte. Man könnte diesen Zustand auch als Zufriedenheit der Leistungserbringer (satisfaction) bezeichnen; die Dimensionen des Systems sollten definiert werden.

Aus Sicht der Leistungsnehmer ist es nicht sinnvoll, die Zufriedenheit mit dem System zu messen, weil Leistungsnehmer das System – wenn überhaupt – lediglich in der Phase der Krankenhauswahl zur Kenntnis nehmen. Deshalb könnte die Wahrnehmung des neuen Systems durch den Patienten (awareness) und evtl. die dadurch vermittelte „gefühlte Sicherheit" als Hypothese in eine Nutzenbewertung komplexer Systeme aufgenommen werden. Auf der Grundlage dieser Überlegungen wird für die Nutzenbewertung komplexer Systeme das in Abb. 21 dargestellte Raster vorgeschlagen.

Da die Wirkung aus Sicht des Biostatistikers unter den idealen – aber artifiziellen – Bedingungen einer klinischen Studie gemessen wird, ist diese Dimension der Nutzenbewertung für komplexe Systeme wenig geeignet, weil sich komplexe Systeme wie Operationssäle auf Grund der Menge der schwer kontrollierbaren Variablen kaum untereinander vergleichen lassen. Deshalb empfehlen wir, bei der Bewertung komplexer Systeme auf Messungen unter den idealisierten Bedingungen (im Gegensatz zur Messung unter Alltagsbedingungen) zu verzichten.

Die Ermittlung der Kosten komplexer Systeme unterscheidet sich von der Ermittlung der Kosten diagnostischer oder therapeutischer Maßnahmen durch das Setting. Während die Kosten bei den letztgenannten Leistungen meist unter den Idealbedingungen einer Studie erhoben werden, werden die Kosten komplexer Systeme aus Gründen der Praktikabilität unter Alltagbedingungen erhoben. Zusätzlich zu den Kosten für die Anschaffung sind die Kosten für den Unterhalt eines komplexen Systems und die anfallenden personellen Kosten zu berechnen.

	WIRKUNG	KOSTEN	WIRKSAMKEIT	WERT	NUTZEN
Perspektive des/der	Biostatistiker	Ökonom	Leistungserbringer	Leistungsnehmer	Gesellschaft
Expertise	präklinischer Experte	präklinischer Experte	klinischer Experte		Entscheidungsträger
Handlungsalternative	verglichenes System	Opportunitätskosten	Erfahrung d. Leistungserbringers	Erfahrung d. Leistungsnehmers	verglichenes System
Endpunkte	Funktionen der Systeme	Kosten des Systems	Zufriedenheit mit Struktur-, Prozess- & Ergebnisqualität	wahrgenommene Ergebnisse	$ICER_{Wirksamkeit}$ und $ICER_{Wert}$
Setting	ideale Studienbedingung	Alltagsbedingungen der täglichen Praxis			
Evaluationskriterien	Evaluation nicht möglich	Aussagen lassen sich nur unter Alltagsbedingungen aber nicht unter idealen experimentellen Bedingungen prüfen			

Abb. 21: Bewertung des Nutzens komplexer Systeme in der Gesundheitsversorgung. Die Wirkung kann nicht unter den idealen Bedingungen einer klinischen Studie erhoben werden. Deshalb beruht die Bewertung des Nutzens komplexer Systeme lediglich auf Daten zur Wirksamkeit (aus Sicht des Leistungserbringers) und zum Wert (aus Sicht des Leistungsnehmers). Zur Abschätzung der Kosten-Nutzen-Relation können inkrementelle Analysen zur Wirksamkeit ($ICER_{Wirksamkeit}$) und zum Wert ($ICER_{Wert}$) durchgeführt werden.

Bei einer geplanten Analyse komplexer Systeme ist zunächst die Vergleichbarkeit der Systeme zu bestätigen. Im Falle von Operationssälen sollten der Case Mix der versorgten Krankheitsbilder ähnlich sein. Wenn bei diesem Vergleich die Rahmenbedingungen konstant gehalten werden (z. B. identischen Teams bei einem prä-post-Vergleich der intra- und perioperativen Versorgung und bei stabiler Phase der Lernkurve), können Mängel vermieden oder Verbesserungen erzielt werden, die sehr wahrscheinlich durch das neue System bedingt sind. Es ist zu erwarten, dass diese erwünschten Effekte die Versorgungsqualität der Leistungsnehmer verbessern und die Zufriedenheit der Leistungserbringer steigern.

Somit lässt sich die Wirksamkeit eines komplexen Systems durch die Vermeidung von zeitlichen, personellen, räumlichen und technischen Mängeln und durch deren Verbesserungen in den drei Ebenen der Struktur-, Prozess- und Ergebnisqualität ausdrücken. Zur Strukturqualität zählen Mängel oder Probleme wie unzureichende zeitliche, räumliche, personelle oder technische

Ausstattungen oder Vorgaben aber auch Vorteile wie die Attraktivität des Arbeitsplatzes. Zur Prozessqualität zählen Mängel oder Probleme der Abläufe (z. B. Bedienungsprobleme, administrativer Aufwand, erforderliche Erfahrung im Umgang mit dem System/Einarbeitungszeit sowie die Einhaltung der zeitlichen, räumlichen, personellen und technischen Vorgaben). Im Gegensatz zur Struktur- und Prozessqualität[2] kann die Ergebnisqualität häufig nur bewertet werden, wenn die angestrebten Ziele vorab explizit definiert wurden. Obwohl das primäre Interesse einer möglichen Verbesserung der Patientenversorgung (z. B. Reduktion der Komplikationsrate der Patienten und der Zufriedenheit der Ärzte) gelten sollte, werden diese Verbesserungen nur selten nachzuweisen sein. Häufiger wird es gelingen, die erwähnten Verbesserungen auf der Struktur- und Prozess-Ebene nachzuweisen, die sekundär sehr wohl zu einer Verbesserung der Patientenversorgung führen können.

Da in komplexen Systemen nicht alle denkbaren Einflussfaktoren mit vertretbarem Aufwand gemessen werden können, kann es sinnvoll sein, am Ende eines Versorgungsabschnitts (z. B. bei stationärer Entlassung), eine globale Bewertung (Werte) der Versorgungszufriedenheit durch die Patienten vorzunehmen, um mögliche indirekte Effekte zu erfassen.

Da der Nutzen nicht direkt messbar ist, ist zunächst zu klären, ob der von einer einzelnen Person oder von einer Gruppe wahrgenommene Nutzen mit psychometrischen Methoden gemessen werden soll oder aus Sicht einer Gruppe oder der Gesellschaft von einem legitimierten Gremium auf dem Boden messbarer Ergebnisse abgeschätzt werden soll. Im ersten Fall sind Fragebögen zu entwickeln, die für die jeweilige Situation spezifisch sind. Im zweiten Fall werden die verfügbaren Ergebnisse der beiden Dimensionen Wirksamkeit und Wert zur Abschätzung des resultierenden Nutzens vorgelegt. Diese Abschätzung erfolgt durch ein nicht-formales Verfahren. Diese Abschätzungen werden nur für die Bereiche Gültigkeit beanspruchen können, für die sie legitimiert sind. Da die Kosten des Systems bekannt sind, lässt sich der monetäre Gegenwert des neuen Systems im Sinne einer cost-benefit-analysis durch die maximal akzeptierten Kosten abschätzen.

Zusammenfassend kann der Nutzen, der durch neue komplexe Systeme – vorwiegend durch moderne IT – erwartet wird, für einzelne Bereiche benannt werden, wurde aber bisher noch nicht systematisch erfasst. Um eine Bewertung des gesamten Systems vornehmen zu können, ist eine Strategie zu entwickeln.

Das vorliegende Konzept beruht auf einer Strategie, die entwickelt wurde, um den vom Gesetzgeber geforderten Nachweis des Patientennutzens einer Arzneimitteltherapie zu erbringen. Diese Strategie wurde auf komplexe Syste-

---

2 Auch in den Ebenen der Struktur- und Prozessqualität sind Bewertungen nur möglich, wenn die erwarteten und beobachteten Ziele miteinander verglichen werden. Allerdings sind die Ziele in diesen beiden Ebenen implizit meist hinreichend präzise definiert, sodass eine zusätzliche explizite Zieldefinition nicht erforderlich ist.

me, z. B. die Bewertung des Nutzens eines modern ausgestatteten Operationssaals, adaptiert. Dabei zeigte sich zum einen, dass sich nicht alle Kriterien der Nutzenbewertung von Arzneimitteln auf komplexe Systeme übertragen lassen. Weiterhin wurde deutlich, dass die Wirksamkeit eines komplexen Systems unter Alltagsbedingungen in den Ebenen der Struktur-, Prozess- und Ergebnisqualität zu erfassen ist und dort jeweils die Lösung oder das Auftreten zeitlicher, räumlicher, personeller oder technischer Probleme anzeigen kann.

Zur Validierung des vorgeschlagenen Konzeptes sollten die in neu eingerichteten Operationssälen arbeitenden Teams von einer „benefit assessment group" begleitet werden, um vor Ort die Kriterien zu erfassen, mit welchen sich der Nutzen komplexer Systeme nachweisen lässt.

Weiterführende Aspekte zum Nutzen betreffen die Vermittlung von „gefühlter Sicherheit", die Grundlage des Vertrauens ist, das sich für jede Form der Entscheidung – auch für Kaufentscheidungen – entwickeln muss. Da bei vielen Formen einer Risikoreduktion ein Gewinn an „gefühlter Sicherheit" auftreten wird, kommt der sorgfältigen Reduktion reduzierter Risiken eine besondere Bedeutung zu.

Aus Sicht der Leistungsnehmer ist zu bedenken, dass die technische Ausstattung eines Krankenhauses vorwiegend in den Wartebereichen und den Krankenzimmern (Patientenbett und zugehörige Funktionseinheiten) wahrgenommen wird.

4.1 Messung und Bewertung der Validität (USP)

PETER BRAUBACH & FRANZ PORZSOLT

Die Messung und Bewertung der Validität wissenschaftlicher Publikationen ist ein bisher ungelöstes Problem. Die Health Technology Assessment (HTA) Organisationen und die Cochrane Collaboration haben sich das Ziel gesetzt, valide wissenschaftliche Arbeiten in Metaanalysen zusammenzufassen. Diese Bemühungen haben zweifellos dazu beigetragen, dass der Validität wissenschaftlicher Publikationen wesentlich mehr Aufmerksamkeit als früher geschenkt wird.

Möglicherweise sind zwei Gründe dafür verantwortlich, dass das Problem noch nicht gelöst werden konnte: (1) Zum einen entscheiden wir alle offensichtlich weniger auf Grund wissenschaftlicher Evidenz als vielmehr anhand unserer individuellen Wertvorstellungen. (2) Zudem wird die vorhandene wissenschaftliche Evidenz in der Praxis möglicherweise nicht genügend sorgfältig geprüft, sodass auch wenig valide Informationen für Entscheidungen und

Empfehlungen verwendet werden. Da Wertvorstellungen durch Information geprägt werden, ist darauf zu achten, dass unsere Werte durch valide Aussagen geprägt werden. Deshalb unterbreiten wir letztlich (3) zwei Vorschläge zur Sicherung der Validität wertprägender Aussagen. Siehe dazu auch den vierteiligen Leitsatz der Klinischen Ökonomik, der diesem Buch vorangestellt ist.

4.1.1 Wir entscheiden weniger anhand von Evidenz als anhand von Werten

Dieses Phänomen wurde von verschiedenen namhaften Wissenschaftlern bereits beobachtet. Muir Gray hat es in seinem Aufsatz aus dem Jahr 2004 explizit formuliert (Gray 2004). Chan et al. haben konkrete Hinweise auf selektive Berichterstattung in klinischen Studien zusammengestellt. Sie fanden, dass in 86 % aller untersuchten Studien angeblich alle Outcomes berichtet wurden, obwohl sich das Gegenteil nachweisen lässt (Chan, Hróbjartsson, Haahr et al. 2004). Kurz drauf haben Oxman und Kollegen beschrieben, dass systematische Übersichten selten für die Erstellung klinischer Empfehlungen verwendet werden. Stattdessen werden Expertenmeinungen verwendet, wobei unklar bleibt, ob die Experten wirklich jene Gruppe darstellen, die diese Empfehlungen im klinischen Alltag tatsächlich umsetzt (Oxman, Lavis, Fretheim 2007).

Diese Beispiele besagen, dass nicht Evidenz, sondern unsere Wertvorstellungen unser Handeln prägen. Diese Aussage lässt sich auch durch vier eigene Beobachtungen stützen:

(A) Neues Wissen wird akzeptiert, wenn es mit unseren Wertvorstellungen vereinbar ist. (B) Wenn identische Publikationen von verschiedenen Gruppen bewertet werden, sind die entdeckten Mängel ähnlich, deren Bewertung ist aber unterschiedlich. (C) Mediziner bewerten die Wichtigkeit von Validitätskriterien unterschiedlich. (D) Wenn man Entscheidungskriterien hinterfragt, erhält man möglicherweise keine wahren, sondern sozial erwünschte Antworten.

(A) NEUES WISSEN WIRD AKZEPTIERT, WENN ES MIT UNSEREN WERTVORSTELLUNGEN VEREINBAR IST.

Beim Studium der fünf Schritte der evidenzbasierten Medizin (EbM), die von David Sackett und Kollegen vorgeschlagen wurden, empfanden wir es als unnatürlich, nach Identifizierung der Fragestellung, die Antwort auf diese Frage direkt in der externen Evidenz zu suchen. Jeder wird versuchen, eine Frage zunächst mit eigenem Wissen, d. h. mit interner Evidenz zu beantworten, ohne auf das sonst auf der Welt verfügbare Wissen, die externe Evidenz, zurückzugreifen. Dieser für das Verständnis der EbM bedeutende, sechste Schritt wurde zwar in zwei renommierten Zeitschriften wortgleich abgedruckt (Porzsolt, Ohletz, Thim et al. 2003a/b), aber bisher kaum zitiert (Tab. 13).

Nachdem eine Frage mit interner Evidenz beantwortet ist, sollte geprüft werden, ob andere nicht doch eine bessere Antwort auf diese Frage geben können als man selbst. Dieses kritische Hinterfragen entspricht dem dritten und vierten Schritt eines evidenzbasierten Vorgehens, das in Tab. 13 dargestellt ist. Danach kommt der bedeutendste, schwierigste und am häufigsten missverstandene Schritt der EbM: Wenn die interne und die externe Evidenz zu übereinstimmenden Ergebnissen kommen, kann man sich glücklich schätzen, weil man offensichtlich selbst über das beste verfügbare Wissen verfügt. Wenn aber interne und externe Evidenz zu unterschiedlichen Ergebnissen kommen, entsteht ein Problem. Zur Lösung dieses Problems wird jeder eigenverantwortlich Handelnde selbst entscheiden, ob die neue externe Evidenz für ihn so überzeugend ist, dass er damit seine bestehende interne Evidenz überschreibt (erneuert) und dadurch einen Erkenntnisgewinn erzielt, oder ob er an seiner bestehenden internen Evidenz festhält. Jede andere Empfehlung, z. B. dass evidenzbasierte Aussagen anderen immer vorzuziehen seien, wäre anmaßend und entspräche zunächst einem Verstoß gegen die Entscheidungsautonomie des Individuums.

Dieser Konflikt wurde durch Einführung der EbM ausgelöst, weil die EbM den Anspruch erhoben hat, zu besseren Ergebnissen zu führen als andere Entscheidungsstrategien. Diese Behauptung ist „kryptonormativ", d. h. es wird eine Norm erstellt, ohne diese transparent zu begründen. Deshalb ist diese Behauptung problematisch. Die Öffentlichkeit nimmt diesen Konflikt sehr wohl wahr, weil immer wieder Unterschiede klar werden zwischen dem, was Einzelne im Rahmen der Gesundheitsversorgung für richtig halten und dem, was die Gesellschaft als Norm vorgibt.

NR.	SCHRITT	INHALT
❶	Das klinische Problem in eine vierteilige Frage zu überführen.	(a) Patient und Problem (b) Ziel der Aktion (inkl. Dimension) (c) gewählte Handlungsoption (d) die alternative Handlungsoption
❷	Die vierteilige Frage mit interner Evidenz zu beantworten.	**Interne Evidenz ist:** (a) das erworbene Wissen (b) die gesammelte Erfahrung (c) Information aus Arzt-Patient Beziehung

NR.	SCHRITT	INHALT
3	Zusätzlich die externe Evidenz zu suchen und zu finden, um die vierteilige Frage zu beantworten.	(a) Was ist externe Evidenz? (b) Was bedeutet suchen und finden? → formale Ebene: Suche Begriffe → kognitive Ebene: Prüfe Inhalt → analytische Ebene: Verstehe das Design
4	Die externe Evidenz kritisch zu bewerten.	(a) Validität (b) klinische Relevanz (c) Anwendbarkeit
5	Die bewertete externe Evidenz in die bestehende interne Evidenz zu integrieren.	Integration bedeutet: Jeder eigenverantwortliche Handelnde **muss subjektiv entscheiden**, ob die neue externe Evidenz für ihn hinreichend valide erscheint, um seine bestehende interne Evidenz durch die neue, externe Evidenz zu überschreiben.
6	Das Ergebnis zu bewerten.	Bisher keine allgemein akzeptierte Methode verfügbar.

Tab. 13: Der sechste Schritt der evidenzbasierten Medizin (Porzsolt 2003a/b).

(B) DER ASSESSMENT-APPRAISAL-CONFLICT

Wenn identische Publikationen von verschiedenen Gruppen bewertet werden, sind die entdeckten Mängel ähnlich, deren Bewertung ist aber unterschiedlich.

Dazu haben wir in einem Experiment fünf Publikationen mit einem standardisierten Fragebogen (Tab. 14) durch einen Experten aus der pharmazeutischen Industrie und einen Experten der Universität bewerten lassen (Porzsolt, Bonotto de O. Costa, Thomaz 2009). Die Hypothese war, dass die beiden Experten auch bei identischen Bewertungsregeln nicht immer zum gleichen Ergebnis kommen.

NR.	FRAGE	SCORE
	Vergleiche das ideale Studiendesign zur Prüfung der Frage mit dem hier angewandten Studiendesign	---
	Klassifiziere als potentiell valide/nicht beurteilbar, wenn die beiden Designs ähnlich/verschieden sind	---
	Falls potentiell valide, starte mit 9 Punkten	09
01	Addiere/subtrahiere 1 Punkt, wenn die beiden Studiendesigns ähnlich/unterschiedlich sind	

NR.	FRAGE	SCORE
02	Addiere/subtrahiere 1 Punkt, wenn die Risikoprofile* der verglichenen Gruppen ähnlich/unterschiedlich sind	
03	Addiere/subtrahiere 1 Punkt, wenn die Gruppenzuordnung durch Patient oder Therapeut nicht/beeinflussbar war**	
04	Addiere/subtrahiere 1 Punkt, wenn Therapeut & Patient kontinuierlich/ nicht kontinuierlich verblindet waren	
05	Addiere/subtrahiere 1 Punkt, wenn der follow-up lang genug/zu kurz war, um die meisten Endpunkte zu erreichen	
06	Addiere/subtrahiere 1 Punkt wenn alle/nicht alle Patienten der Studie in die Auswertung einbezogen wurden	
07	Addiere/subtrahiere 1 Punkt, wenn alle/nicht alle Patienten der Studie nach intent-to-treat ausgewertet wurden	
08	Addiere/subtrahiere 1 Punkt, wenn angemessene/nicht angemessene statistische Verfahren angewandt wurden	
Gesamt Score		

Tab. 14: Fragen und Scoring-System für das twin assessment of clinical trials (TACT). Ein Score von „0" bedeutet, dass in diesem Punkt keine Einigung der beiden Experten erreicht werden konnte. *) Die Gruppen sind nicht vergleichbar, wenn bei einer der Studiengruppen die Mehrzahl aller Risiken auch nur geringfügig häufiger vorkommt oder geringfügig stärker ausgeprägt ist als in der anderen. **) Concealment.

Dieses Experiment wurde in Deutschland durchgeführt und später in Brasilien wiederholt. In Brasilien wurden die beiden Experten durch 20 Medizinstudenten repräsentiert, wobei jeweils 10 Studenten die Sicht der pharmazeutischen Industrie und 10 Studenten die Sicht der Universität repräsentierten. Die Experten in Deutschland hatten die Arbeiten zunächst unabhängig voneinander bewertet und bei diskrepanten Antworten versucht, eine Einigung herbeizuführen. Bei gemeinsamer positiver Antwort wurde ein Punkt gegeben, bei gemeinsamer negativer Antwort ein Punkt abgezogen und bei fehlender Einigung kein Punkt vergeben. Analog wurde bei den beiden Studentengruppen in Brasilien verfahren. Die Ergebnisse beider Experimente sind in Abb. 22 zusammengefasst.

Zunächst ist zu erkennen, dass sich die beiden Experten in beiden Experimenten in der Mehrzahl der Entscheidungen einigen konnten. Dementsprechend wurde je ein Punkt zum Score addiert (weiße Ringe) oder vom Score subtrahiert (schwarze Ringe). Dieses Ergebnis hatten wir zwar nicht erwartet, es ist aber zu bedenken, dass die beiden Parteien die Möglichkeit hatten, ihre Meinungen miteinander abzustimmen.

Individuelle Übereinstimmung ◉ ● Gruppendissonanz ■ 3 in 5 ■ 2 in 5 ■ 1 in 5 ☐ 0 in 5	Dauzenberg et al. Cancer 1999		Mehta et al. Lancet 2001		Heart Protection Lanvet 2002		Meunier et al. N Engl J med 2004		Piccard-Gebhardt N Engl J Med 2005	
Falls Studie potentiell valide, Start mit 9 Punkten	EXP 9	STU 9	EXP 9	STU 9	EXP 9	STU 9	EXP 9	STU 9	EXP 9	STU 9
Frage 1	●	◉	●	●	●	*Kein Studiendesign konstruierbar*	●	◉	●	◉
Frage 2	◉	●	◉	◉	●		◉	◉	◉	◉
Frage 3	◉	◉	◉	◉	◉		◉		●	◉
Frage 4	●	◉	◉	◉	●		◉	◉	●	●
Frage 5	◉	◉	●		◉		◉	◉	●	●
Frage 6	◉	◉	●	◉	◉		●	●	◉	●
Frage 7	●	●	●	●	◉		●	●		◉
Frage 8	◉	◉	◉	◉	◉		◉	◉	◉	◉
Total Score	11	11	9	12	11	<6	11	12	8	11

Abb. 22: Ergebnisse des TACT Experiments: assessment und appraisal.

Wenn allerdings die Ergebnisse aus Deutschland mit den Ergebnissen aus Brasilien verglichen wurden, waren die Ergebnisse in den Fragen 2, 4, 5 und 7 weitgehend übereinstimmend, während bei den verbleibenden vier Fragen weniger Übereinstimmung bestand. Übereinstimmende Antworten wurden auf die Fragen zum Risikoprofil, zur Verblindung, zum follow-up und zur intent-to-treat Analyse gegeben, während eine geringere Übereinstimmung bei den Fragen zum idealen Studiendesign, zur Geheimhaltung des Randomisationsplans (concealment), zur Einbeziehung aller Probanden in die Auswertung und zur angemessenen Statistik erzielt wurde. Diese mangelnde Übereinstimmung in diesen Fragen ist plausibel, weil die Angemessenheit eines Studiendesigns generell schwer zu bewerten ist, Angaben zum concealment bisher nur in wenigen Studien gemacht werden und die Entscheidungen, ob „alle" Probanden in die Auswertung einbezogen wurden, wegen grenzwertiger Entscheidungen und die Frage nach der angemessenen Statistik aus Gründen der Kompetenz schwer zu beurteilen sind.

Als Fazit dieses Experiments ist zu schließen, dass die Entscheidung über die Validität einer wissenschaftlichen Studie immer unterschiedlich ausfallen wird, wenn sich die Beurteiler nicht beraten können. Ursache dieser Variation ist, dass Entscheidungen auch subjektive Werturteile erfordern und diese nicht standardisiert werden können. Dieser Limitation sollte man sich bewusst sein, wenn wissenschaftlich fundierte Entscheidungen bewertet werden. Zur Untermauerung dieser Aussage haben unsere Doktoranden weitere Experimente durchgeführt, die nachfolgend beschrieben sind.

(C) MEDIZINER BEWERTEN DIE WICHTIGKEIT VON VALIDITÄTSKRITERIEN UNTERSCHIEDLICH.

Jessica Groß hat als Teil ihrer Dissertation 275 Ärzten und angehenden Ärzten unseres Klinikums jeweils elf Fragen zur Validität wissenschaftlicher Publikationen klinischer Studien vorgelegt. Die Befragten sollten die Wichtigkeit auf einer Skala von 5 (sehr wichtig) bis 1 (unbedeutend) beschreiben (Tab. 15).

	+ IMPORTANCE LEVEL −				
	5 Pt	4 Pt	3 Pt	2 Pt	1 Pt
1) Was the study question clearly stated?					
2) Was the selected design appropriate?					
3) Were all patients recruited in time?					
4) Were the risk profiles similar?					
5) Was the allocation of patients concealed?					
6) Was the blinding maintained?					
7) Was the follow-up long enough?					
8) Were all patients included in the results?					
9) Were the applied statistics adequate?					
10) Was there a conflict of interests?					
11) Are the effects clinically relevant?					

Tab. 15: Fragen zur Bewertung der Validität wissenschaftlicher Publikationen klinischer Studien. Die Fragen #3 und #11 wurden als Kontrollen eingefügt; sie sind nicht geeignet, um die Validität zu prüfen und sollten weniger bedeutend gewertet werden.

Unter den 275 Teilnehmern waren 81 erfahrene (> 3 Jahre) Fachärzte, 28 jüngere Fachärzte, 46 fortgeschrittene (> 3 Jahre) Assistenten, 49 jüngere Assistenten, 39 fortgeschrittene (> 3 Jahre) Studenten, 1 jüngerer Student und 31 nichtärztliche Wissenschaftler. 80 % der Befragten gaben an, über evidenzbasierte Medizin (EbM) das zu wissen, was sie als Studenten gelernt hatten (d. h. wenig), 6 % hatten nach ihrem Studium mindestens einen EbM-Kurs besucht, 1 % unterrichtet EbM und 12 % der Befragten gaben keine Antwort.

14 % gaben an, monatlich eine wissenschaftliche Publikation kritisch zu bewerten (was ich, F. P., nicht wirklich glauben kann), 51 % flüchteten in die vorgegebene Antwort, dass sie meinen, EbM ständig anzuwenden, 26 % gaben zu, dass sie weder die Zeit, noch die Geduld, noch die Erfahrung hätten, um eine kritische Bewertung durchzuführen und 9 % gaben keine Antwort.

Neun der elf gestellten Fragen waren zur Beurteilung der Validität geeignet. Mit den Fragen #3 und #11 lässt sich die Validität einer wissenschaftlichen Publikation nicht bewerten (Tab. 15).

Als Ergebnis dieses Experiments konnte bestätigt werden, dass Wissenschaftler unterschiedliche Validitätskriterien unterschiedlich bewerten. Was dem einen wichtig ist, kann für den anderen unbedeutend sein. So ist zu erklären, dass alle Kriterien mit ähnlichen Durchschnittswerten bei großen Streuungen beurteilt wurden. Die Durchschnittswerte sind in Abb. 23 dargestellt. Die Streuungen betrugen jeweils etwa 20 % des Mittelwertes.

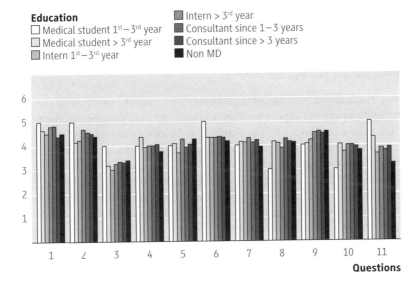

Abb. 23: Durchschnittliche Bewertung der Validitätskriterien (Skala 1–6) wissenschaftlicher Publikationen klinischer Studien. Die Streuungen betrugen jeweils etwa 20 % des Mittelwertes.

Bei der Interpretation der Ergebnisse ist zu beachten, dass die Gruppe der jungen Medizinstudenten nur aus einem Probanden bestand. Frage #3 („Wurden die Patienten rechtzeitig rekrutiert?") wurde offensichtlich als weniger bedeutend eingestuft. Die Beantwortung der Frage #11 scheint etwas schwieriger zu sein. Es scheint ein Zusammenhang zu bestehen zwischen der wissenschaftlichen Erfahrung und der zugeordneten Bedeutung: Je erfahrener der Teilnehmer, umso geringer die zugemessene Bedeutung der Frage für die Bewertung der Validität. Die detaillierte Analyse der Daten zeigt, dass auch erfahrene Teilnehmer die Validitätskriterien uneinheitlich einstufen. Für die Bewertung wissenschaftlicher Publikationen lässt sich ableiten, dass eine Arbeit bei Fehlen aller Validitätskriterien einheitlich als mangelhaft und bei Vorhandensein aller Kriterien als gut bezeichnet wird. Wenn allerdings nur ein Teil der Validitätskriterien erfüllt ist, werden die Urteile unterschiedlicher Bewerter verschieden ausfallen. Da die meisten wissenschaftlichen Publikationen dieser Kategorie angehören, scheint sich die Aussage zu bestätigen, dass wir alle anhand von Wertvorstellungen urteilen, die auf einer unterschiedlichen Wahrnehmung von Evidenz beruhen.

Mit diesem Ergebnis haben wir uns nicht zufrieden gegeben, weil zudem die Möglichkeit besteht, dass wir Ärzte unter Alltagsbedingungen andere als die Kriterien der evidenzbasierten Medizin anwenden, um die Glaubwürdigkeit wissenschaftlicher Publikationen zu prüfen.

(D) WENN ENTSCHEIDUNGSKRITERIEN HINTERFRAGT WERDEN, ERHÄLT MAN MÖGLICHERWEISE KEINE WAHREN, SONDERN SOZIAL ERWÜNSCHTE ANTWORTEN.

Wir haben deshalb sogenannte „traditionelle Kriterien" gesammelt, die von unseren Kollegen verwendet werden könnten, um die Glaubwürdigkeit von Publikationen zu prüfen. Solche Kriterien sind beispielsweise das Journal, in welchem eine Arbeit publiziert ist, oder das Herkunftsland oder der Bekanntheitsgrad der Autoren (Tab. 16).

Eine Liste aus acht dieser traditionellen Kriterien und acht evidenzbasierter Kriterien haben wir Kollegen in drei Ländern (Universität Ulm, Ulm, Deutschland, n = 33; Ospedale Bambino Gesú, Rom, Italien, n = 14; Universidade Federal Fluminense, Niterói, Brasilien, n = 63) mit der Bitte vorgelegt, diese Kriterien nach ihrer Bedeutung für die Einschätzung der Glaubwürdigkeit einer Studie zu ordnen.

Nahezu ausnahmslos wurden anscheinend die evidenzbasierten Kriterien als bedeutender eingestuft als die traditionellen Kriterien. Interessant ist, dass die klinische Relevanz in der brasilianischen Gruppe und die Unterstützung durch den Hersteller in der italienischen Gruppe bedeutender empfunden wurde als in den anderen beiden Ländern. Es ist zu vermuten, dass bei der Schulung in den betreffenden Ländern die Bedeutung dieser Aspekte besonders eindringlich betont wurde.

A SCIENTIFIC PUBLICATION WILL INCREASE MY CONFIDENCE IF ...
... the blinding was maintained throughout the study
... I agree with the authors' motivation to conduct this study
... the author of this paper and I share the same cultural background
... the risk profiles of the investigated groups were similar
... the study was supported by a well-known grant agency
... the group of authors is considered a reliable scientific group
... the study question was clearly stated
... the results of this study coincide with my own preferences
... all randomized patients were included in the results
... the effects were clinically relevant

A SCIENTIFIC PUBLICATION WILL INCREASE MY CONFIDENCE IF ...
... the country where the study was performed seems reliable
... the applied statistics were adequate
... the first author of this paper is considered a reliable scientist
... the study was not supported by the manufacturer
... the follow-up was long enough
... the selected design was appropriate

Tab. 16: Je acht traditionelle und evidenzbasierte Aussagen zur Bewertung der Glaubwürdigkeit wissenschaftlicher Arbeiten. Jeweils vier dieser Aussagen sollten als „sehr bedeutend", „bedeutend", „weniger bedeutend", „unbedeutend" klassifiziert werden.

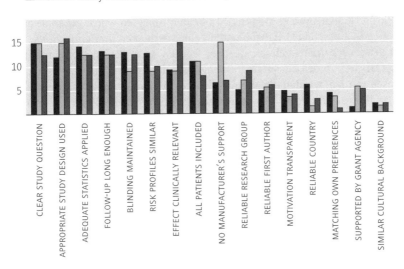

Abb. 24: Rangordnung (1–16) der traditionellen und evidenzbasierten Kriterien, erhoben in Ulm, Rom und Niterói.

Da wir die Möglichkeit nicht ausschließen möchten, dass die Kollegen sozial erwünschte Antworten gegeben haben („Die Entscheidungen beruhen auf evidenzbasierten Kriterien, nicht auf traditionellen Kriterien."), wird derzeit ein Experiment vorbereitet, mit welchem unterschieden werden kann, ob wahrheitsgemäße oder sozial erwünschte Antworten gegeben werden.

4.1.2 Die vorhandene wissenschaftliche Literatur wird nicht sorgfältig geprüft

Diese Behauptung lässt sich durch drei eigene Beobachtungen stützen: (A) In den Metaanalysen zweier Institutionen zum selben Thema wurden ähnliche, schwerwiegende Fehler entdeckt, aber nicht berichtet. (B) Die in einer Metaanalyse eingeschlossenen Originalarbeiten erfüllten keineswegs immer die geforderten Qualitätskriterien. (C) Die interne Konsistenz wissenschaftlicher Arbeiten ist häufig nicht gewährleistet.

(A) IN DEN METAANALYSEN ZWEIER INSTITUTIONEN ZUM SELBEN THEMA WURDEN ÄHNLICHE, SCHWERWIEGENDE FEHLER ENTDECKT ABER NICHT BERICHTET.

Der erste Bericht beruht auf der Untersuchung zweier Metaanalysen, die zum gleichen Aspekt der Therapie der Hepatitis C durchgeführt wurden. Eine der Metaanalysen wurde in Großbritannien im Auftrag des National Institute for Clinical Excellence (NICE), die andere im Auftrag des Deutschen Instituts für Medizinische Dokumentation und Information (DIMDI) angefertigt (Porzsolt, Kajnar, Awa et al. 2005). In beiden Analysen wurde erkannt, dass die eingeschlossenen Originalarbeiten Fehler enthielten. In den Reviews, die von Wissenschaftlern gelesen werden, wurden diese Fehler auch sorgfältig aufgearbeitet. In den Zusammenfassungen beider Reviews, die von Politikern gelesen werden, wurden die Mängel nicht mehr erwähnt und die untersuchte Behandlungsmethode als geeignet bewertet. Diskrepanzen dieser Art gefährden die Glaubwürdigkeit von HTA Reports. Dabei ist unwesentlich, ob die Darstellung vorsätzlich oder versehentlich verzerrt wurde.

(B) DIE IN EINER METAANALYSE EINGESCHLOSSENEN ORIGINALARBEITEN ERFÜLLTEN KEINESWEGS IMMER DIE GEFORDERTEN QUALITÄTSKRITERIEN.

Dieser Hinweis ergab sich aus der detaillierten Prüfung einer Metaanalyse der Cochrane Collaboration zur Wirksamkeit homöopathischer Arzneimittel. Wir haben untersucht, ob die eingeschlossenen Studien tatsächlich den formal stringenten qualitativen Forderungen von Cochrane Reviews entsprechen. Um diese Frage zu prüfen, haben wir die Validität von 40 randomisierten, kontrollierten Studien untersucht, die zur Beschreibung in quantitativen Metaanalysen berücksichtigt wurden (Nothardt 2008; Porzsolt 2008b). Die Validität von 20 der 40 untersuchten Studien wurde auf unserer 6-stufigen Skala als mangelhaft (Bewertung 5 auf der Skala von 1–6) oder ungenügend (Bewertung 6 auf der Skala von 1–6) eingestuft. Als Begründung wurde angeführt, dass 30 der 40 Studien als mono- oder bizentrische Studien durchgeführt wurden, deren Ergebnisse anfälliger für systematische Fehler sind als die Ergebnisse von Studien, die an mehr als zwei Zentren durchgeführt werden. Von den 40 Studien waren 11 randomisiert. In 21 Studien fand sich keine Angabe zur Zuteilung der Patienten zu den Behandlungsgruppen und in acht weiteren Studien konnte eine Differenz zwischen der Anzahl der rekrutierten und randomisierten Patienten berechnet werden. Die Zahl der pro Studie nicht randomisierten Patienten variierte erheblich. In einer Studie wurden von 853 rekrutierten Patienten nur 174 randomisiert. Der Prozess der Verblindung war in 19 der 40 Studien nachvollziehbar beschrieben, während er in acht Studien nicht nachvollzogen werden konnte. In 13 Studien war keine Verblindung beschrieben.

Diese Daten zeigen, dass in der Cochrane Collaboration nicht alle Studien, die in Metaanalysen zusammengefasst werden, einer stringenten wissenschaftlichen Prüfung unterzogen werden. Solche Mängel schmälern die Glaubwürdigkeit einer Organisation gerade wenn dogmatische Normen erstellt werden, die von anderen Akteuren des Systems kaum einzuhalten sind (z. B. die Vermeidung von Kontakten zur pharmazeutischen Industrie oder die Deklassierung wissenschaftlicher Evidenz, wenn sie nicht durch Randomisation generiert wurde). Wir wollen damit nicht sagen, dass Kontakte zur Industrie unbedenklich sind: wie bei allen anderen Kontakten sollte man sich der Interessen des Kooperationspartners – ausnahmslos jedes Kooperationspartners – bewusst sein.

(C) EINER DER POTENTIELLEN GRÜNDE FÜR DIE UNZUREICHEND GELINGENDE UNTERSCHEIDUNG VALIDER UND NICHT VALIDER BERICHTE KÖNNTE DIE INTERNE INKONSISTENZ VIELER PUBLIKATIONEN SEIN.

Mark Nagel hat in seiner Dissertation (Nagel 2011) die Übereinstimmung verschiedener Informationen in verschiedenen Abschnitten innerhalb einer Publikation untersucht und gezeigt, dass verschiedene Charakteristika einer Publikation, z. B. die Zielgruppe oder die Intervention in verschiedenen Abschnitten der Publikation, etwa in der Einleitung und im Methodenkapitel, oder der Endpunkt der Studie im Titel und in der Diskussion, nicht immer übereinstimmten. Abb. 25 zeigt, dass die Beschreibung der Zielgruppe in der Einleitung und in der Methode in 40 von 53 analysierten Arbeiten übereinstimmte. Die Übereinstimmung hinsichtlich der Zielgruppe war in 10 von 53 Arbeiten nicht klar zu bewerten und war in den verbleibenden 3 der 53 analysierten Arbeiten nicht gegeben.

INFORMATION ZU	ANSCHNITTE DER PUBLIKATION			
	Einleitung	Methode	Diskussion	Abstract
Zielgruppe	40-10-3		35-9-9	
		33-5-15		
Ziel	13-16-24 [30 %]			
Intervention	32-15-6			
		49-0-(4)*		
Endpunkt		11-5-36 [40 %]		
			5-2-46 [30 %]	
			42-4-(7)*	

Abb. 25: Interne Konsistenz in der wissenschaftlichen Literatur. Die Zahlen bezeichnen die Anzahl der Studien (total n = 53), in welchen die bezeichneten Informationen als „übereinstimmend" oder „unklar" oder „nicht übereinstimmend" bewertet wurden. Die drei [%] beschriebenen Informationen markieren die schwerwiegendsten Fehler. Bei den mit * bezeichneten Vergleichen wurden die Vergleiche mit dem Titel der Arbeit angestellt. Die in (Klammern) dargestellten Zahlen bezeichnen fehlende Angaben.

Zusammenfassend zeigte diese Analyse, dass die am häufigsten auftretenden Inkonsistenzen das Ziel der Untersuchung und den ausgewählten Endpunkt betreffen. Bei Vergleich von Einleitung und Methode stimmte das Ziel der Publikation in 24 von 53 Arbeiten (26 %) nicht überein. Beim Vergleich des Endpunkts im Methodenkapitel und in der Diskussion waren diskrepante Darstellungen in 36 von 52 (69 %) der analysierten Arbeiten aufgefallen; wenn Diskussion und Abstract miteinander verglichen wurden, betrug die Diskrepanz sogar 87 %. Dieses Ergebnis deutet darauf hin, dass die Zieldefinition und die korrekte Beschreibung der Endpunkte offensichtlich noch als Schwachpunkte der wissenschaftlichen Berichterstattung identifiziert werden können.

4.1.3 Zwei Vorschläge zur Sicherung der Validität wertprägender Aussagen

In der Literatur gibt es etwa 40 Instrumente, mit welchen man die Validität wissenschaftlicher Publikationen (meist von Therapiestudien) prüfen kann. Wir haben an der Universität Ulm eine studentische Arbeitsgruppe etabliert, die erkannt hat, dass nicht das Instrument über den Erfolg der Bewertung entscheidet, sondern die Person, die das Instrument anwendet. Die Zahl der Möglichkeiten, Unzulänglichkeiten zu vertuschen, ist so groß, dass ein Manual, welches die geeigneten Schritte zu deren Aufdeckung beschriebe, nicht mehr in der Hand gehalten werden könnte (Manual), sondern in einer Bibliothek aufbewahrt werden müsste und deshalb besser als „Librual" bezeichnet werden sollte. Libruale sind als Handlungsanweisungen untauglich, weil sie zu umfangreich sind.

Das Problem lässt sich aber mit geeigneten Mitteln lösen. Wenn man an Stelle einer komplexen Beschreibung (Librual) motivierten Studenten eine begrenzte Zahl an Kunstgriffen beibringt, die bekannt sein müssen, um professionell mogeln zu können. Pfiffige Studenten werden selbst auf die Idee kommen, wie analoge Strategien auszusehen haben, um in etwas anderen Situationen einen Bias zu verstecken und dabei den Leser im Glauben zu belassen, dass alles seinen richtigen Gang geht.

Medizinstudenten sollten sich bewusst sein, dass sie im Laufe des Studiums teilweise (oder hoffentlich) einen erheblichen Entwicklungsprozess absolvieren. Kommilitonen der frühen Semester unterscheiden sich anhand zweier Kriterien von ihresgleichen aus späteren Semestern:

- ▶ Sie sind von der geltenden Schulmeinung zwar bereits kontaminiert, aber noch nicht geprägt (indoktriniert). Das bedeutet, dass die frühen Semester zwar die Meinung der Schulmedizin zu einem bestimmten Problem kennen, aber dennoch in der Lage sind, diese Meinung kritisch zu hinterfragen. Wenn die Prägung (Indoktrination[3]) gegen Ende des Studiums einmal stattgefunden hat – das entspricht einem völlig normalen und physiologischen Prozess – sublimiert die Bereitschaft, Dogmen zu hinterfragen. Sie muss als Ergebnis der ärztlichen Ausbildung sublimieren, weil niemand eine Profession ausüben kann, wenn es keine Basis gesicherten und unveränderlichen Wissens gibt, das nicht mehr hinterfragt wird. Das ungelöste Problem betrifft dabei lediglich die Frage, was zum weitgehend unveränderlichen Basiswissen gehört und was als epochales Wissen einzustufen ist, das sich mit jedem Erkenntnisgewinn ändert.
- ▶ Das zweite Kriterium, welches Studenten aus frühen und fortgeschrittenen Semestern unterscheidet, ist der „range of ethical limitations". Diese virtuelle Begrenzung des ethisch Tolerablen ist bei Studienanfängern wesentlich enger als bei Absolventen des Studiums.

---

3 „Indoktrination" bezeichnet die Haltung mancher Kollegen, die jede alternative Heilmethode generell ablehnen und nur die sogenannte Schulmedizin anerkennen, obwohl auch diese einem ständigen Wandel unterliegt. Man bedenke als Beispiel, dass die schulmedizinische Therapie des Magenulkus zunächst in einer Rollkur bestand, danach folgte die „high selective vagotomy" und später die Antacida-Therapie, während heute eine antibiotische Therapie empfohlen wird. Möglicherweise zeigt dies, dass bei chronischen Erkrankungen das Prinzip der Zuwendung, das bei allen alternativen Heilmethoden einen höheren Stellenwert einnimmt als in der Schulmedizin, den biomolekularen Therapien überlegen ist.

Wenn man Studenten zu gewissenhaften Vertretern der ärztlichen Profession heranbilden will, muss unmissverständlich klar sein, worin sich die ökonomische Ethik von der medizinischen Ethik unterscheidet. Ein Beispiel: Mit dem Leitsatz eines ehrbaren Kaufmanns ist das Prinzip der asymmetrischen Informationsverteilung nicht nur vereinbar; der Verzicht auf die asymmetrische Informationsverteilung wäre mit dem Prinzip eines ehrbaren Kaufmanns sogar unvereinbar, weil er seine Ware nicht gewinnbringend verkaufen wird, wenn er den Käufer nicht davon überzeugen kann, dass die Ware zumindest so viel wert ist wie der Preis, den der Käufer für die Ware bezahlt. Dieser Preis muss de facto aber höher sein als der Wert der Ware, weil andernfalls der Kaufmann keinen Gewinn erzielen könnte. Demnach ist das Prinzip der asymmetrischen Informationsverteilung für den Erfolg eines ehrbaren Kaufmanns unabdingbar.

Anders beim Arzt. Studenten sollten hören, dass ein Arzt, der seine Dienstleistung nur erfolgreich anbieten kann, wenn er sich des Prinzips der asymmetrischen Informationsverteilung bedient, lieber den Beruf eines Managers ärztlicher Leistungen als den Beruf des Erbringers ärztlicher Leistungen ergreifen sollte. Es ist eine Frage der Einstellung, ob jemand den Beruf des Arztes ausfüllen kann.

Ähnlich verhält es sich mit der (wirklich) kritischen Analyse wissenschaftlicher Publikationen. Man kann als Individuum einer wissenschaftlichen Information nicht zeitgleich vertrauen und ihr mit Skepsis begegnen. Beide Eigenschaften sind aber notwendig, wenn jemand seinen Patienten überzeugen will, eine Therapie zu akzeptieren und die publizierte Arbeit kritisch hinterfragen will, bevor er die dort angebotene Information bei seinem Patienten anwendet. Dieser evidenzbasierte Konflikt ist nicht neu (Porzsolt, Strauss 2002). Neu ist aber eine mögliche Lösung des Konflikts.

In einer neueren Untersuchung haben wir das Instrument der critical appraisal skills-Programme (CASP) zur Prüfung der Validität systematischer Reviews mit einer eigenen Methode „usability of scientific publications" (USP) verglichen, weil wir den Eindruck hatten, dass sich manche Instrumente nicht gut eignen, um tatsächlich die Spreu vom Weizen in der wissenschaftlichen Literatur zu trennen.

Unsere Methoden zur Prüfung der Validität von systematischen Reviews beruht auf drei Schritten: Zunächst werden Originalarbeiten identifiziert, die eine positive Aussage vermitteln. Da die wissenschaftliche Prüfung negativer Aussagen sehr viel schwieriger ist, haben wir uns zunächst auf die positiven Aussagen beschränkt. Als zweiter Schritt werden jene zwei oder drei Originalarbeiten in den ausgewählten Reviews identifiziert, welche die positive Aussage des Reviews am meisten unterstützen. Eine Begrenzung auf zwei oder drei Arbeiten erfolgt aus Gründen der Praktikabilität. Sollten inakzeptable Ergebnisse erhoben werden, können ggf. weitere Studien in die Auswertung einbezogen werden. Im dritten Schritt werden die ausgewählten Originalarbeiten einer rigorosen Prüfung unterzogen, wie sie von Sackett und Kollegen ursprünglich gefordert, aber offensichtlich unter Alltagsbedingungen nicht immer realisiert wird. Die Fragen dieser Prüfung sind in Tab. 15 dieses Kapitels beschrieben. Es empfiehlt sich, an einem oder zwei Einführungskursen teilzunehmen, um die Bedeutung und Tragweite der gestellten Fragen zu verstehen. Diese Methode haben wir auf mehr als 100 Originalpublikationen angewandt und konnten den durch die USP-Methode generierten Mehrwert nachweisen (Pozsolt, Braubach, Flurschütz et al.).

Allerdings wird auch die USP-Methode nicht sicherstellen können, dass für eine Entscheidung alle möglichen Aspekte berücksichtigt werden. Diese Auffassung deckt sich mit einer Entscheidung des England and Wales Court of Appeal (England and Wales Court of Appeal 2010). Die USP-Methode eignet sich, um der bestmöglichen Entscheidung näher zu kommen, nicht aber, um eine Entscheidung als die beste zu bestätigen. Um nachzuweisen, dass beispielsweise eine Therapie zu besseren Ergebnissen führt als eine andere, ist der direkte Vergleich dieser beiden Therapien unter Alltagsbedingungen durchzuführen.

Wir haben die dazu notwendige Methode als pragmatic controlled trial (PCT) bezeichnet, um sie von einem randomized controlled trial (RCT) zu unterscheiden (siehe Kapitel 4.3). Das RCT eignet sich zum Nachweis der Überlegenheit oder der Nicht-Überlegenheit unter Idealbedingungen (für den Nachweis der Nicht-Überlegenheit sind bei der Fallzahlberechnung die alfa- und beta-Fehler zu vertauschen). Für den gleichen Nachweis, allerdings unter Alltagsbedingungen, ist ein RCT ungeeignet, weil bei einem RCT nur eine Stichprobe der Grundgesamtheit eingeschlossen wird und damit das Risiko der Selektion besteht, die Präferenzen der Patienten und Therapeuten unberücksichtigt bleiben und der Vergleich immer auf eine begrenzte Zahl unterschiedlicher Therapieoptionen begrenzt ist.

Für die Entwicklung einer Strategie, die unter Alltagsbedingungen gilt, sollten die Präferenzen aller Therapeuten und behandelten Patienten berücksichtigt werden, weil Präferenzen nicht unterdrückbar sind. Zudem sollten alle Behandlungsstrategien und die Ergebnisse aller Patienten für die Entwicklung einer Strategie erfasst werden. Diesen Anforderungen kann ein RCT nicht gerecht werden. Deshalb wäre es zu kurz gegriffen, wenn man RCTs für alle Arten einer klinischen Studie verwenden wollte (Porzsolt, Wyer).

Die Nutzung der USP-Methode für die Bewertung systematischer Reviews wurde in Kooperation mit der Galileo Gruppe am Ospedale Pediatrico Bambino Gesú in Rom geprüft. Es zeigte sich, dass die USP-Methode einen anderen Verfahren hinsichtlich der Fehlersensitivität und des Zeitaufwandes überlegen ist (Rosati, Ciampalini, Grossi et al. 2011).

4.2 Messung und Bewertung von Innovationen

Eine generell anwendbare Methode zur Messung und Bewertung von Innovationen ist nicht einfach zu finden, weil die Vorstellungen, was als Innovation zu bewerten ist, nicht einheitlich sind. Wenn man sich auf Innovationen zur Lösung von Gesundheitsproblemen einigt, wird die Frage bereits einfacher zu beantworten sein. Zudem könnte Übereinstimmung erzielt werden, dass verschiedene Endpunkte unterschiedlich innovative Werte aus der Sicht des Betroffenen (meist des Patienten) darstellen. Man könnte sich auch darauf einigen, dass jede Innovation zunächst mit einer Idee beginnt und im Idealfall über drei Phasen hinweg bis zu einer Lösung entwickelt werden kann, die von der Gesellschaft oder ihren Vertretern entweder in der Dimension der Lebenslänge oder der Dimension der Lebensqualität bestätigt und akzeptiert wird. Eine Verbesserung in der Dimension der Lebenslänge bedeutet, dass eine krankheitsbedingte Verkürzung der Lebenserwartung verhindert werden konnte. Analog dazu bedeutet eine Verbesserung in der Dimension der Lebensqualität (siehe Kapitel 4.4.1), dass eine vermeidbare Einschränkung der gesundheitsbezogenen Lebensqualität vermieden werden konnte.

Diese Rahmenbedingungen lassen alle Innovationen unberücksichtigt, die möglicherweise aus der Sicht eines Leistungserbringers oder Leistungserstatters im Gesundheitssystem als bedeutender Fortschritt zu werten sind, weil sie die Herstellung eines neuen Therapieprinzips ermöglichen oder erleichtern. Diese Leistungen sind zweifellos anzuerkennen. Allerdings ist aus der Sicht der Betroffenen anzumerken, dass viele dieser Leistungen zwar notwendige, aber noch keine hinreichenden Neuerungen beinhalten, um tatsächlich eine Verbesserung der Versorgung in den beiden Dimensionen der Quantität und/oder Qualität des Lebens zu erreichen.

Grundsätzliche Überlegungen zeigen, dass Innovationen von zwei Risiken begleitet werden, der positiven Erwartung (Leistungsnehmer, Leistungserbringer und Leistungserstatter) und der Unsicherheit, ob der erwartete Effekt der Innovation tatsächlich erreicht werden kann. In Abb. 26 ist dargestellt, dass eine Innovation umso wertvoller erscheint, je höher die Erwartungshaltung und je geringer die Unsicherheit ist, das erwartete Ziel tatsächlich zu erreichen. Die Erwartungshaltung kann durch Information (valide und wenig valide Information) gesteigert werden; die Unsicherheit, das Ziel zu erreichen, kann durch valide Daten reduziert werden. Da Erwartungshaltung und Unsicherheit zwei voneinander unabhängige Variable sind, werden Innovationen, bei welchen eine hohe Erwartungshaltung mit einem geringen Risiko, das Ziel nicht zu erreichen, gepaart sind, besonders hoch eingeschätzt (Abb. 26).

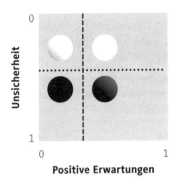

Abb. 26: Reifegrad von Innovationen anhand des Erwartungs-Unsicherheits-Diagramms. Die Linien bezeichnen hypothetische Schwellenwerte.

In der ersten Phase einer Innovation werden lediglich Ergebnisse vorliegen, die wir als Surrogatparameter (Stellvertreter) bezeichnen, weil sie nur durch schwache Korrelationen mit dem tatsächlich angestrebten Endpunkt der Lebenslänge/Lebensqualität korreliert sind. Mit zunehmender Anwendung der jungen Innovation werden zunehmend Daten zur Verfügung stehen, die bestätigen, dass die erwünschten Endpunkte für die Patienten unter Alltagsbedingungen auch tatsächlich erreicht werden können.

Die Bewertung therapeutischer Innovationen ist im Vergleich zur Bewertung präventiver oder diagnostischer Innovationen einfach, weil die Ziele bei therapeutischen Innovationen anhand der Endpunkte der Versorgung (längeres oder besseres Leben) direkt abgelesen werden können. Im Falle einer Innovation zur Prävention ist der Nachweis zu erbringen, dass eine Maßnahme, die in der Gegenwart durchgeführt wird, ein unerwünschtes Ereignis verhindern kann, welches erst in der Zukunft eintritt. Je länger der zeitliche Abstand zwischen „Gegenwart" und „Zukunft" ist, umso schwieriger wird dieser Nachweis zu erbringen sein. Bei diagnostischen Innovationen reicht der Nachweis einer hohen Sensitivität und/oder hohen Spezifität definitiv nicht aus, um als Innovation anerkannt zu werden, weil eine verbesserte Diagnostik alleine noch nicht beweist, dass ein besseres Versorgungsergebnis erzielt wird als ohne diese diagnostische Maßnahme. Es hat sich vielfach bewahrheitet, dass nicht jeder von der Norm abweichende Befund behandlungsbedürftig ist. Die Folgen einer potentiellen „Überdiagnostik" sollten immer bedacht werden, weil Befunde, die von der Norm abweichen, immer Handlungsbedarf suggerieren und zum kaum unterdrückbaren Reflex degenerieren, wenn die durchgeführte Handlung remuneriert wird.

Hier werden lediglich die Kriterien tabellarisch dargestellt, die zur Beschreibung und Klassifikation von Innovationen erforderlich sind. Zudem wird ein Vorschlag zur Finanzierung von Innovationen unterschiedlicher Stadien unterbreitet. In Tab. 17 sind die Schritte einer präventiven Innovation dargestellt.

SCHRITT	PRÄVENTIVE INNOVATION	BEISPIEL
1	**Vorläufige Daten** bestätigen die Optimierung der Anwendung einer Präventivmaßnahme.	Bessere Verträglichkeit, geringere Kosten oder bessere Anwendbarkeit einer Innovation.
2	**Präventiver Nutzen** kann unter **Alltagsbedingungen** wegen hoher Beteiligungsrate am Präventionsprogramm erwartet werden.	Hohe Beteiligung an einem Präventionsprogramm.
3	**Präventiver Nutzen** kann unter **Alltagsbedingungen** aufgrund nachhaltiger **Surrogatparameter** erwartet werden.	Klinische Ergebnisse wurden erzielt, die ohne dieses Präventionsprogramm nicht erreicht werden können.

Tab. 17: Schritte einer präventiven Innovation.

Zwei grundsätzliche Probleme sind bei der präventiven Innovation zu bedenken: Zum einen ist die Nachhaltigkeit vieler Präventionsprogramme nicht gewährleistet. Wenn sich die Erfolge erst 10 oder mehr Jahre nach Beginn des Programms einstellen, ist die Frage berechtigt, ob zu diesem Zeitpunkt das Interesse der Beteiligten (Zielgruppe, Politiker, Sponsoren) an den Erfolgen des Präventionsprogramms weiterhin besteht. Zudem ist nachzuweisen, dass sich die in der Gegenwart versprochenen Erfolge der Prävention in der Zukunft auch tatsächlich einstellen. Sollte sich unsere Vermutung bestätigen, dass viele Präventionsmaßnahmen nur durchgeführt werden, um bei den Beteiligten die „gefühlte Sicherheit" zu erzeugen, dass für die Zukunft „vorgesorgt" wurde, sind neue Überlegungen zur Bewertung von Präventionsprogrammen anzustellen. Es wäre durchaus legitim, die „gefühlte Sicherheit" als Mehrwert im gleichen Sinne wie Wohlbefinden als psychologisch wahrgenommenen Wert zu akzeptieren (Porzsolt 2010b/c).

In Tab. 18 sind die Schritte bei einer diagnostischen Innovation beschrieben. Hierbei ist zu bedenken, dass eine erfolgreiche Diagnostik noch nicht bedeutet, dass Nutzen für den Patienten gestiftet wird. Wenn klinisch irrelevante Befunde erhoben werden, die zu unangemessenen therapeutischen Konsequenzen führen, kann mehr Schaden als Nutzen resultieren. Nur wenige haben diese Überlegungen angestellt. Die meisten empfinden diese Überlegung auch als kontraproduktiv, weil die Überzeugung, dass mehr Information auch immer mehr Nutzen bedeutet, in unseren Vorstellungen fest verankert ist.

SCHRITT	DIAGNOSTISCHE INNOVATION	BEISPIEL
❶	**Vorläufige Daten** bestätigen die bessere Durchführbarkeit oder die Verbesserung der Ergebnisse einer diagnostischen Maßnahme (Likelihood-Ratio) in **klinischen Studien**.	Gesteigerte Toleranz oder Anwendbarkeit oder verbesserte Ergebnisse einer diagnostischen Prozedur.
❷	Ein **diagnostischer Nutzen** ist wegen des Einflusses der Testergebnisse auf die Strategie der Gesundheitsversorgung unter **Alltagbedingungen** zu erwarten.	Es reicht aus, wenn durch eine neue diagnostische Prozedur eine neue Therapie (unabhängig von deren Erfolg) eingeführt werden kann.
❸	Der **diagnostische Nutzen** ist unter **Alltagsbedingungen** nachgewiesen, wenn ein oder mehrere Patienten von einer verfügbaren Therapie mehr als andere profitieren.	Die diagnostische Innovation ist wertvoll, wenn sie eine neue Therapie ermöglicht und diese effektiv ist, d. h. die Lebensqualität verbessert.

Tab. 18: Schritte einer diagnostischen Innovation.

In Tab. 19 sind die Schritte einer therapeutischen Innovation beschrieben. Kritisch ist hierbei lediglich, dass der Nachweis des Nutzens unter Idealbedingungen nicht ausreicht. Es sind die unter Alltagsbedingungen unvermeidbaren Störfaktoren zu berücksichtigen, wenn ein reales Bild des Nutzens beschrieben werden soll.

SCHRITT	THERAPEUTISCHE INNOVATION	BEISPIEL
❶	**Vorläufige Daten** bestätigen die optimierte Anwendung einer Therapie. Daten zum Effekt und zur Sicherheit liegen nur aus klinischen Studien vor.	Verbesserte Toleranz, geringere Kosten, leichtere Anwendbarkeit einer Therapie.
❷	Der **therapeutische Nutzen** unter **Alltagsbedingungen** kann wegen einer schwachen Korrelation von Surrogatparametern mit den angestrebten Endpunkten erwartet werden.	Reduktion der Tumorgröße nach Chemotherapie mit unbekanntem Einfluss auf Lebensqualität und Lebenszeit.
❸	Der **therapeutische Nutzen** unter **Alltagsbedingungen** kann wegen einer starken Korrelation von Surrogatparametern mit den angestrebten Endpunkten angenommen werden.	Verbesserung eines definierten Bereichs der Lebensqualität oder des Überlebens wurde bestätigt.

Tab. 19: Schritte einer therapeutischen Innovation.

Die Gliederung von Innovationen in Schritte unterschiedlicher Reifungsgrade bietet die Möglichkeit, ausgereifte Innovationen anders als Innovationen in einem Frühstadium der Entwicklung zu finanzieren. In Tab. 20 ist ein Finanzierungsmodell vorgeschlagen. Dabei wurde nach dem Prinzip vorgegangen, dass eine Innovation umso mehr mit den Mitteln der Solidargemeinschaft finanziert wird, je näher die Innovation dem Nachweis der Verbesserung der Versorgung unter Alltagsbedingungen kommt. Die detaillierte Information ist in einer Publikation dargestellt (Porzsolt, Ghosh, Kaplan 2009).

SCHRITT	TEILFINANZIERUNG	ÜBEREINKUNFT
1	Teilfinanzierung durch Risk-Sharing zwischen Hersteller und einem öffentlichen Innovationsfonds.	Die Partner streben eine partielle Finanzierung aus privater Versicherung und einem öffentlichen Innovationsfonds an.
2	Partielle Finanzing durch private Versicherung und öffentlichen Innovationsfonds.	Die Partner streben eine Finanzierung durch einen öffentlichen Innovationsfonds an.
3	Finanzierung durch öffentlichen Innovationsfonds. Die verbleibende Restunsicherheit ist durch Erweiterung der Database zu reduzieren.	Nach Vereinbarung spezifischer Ziele, die bisher noch nicht erreicht waren, erfolgt eine bedingte Vollerstattung durch den Fonds.

Tab. 20: Modell zur Finanzierung von Innovationen.

4.3 Messung und Bewertung von Wirkung und Wirksamkeit

RANDOMIZED CONTROLLED TRIALS (RCTS) ODER PRAGMATIC CONTROLLED TRIALS (PCTS)?

Wenn die Perspektive der evidenzbasierten Medizin (EbM) im Kontext der Versorgungsforschung vorgestellt wird, sind zwei bedeutende Unterschiede zu berücksichtigen: Der Unterschied zwischen Evidenz und evidenzbasierter Medizin und der Unterschied zwischen den Forderungen der evidenzbasierten Medizin und den Forderungen der Gesellschaft bzw. der Zulassungsbehörden.

Evidenz bezeichnet lediglich beobachtete Fakten. Wenn diese Fakten verwendet werden, um eine medizinische Entscheidung zu treffen, nennt man das evidenzbasierte Medizin. Dieser Schritt ist mit einer Interpretation und damit mit einem Werturteil verbunden. Da auf Evidenz gestützte Entscheidungen nicht notwendigerweise mit den aktuellen Forderungen der Gesellschaft übereinstimmen, beschreibt dieses Kapitel weniger die Gegenwart als vielmehr die Zukunft der Versorgungsforschung.

Vor etwa 30 Jahren wurden die Begriffe „explanatory trial" und „pragmatic trial" für verschiedene Studientypen eingeführt, die alle auf dem Goldstandard der Randomisation (RCT) beruhen. Bei unseren Überlegungen orientierten wir uns am Prinzip „form follows function" und definierten zunächst die unterschiedlichen Ziele, die mit einem explanatory und einem pragmatic trial angestrebt werden. Dabei definierten wir als Ziel eines explanatory trial den Nachweis, dass ein Therapieprinzip „A" einem anderem Therapieprinzip „B" hinsichtlich eines definierten Zielkriteriums überlegen ist (efficacy). Durch die Bedingungen der Studie wird gewährleistet, dass nur Patienten einer eng definierten Zielgruppe eingeschlossen werden. Dieses Ziel und Design eines explanatory trials entspricht dem klassischen randomized controlled trial (RCT), welches sich erheblich vom Ziel und Design eines pragmatic trials unterscheidet, das wir als pragmatic controlled trial (PCT) bezeichnen.

Mit letzterem wird untersucht, ob eine Therapie, deren Wirksamkeit unter idealen Bedingungen (efficacy) nachgewiesen werden konnte, unter Alltagsbedingungen ebenfalls als überlegenes Therapieprinzip dargestellt werden kann (effectiveness). Dabei ist zu berücksichtigen, dass unter Alltagsbedingungen alle Patienten und nicht nur eine eng definierte Zielgruppe zu versorgen ist, dass neben der definierten Test- und Vergleichstherapie auch andere Therapien angewandt werden und dass Störfaktoren (confounder) zwar unter Idealbedingungen, nicht aber unter Alltagsbedingungen vermieden werden können.

Um diesen Nachweis der effectiveness zu erbringen, wird ein Studiendesign benötigt, welches mehr leisten kann, als nur jene Dimensionen abzubilden, die in einem efficacy trial untersucht wurden. Das bedeutet aber, dass ein Design, welches sich zum Nachweis der efficacy eignet, nicht auch zwingend zum Nachweis der effectiveness geeignet ist. Es ist in der Regel sogar ungeeignet, weil beim Nachweis der efficacy der Einfluss aller Variablen mit Ausnahme der Testvariablen durch die Randomisation ausgeschlossen wird. Für den Nachweis der effectiveness sind aber alle Variablen zu berücksichtigen, die unter Alltagsbedingungen nicht ausgeschlossen werden können, aber das Ergebnis einer Studie beeinflussen können. Deshalb ist beim Nachweis der effectiveness sicherzustellen, dass alle behandelten Patienten und alle Behandlungsmethoden eingeschlossen und alle Risikofaktoren, die das Erreichen eines Zielkriteriums beeinflussen, erfasst werden. Identische Patienten können zwar nach verschiedenen Zielkriterien miteinander verglichen werden, allerdings ist zu berücksichtigen, dass bei Prüfung unterschiedlicher Zielkriterien die Patienten auch unterschiedlichen Risikogruppen zuzuordnen sind: Das Risiko zu versterben wird möglicherweise durch andere Faktoren beeinflusst als das Risiko eine Therapie nicht zu tolerieren. Zudem sind multiple Tests aus derselben Stichprobe bei der statistischen Bewertung zu berücksichtigen.

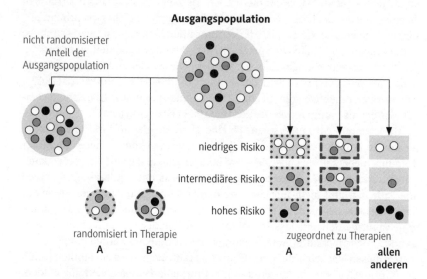

Abb. 27: Gegenüberstellung einer experimentellen Studie, in der geprüft wird, ob sich (hier zwei) Therapien unter idealisierten Bedingungen voneinander unterscheiden (randomized controlled trial; RCT) und einer deskriptiven Studie, in der beschrieben wird, welche Effekte mit verschiedenen Therapien unter Alltagsbedingungen erzielt werden können (pragmnatic controlled trial; PCT).

Das resultierende Studiendesign, das sich zum Nachweis der effectiveness eignet, ist in Abb. 27 als pragmatic controlled trial (PCT) dargestellt. Das PCT unterscheidet sich vom klassischen RCT zunächst dadurch, dass bei einem PCT keine Stichprobe gezogen wird, sondern die Daten aller Patienten der Grundgesamtheit anonym in die Auswertung einbezogen werden. Diese Bedingung ist den Patienten zu kommunizieren. Ihre Angemessenheit ist ggf. von einem zuständigen ethischen Komitee zu bestätigen. Durch die Einbeziehung aller Patienten wird vermieden, dass die Ergebnisse eines PCT nur auf Daten einer selektierten Teilpopulation beruhen.

Weiterhin wird die Wahl der angewandten Therapie nicht zufällig, sondern auf dem Boden bestehender Präferenzen getroffen. Dadurch wird vermieden, dass nur ein Teil der Patienten die präferierte Therapie erhält. Dieser Bias trifft auf alle offenen Studien zu, wenn die Präferenzen bei den untersuchten Gruppen ungleich (z. B. 80 % aller Patienten präferieren eine der beiden Therapien) verteilt sind.

Um zu vermeiden, dass die Therapieerfolge von Patienten mit unterschiedlichen Ausgangsrisiken miteinander verglichen werden, werden die Patienten abhängig vom Zielkriterium jeweils drei unterschiedlichen Risikogruppen (hoch, intermediär, niedrig) zugeteilt. Beim Vergleich unterschiedlicher Therapien innerhalb gleicher Risikogruppen (horizontaler Vergleich in Abb. 27) können Unterschiede zwischen den Therapien identifiziert werden. Wenn identische Therapien bei unterschiedlichen Risikogruppen miteinander verglichen werden (vertikaler Vergleich in Abb. 27), lässt sich die Plausibilität der gewählten Risikokriterien prüfen.

Welches mathematische Verfahren sich am besten eignet, um die Auswertung der PCTs vorzunehmen, wird sich erst aus der praktischen Anwendung ergeben. Prinzipiell kommen dafür alle Verfahren in Betracht, mit welchen der Einfluss multipler Faktoren auf einen gemeinsamen Endpunkt quantifiziert werden kann.

Als nächstes ist die Frage zu diskutieren, ob das PCT das RCT ergänzt oder ersetzt. Wir gehen davon aus, dass die scientific community darin zustimmen wird, ein RCT durch ein PCT zu ergänzen, aber nicht zu ersetzen. Die praktische Anwendung beider Methoden könnte allerdings bestätigen, dass ein PCT nicht nur sinnvoll ist, wenn ein RCT einen signifikanten Unterschied beim Vergleich zweier Zielkriterien gezeigt hat, sondern auch, wenn im RCT kein signifikanter Unterschied nachgewiesen wurde. Der fehlende Nachweis besagt definitiv nicht, dass kein Unterschied besteht, sondern bestätigt lediglich, dass im durchgeführten Experiment kein Unterschied nachgewiesen wurde. Es besteht deshalb immer noch die Möglichkeit, dass auch bei Prüfung identischer Zielkriterien Unterschiede unter Alltagsbedingungen auftreten, die unter Idealbedingungen nicht zu erkennen waren. Wenn unter Alltagsbedingungen andere Zielkriterien als unter Idealbedingungen geprüft werden, ist ein neuer Test ohnehin erforderlich.

Nach all den Diskussionen über die richtige Methode sollte im Auge behalten werden, dass wir alle letztlich nicht auf dem Boden wissenschaftlicher Evidenz, sondern anhand unserer Wertvorstellungen entscheiden (Gray 2004). Der Einfluss von wissenschaftlicher Evidenz und von Wertvorstellungen auf unsere Entscheidungen ist in Abb. 28 dargestellt.

WISSENSCHAFTLICHE EVIDENZ		
	Vorhanden	**Fehlend**
INDIVIDUELLE WERTVORSTELLUNG — hoch	akzeptiert und durch wissenschaftliche Evidenz unterstützt	akzeptiert, obwohl wissenschaftliche Evidenz fehlt
INDIVIDUELLE WERTVORSTELLUNG — gering	abgelehnt, obwohl durch wissenschaftliche Evidenz unterstützt	abgelehnt bei fehlender wissenschaftlicher Evidenz

Abb. 28: Zusammenhang zwischen Alltagsentscheidungen, individuellen Wertvorstellungen und wissenschaftlicher Evidenz.

Diese für manche ungewöhnlichen methodischen Vorschläge beruhen auf der Aussage von Muir Gray, dass unsere Entscheidungen letztlich auf Wertvorstellungen und nicht auf wissenschaftlicher Evidenz alleine beruhen. Wenn dem so ist, müssen wir die Frage beantworten, in welcher Sequenz RCTs und PCTs durchgeführt werden sollen. Sollte ein RCT eine unabdingbare Voraussetzung sein, um eine Therapie in einem PCT unter Alltagsbedingungen zu testen, oder sollte zunächst unter Alltagsbedingungen geprüft werden, ob eine Versorgungsart einer anderen überlegen ist, um anschließend in einem RCT auch die Überlegenheit unter Idealbedingungen nachzuweisen, oder könnte sich der Nachweis unter Idealbedingungen erübrigen, wenn die Überlegenheit unter Alltagsbedingungen mit den besten verfügbaren Mitteln nachgewiesen ist?

4.4 Messung und Bewertung des Nutzens

Bei der Nutzenbewertung von Gesundheitsleistungen unterscheiden wir oligodimensionale und polydimensionale Ansätze. Erstere erfassen nur eine oder wenige Dimensionen des Nutzens, während andere mehrere oder viele Dimensionen in einer Messung zusammenführen. Mit der ersten Methode kann ein bestimmter Aspekt des Nutzens erfasst werden. Diese Methode ist zu empfehlen, wenn alle Akteure zustimmen, dass der Nutzen einer Gesundheitsleistung durch die Messung einer oder weniger Dimensionen erfasst werden kann. Wenn diese Einigung nicht möglich ist und polydimensionale Ansätze gewählt werden, sind wegen der Varianz der Wertvorstellungen kaum mehr differenzierte Aussagen möglich: Übereinstimmung wird erzielt werden, wenn die Mehrzahl der Messungen in den verschiedenen Dimensionen entweder einen sehr hohen oder sehr niedrigen Wert ergeben. Das bedeutet, dass mit polydimensionalen Ansätzen nur Extremfälle (sehr nützliche oder kaum nützliche Gesundheitsleistungen) identifiziert werden können. Im dazwischen liegenden Bereich, in dem die Mehrzahl aller Bewertungen zu erwarten ist, und der für Therapieentscheidungen bedeutende Informationen liefern sollte, ist die interindividuelle Variation der Wertvorstellungen zu groß, um allgemeingülte und verlässliche Daten generieren zu können.

Entscheidend für die Nutzenbewertung ist die Wahl des spezifischen Parameters, an welchem sich der Nutzen nachweisen lässt. Wenn dieser spezifische Parameter nicht identifiziert werden kann, werden auch die besten statistischen Verfahren nur unscharfe Ergebnisse generieren. Deshalb widmen wir der Diskussion der pragmatisch bedeutenden oligodimensionaler Ansätze mehr Aufmerksamkeit als den methodisch anspruchsvolleren polydimensionalen Verfahren.

Als oligodimensionale Ansätze zur Nutzenbewertung diskutieren wir die Konzepte der gesundheitsbezogenen Lebensqualität und der „gefühlten Sicherheit", die wir als Teil der gesundheitsbezogenen Lebensqualität auffassen.

Als polydimensionale Ansätze zur Nutzenbewertung diskutieren wir die Bewertung von Behandlungspfaden, die Bewertung von Laborprofilen und von Hightech-Einrichtungen, z. B. von Operationssälen.

4.4.1 Oligodimensionale Ansätze

Als Beispiele oligodimensionaler Ansätze zur Bewertung des Nutzens von Gesundheitsleistungen präsentieren wir generell gültige Vorschläge zur Messung der gesundheitsbezogenen Lebensqualität und zur Bedeutung und zum Konzept der „gefühlten Sicherheit". Einleitend möchten wir den kritischen Leser auf die kaum vermeidbare Selektion bei der Verbreitung von Wissen hinweisen. Dieses Problem betrifft das Screening, seltene Erkrankungen und die sogenannte personalisierte Medizin.

4.4.1.1 Die kaum vermeidbare Selektion bei der Verbreitung von Wissen

Ob Erkenntnisse allgemein verfügbar gemacht werden, ist zum einen abhängig von den Beobachtungen, die gemacht werden, aber eben auch von deren Bewertung. In Abb. 29 ist als Hypothese beschrieben, dass die Wahrscheinlichkeit, eine Beobachtung allgemein zugänglich zu machen, d. h. sie zu publizieren, steigt, wenn die Herausgeber des Publikationsorgans die berichtete Beobachtung für bedeutend halten. Selbst wenn die Beobachtung korrekt und aus der Sicht der Gesellschaft bedeutend ist, kann ein Herausgeber oder ein Team von Herausgebern die Publikation dieser Beobachtung – ggf. sogar auf unbestimmte Zeit – verzögern. Die Wahrscheinlichkeit einer Publikation wissenschaftlicher Daten hängt u. a. von zwei Ergebnissen ab, von den beobachteten und von den berichteten Ergebnissen. Diese Wahrscheinlichkeit ist symmetrisch. Sie wird hoch sein, wenn das erwartete Ergebnis im Bericht bestätigt wurde; ob das erwartete Ergebnis im Experiment auch beobachtet wurde, ist für die Publikationswahrscheinlichkeit weniger bedeutend. Die Publikationswahrscheinlichkeit wird aber gering sein, wenn das erwartete Ergebnis im Bericht nicht bestätigt wurde, weitgehend unabhängig davon, ob es beobachtet wurde oder nicht. Wenn diese Hypothese zutrifft, hat sie erhebliche Konsequenzen für die Prägung des „state of the art".

		BEOBACHTETES ERGEBNIS	
		bestätigte die Erwartung	bestätigte die Erwartung nicht
BERICHTETES ERGEBNIS	bestätigte die Erwartung	↑ Publikationswahrscheinlichkeit sehr hoch	↗ Publikationswahrscheinlichkeit ziemlich hoch
	bestätigte die Erwartung nicht	↓ Publikationswahrscheinlichkeit sehr gering	↓ Publikationswahrscheinlichkeit sehr gering

Abb. 29: Hypothese zur Vorhersage der Publikationswahrscheinlichkeit einer wissenschaftlichen Arbeit.

Für den Nutzer von Gesundheitsleistungen, der durch die Politik vertreten wird, ist die positive Perspektive das entscheidende Kriterium, welches gute Forschung auszeichnet. Wissenschaftsberichte, die keine positive Perspektive vermitteln, sind aus Sicht des Nutzers und seines Anwalts, des Politikers, wenig wertvoll. Kein Wissenschaftler würde explizit bestreiten, dass weniger die vermittelte Perspektive als vielmehr die Validität der Aussage bedeutend ist, nämlich ob sie das bestätigt, was zu bestätigen sie vorgibt. Leider stimmen nur bei wenigen Wissenschaftlern die expliziten und die impliziten Aussagen überein: Jeder beschwört, die Fahne der Wissenschaft hochzuhalten, wenn es aber um die Verteilung von Forschungsmitteln und um die Akzeptanz der Ergebnisse in der Öffentlichkeit geht, hat der politische Aspekt Vorrang vor dem wissenschaftlichen Aspekt.

Beispiele für diesen Konflikt zwischen Wissenschaft und Politik sind die Screening-Untersuchungen bei Brustkrebs und Darmkrebs sowie die Konzepte zur Forschung und Versorgung bei Patienten mit seltenen Erkrankungen bzw.

der sogenannten individualisierten Medizin. Vom Brustkrebs-Screening profitieren zwischen 0,5 % und 1 % der Patienten, vom Darmkrebs-Screening ein bis zwei Zehnerpotenzen weniger. Berichtet werden die Ergebnisse der relativen Risikoreduktion, die aber in der Öffentlichkeit und von der Politik als absolute Risikoreduktion verstanden werden.

Wissenschaftliche Untersuchungen seltener Erkrankungen sind notwendig und jeder wird damit die Erwartung verbinden, die Versorgung bei diesen Erkrankungen zu verbessern. Alle müssen akzeptieren, dass zu Beginn dieser Untersuchungen niemand vorhersagen kann, in welchen Fällen diese Erwartung eintritt. Ob alle auch akzeptieren müssen, dass die Erfolge zur Versorgung seltener Erkrankungen kaum geprüft werden können, und de facto auch kaum Konzepte zum Nachweis dieser Erfolge vorgelegt werden, ist nicht so klar zu beantworten. Aus ökonomischer Sicht ist der erforderliche Aufwand zum Nachweis einer verbesserten Versorgung seltener Erkrankungen nur nach dem „Alles-oder-Nichts-Prinzip" akzeptabel. Ein Beispiel ist die erfolgreiche Versorgung von Tollwut (Willoughby, Tieves, Hoffmann et al. 2005), über die im New England Journal of Medicine berichtet wurde. Der über mehrere Jahre anhaltende Kontakt mit dem Erstautor dieser Publikation hat das Konzept einer weltweiten Datenbank hervorgebracht, in welche lediglich erfolgreich behandelte Patienten eingebracht werden sollten, weil Tollwut bis dato nicht heilbar war. Mit Ausnahme eines positiven Gutachtens zur Unterstützung einer wissenschaftlichen Karriere konnten aber durch das Projekt bis heute leider keine nachhaltigen Effekte erzielt werden.

Ein ähnliches Nachweis-Problem besteht beim Konzept der individualisierten Medizin. Niemand erwartet, dass individualisierte Therapien in 100 % der Fälle zum Erfolg führen. Alle erwarten eine hohe Erfolgsrate. Niemand weiß aber, ob individualisierte Ansätze 10-fach oder 3-fach häufiger als konventionelle Ansätze oder ebenso häufig wie diese zum Erfolg führen. Es gibt auch kaum eine Möglichkeit, diesen Nachweis zu erbringen, weil die individualisierte Medizin ähnlich wie viele andere Therapierichtungen davon ausgeht, dass jedes Individuum anders ist und deshalb eine Untersuchung von Kollektiven schwer vorstellbar ist. Die führenden wissenschaftlichen Zeitschriften sind voll mit nicht reproduzierbaren Versorgungsergebnissen, die aber alle eine positive Perspektive vermitteln. Wir haben diese Ergebnisse auch identifiziert und in weniger bekannten Zeitschriften publiziert, weil andere Zeitschriften diese Publikation nicht angenommen haben, obwohl die Aussagen wissenschaftlich zu begründen waren, aber möglicherweise die politisch erwünschte positive Perspektive der kritisierten Publikationen etwas beeinträchtigen.

Damit wird ein erhebliches Wissenschaftsdilemma deutlich. Sollen wir positive Perspektiven vermitteln, von welchen wir wissen, dass die positive Perspektive nicht nur die Qualität unseres Lebens verbessert, oder sind wir unseren wissenschaftlichen Dogmen so sehr verpflichtet, dass wir andere Sichtweisen nicht gelten lassen sollten? Wer sich mit Screening, seltenen Erkrankungen oder individualisierter Medizin beschäftigt, hat sicher über diese Probleme bereits nachgedacht. Möglicherweise ist es im Rahmen unseres Verständnisses von Wissenschaft eine zentrale Aufgabe, diesen Konflikt aufzuarbeiten. Deshalb haben wir uns als einen ersten Schritt auf diesem Weg nachfolgend mit der gesundheitsbezogenen Lebensqualität und der „gefühlten Sicherheit" beschäftigt.

4.4.1.2 Gesundheitsbezogene Lebensqualität

4.4.1.2.a Vorbemerkungen

Von der Politik werden für die Bewertung von Kosten und Nutzen internationale Standards gefordert, die eine Messung der (gesundheitsbezogenen) Lebensqualität (gLQ) einschließen, weil ihre Erhaltung und/oder Wiederherstellung eines der bedeutendsten Ziele der Gesundheitsversorgung ist.

Als Ergebnisse der Gesundheitsversorgung werden Outcomes und Outputs unterschieden. Outcomes betreffen Parameter, die das Erreichen erwünschter Versorgungsziele aus Sicht des Patienten beschreiben. Dazu gehört die Erhaltung einer bedrohten oder die Wiederherstellung einer verminderten Lebenserwartung oder Lebensqualität. Outputs betreffen Parameter, die das Erreichen erwünschter Versorgungsziele aus Sicht des Patienten nur indirekt (Surrogatparameter, Stellvertreter-Parameter) oder diese aus der Sicht anderer Partner beschreiben. Beispiel: Die Messung des Blutdrucks ist lediglich ein Surrogatparameter, weil aus Sicht der Patienten nicht der im Normbereich liegende Blutdruck, sondern die Vermeidung der Spätfolgen eines erhöhten Blutdrucks bedeutend ist. Diese Unterscheidung ist bedeutend, weil z. B. bei Behandlung einer milden Hypertonie der Blutdruck zwar gesenkt, aber die Rate der ohnehin sehr geringen Spätfolgen nicht messbar gesenkt werden kann.

Das hier referierte Konsensuspapier der Wilsede Gruppe (Porzsolt, Brähler, Clouth et al. 2008) beschreibt Kriterien, die zur Messung valider Daten der gLQ angewandt werden sollen. Diese Daten werden für medizinische, ökonomische und politische Entscheidungen benötigt.

4.4.1.2.b Überlegungen zur Interpretation der gLQ

Bei der Interpretation von Daten zur gLQ ist zu beachten, (1) dass das Konstrukt der gLQ in der Regel aus drei oder mehr Komponenten besteht, (2) die Messung der gLQ mit unterschiedlichen Zielen durchgeführt wird und (3) die Perspektiven der Betrachter – Eigenbewertung (self rating) oder Fremdbewertung (proxy rating) – unterschiedlich sind.

(1) DAS KONSTRUKT DER GLQ BESTEHT AUS DREI ODER MEHR KOMPONENTEN

Die Dimensionen oder Funktionsbereiche der gLQ wie körperliche, seelisch, soziale und Alltagsfunktion stellen den Kernbereich des Konstrukts dar. Es wird gefordert, dass ein Instrument zur Messung der gLQ mindestens drei Dimensionen abbildet. Zusätzlich werden mit einigen Instrumenten spezifische Faktoren quantitativ erfasst, welche Aspekte beschreiben, die von diesen Dimensionen unabhängig sind, z. B. Müdigkeit, Schmerz, Übelkeit/Erbrechen, finanzielle Belastungen. Wenn diese Faktoren in einem Instrument nicht enthalten sind, z. B. EuroQol, können wesentliche Informationen verloren gehen. Als dritte Komponente werden bei manchen Instrumenten zusätzlich ein oder mehrere globale Scores (additiv oder nicht additiv) gemessen; alternativ lassen sich bei einigen Instrumenten Summationsscores durch Addition manchmal gewichteter Einzelscores berechnen. Instrumente, die vorwiegend für gesundheitsökonomische Analysen verwendet werden, fächern in der Regel weniger Details der gLQ auf. Diese Instrumente zielen darauf ab, die gLQ als singulären Score zu beschreiben.

(2) DIE MESSUNG DER GLQ WIRD MIT UNTERSCHIEDLICHEN ZIELEN DURCHGEFÜHRT

Die erhebliche Variation, die beim Vergleich verschiedener Messinstrumente zu beobachten ist, wurde von Böhmer und Kohlmann zusammengefasst: „Die Ansätze reichen dabei auf der Ebene der Skalierung von der einfachen Summenwertbildung bis hin zu komplexen psychometrischen Verfahren und axiomatisch fundierten Methoden der nutzentheoretischen Messung, auf der Ebene der Standardisierung von der vollständig vorstrukturierten Erhebung bis zur völlig individualisierten Erfassung der Lebensqualität" (Böhmer, Kohlmann 2000). In der Gesundheitsversorgung soll eine bestehende oder verminderte oder wiederhergestellte Einschränkung der gLQ möglichst sensitiv (Entdeckung auch geringer Veränderungen) und möglichst spezifisch (keine Überschneidung/Verwechslung mit ähnlichen Effekten) benannt werden, damit gezielte Maßnahmen eingeleitet oder deren Effekte bewertet werden können. Diesen Zielen ist gemeinsam, dass der Bereich, in welchem die Einschränkung der gLQ erwartet wird, bekannt sein muss, weil andernfalls ein Instrument zur Messung verwendet wird, das die erwartete Einschränkung nur unzureichend erfasst. Das angestrebte Ziel wird deshalb nur zu erreichen sein, wenn ein möglichst spezifisches Instrument angewandt wird, mit welchem auch geringe – aber klinische bedeutende – Einschränkungen oder Änderungen der gLQ erfasst werden können. Ein wesentlicher Nachteil dieser spezifischen Instrumente besteht in ihrer begrenzten Anwendbarkeit. Die erhaltenen Ergebnisse können nur innerhalb der gleichen Indikation verglichen werden.

Bei einer gesundheitsökonomischen Bewertung wird angestrebt, die gLQ möglichst als singulären Score zu beschreiben, um die Scores alternativer Handlungsmöglichkeiten miteinander vergleichen zu können. Dazu können die Scores direkt oder nach Umwandlung in präferenzbasierte Indices miteinander verglichen werden. Beispiel: Umwandlung direkt erhobener Scores mit Hilfe des EQ-5D in präferenzbasierte Indices: Die betroffenen Personen beschreiben ihre gLQ in 5 Dimensionen, wobei jede dieser Dimensionen nur drei (!) unterschiedliche Ausprägungen einnehmen kann. Damit können die Gesundheitszustände aller Betroffenen in $3^5 = 243$ verschiedenen Gesundheitszuständen abgebildet werden. Jedem dieser 243 Gesundheitszustände ist ein „utility-Wert" auf einer Skala zwischen 0 und 1 zugeordnet. Die Zuordnung erfolgte vorab, indem zunächst aus den 243 Zuständen 16 Zustände ausgewählt wurden. Neutrale Testpersonen wurden gebeten, sich in einen der 16 definierten Gesundheitszustände zu versetzen und diesem Zustand auf der utility-Skala einen Wert zwischen 0 und 1 zuzuordnen. Unter Annahme einer linearen Beziehung konnte damit jedem der 243 Gesundheitszustände ein utility-Wert zugeordnet werden. Durch dieses Verfahren wird erreicht, dass die Betroffenen zwar ihren Gesundheitszustand selbst einem von 243 Gesundheitszuständen zuordnen können, aber diese Zuordnung von neutralen Beobachtern einem unveränderlichen utility-Wert zugeordnet wird. Dieser utility-Wert entspricht dem präferenzbasierten Index, der für weitere Analysen als Nutzenfunktion interpretiert wird.

Für die Scores, die verglichen werden sollen, die direkten und die präferenzbasierten, gilt die Einschränkung, dass sogar erhebliche Effekte, die nur in einem von vielen bewerteten Bereichen auftreten, durch die Ergebnisse der nicht betroffenen aber mitberücksichtigten Bereiche „verdünnt" werden können. Deshalb ist zu erwarten, dass Instrumente, welche die gLQ in einem singulären Score abbilden, deutliche Ergebnisse nur zeigen, wenn die gLQ in mehreren Bereichen gleichzeitig eingeschränkt ist.

Klinische Situationen, in welchen die gLQ messbar ist und gemessen wird, beschränken sich auf chronische Krankheitsphasen. Die Ergebnisse einer Messung der gLQ, die im akuten Schub einer als chronisch klassifizierten Erkrankung durchgeführt wurde – sofern sie zu diesem Zeitpunkt überhaupt durchführbar ist –, wird anders zu interpretieren sein, als eine Messung in der chronischen Phase der Erkrankung.

Demnach sind generische Instrumente im Gegensatz zu krankheitsspezifischen Instrumenten besser für die Vergleiche von Ergebnissen geeignet, die bei unterschiedlichen Erkrankungen erhoben wurden. Sie beinhalten aber den Nachteil der geringeren Sensitivität und Spezifität. Wenn der Fokus einer Untersuchung auf dem Nachweis eines Unterschiedes in einem spezifischen Bereich der gLQ liegt, sollte ein möglichst spezifisches und sensitives Instrument verwendet werden.

(3) DIE PERSPEKTIVEN DER BETRACHTER UNTERSCHEIDEN SICH ERHEBLICH

Patienten berichten durch die Eigenbewertung die von ihnen empfundene, „subjektive" Lebensqualität. Das Ergebnis wird durch die subjektiven Wertmaßstäbe des Patienten mitbestimmt. Die überwiegende Mehrzahl aller Messungen der gLQ wird als Eigenbewertung durchgeführt und beschreibt damit die subjektiv empfundene gLQ.

Bei der Eigenbewertung der gLQ ist besonders bei chronischen Erkrankungen auf den Effekt der „response shift" zu achten. Dabei handelt es sich um eine Anpassung der Erwartungshaltung von Individuen an einen Zustand mit geänderter gLQ. Beispiel: Patienten mit progredienten malignen Erkrankungen beziehen in ihre Erwartungshaltung den jeweiligen Gesundheitszustand mit ein (Soll-Wert). Mit jeder Progression der Erkrankung (Ist-Wert) erfolgt eine Anpassung der Erwartungshaltung (Soll-Wert). Die subjektive gLQ ist eingeschränkt, wenn eine Differenz zwischen Soll-Wert und Ist-Wert besteht. Durch die ständige Nachregulierung des Soll-Wertes wird der Effekt, dass sich die subjektive gLQ verschlechtert, abgeschwächt. Dieser Effekt ist bei der Eigenbewertung der gLQ zu berücksichtigen: Sie beschreibt, wie der Betroffene aus seiner individuellen Sicht seine gLQ beurteilt. Diese Bewertung kann sich erheblich von der externen, „objektiven" Bewertung unterscheiden.

Health care professionals sind häufig an einer möglichst „objektiven" Beschreibung der Lebensqualität der Patienten interessiert, andere möchten die von den Patienten empfundene gLQ erfahren. Erstes Ziel ist durch Fremdbewertung zu erreichen. Es gibt einige wenige Instrumente, die zur Messung der selbst- wie der fremdbewerteten gLQ geeignet sind (z. B. Spitzer Index). Da die Ergebnisse der Selbst- und Fremdbewertung erheblich voneinander abweichen können, ist in jedem Fall anhand des angestrebten Ziels zu entscheiden, aus wessen Perspektive die gLQ gemessen werden soll. Ein systematischer Vergleich verschiedener Indexwerte hat gezeigt, dass die verwendeten Konzepte und Methoden erheblich variieren und die erzielten Ergebnisse folglich nur bedingt oder nicht miteinander verglichen werden können (Mook, Kohlmann, Besch et al. 2005; Revicki, Kaplan 1993).

4.4.1.2.c Anforderungen an die Messmethode

Ergebnisse der gLQ können Entscheidungen einer solidarischen Finanzierung nur begründen, wenn sie valide und klinisch relevant sind.

(1) ALLGEMEINE HINWEISE ZUR MESSUNG DER GLQ

Wenn ein spezifischer Effekt auf die gLQ gesundheitsökonomisch bewertet werden soll, ist die Wahl des geeigneten Instruments problematisch, weil sich die Instrumente zum Nachweis und zum Vergleich dieser Effekte grundsätzlich unterscheiden. Dieses Problem lässt sich lösen, wenn es gelingt, einen singulären Faktor (z. B. ein Leitsymptom) zu identifizieren, dessen Einschränkung mit Einschränkungen mehrerer (oder der meisten Bereiche) der gLQ korreliert. Jüngere Ergebnisse (Arndt, Segmaier, Ziegler et al. 2006) haben gezeigt, dass solche Faktoren identifizierbar sind. Dieser Befund ist plausibel, weil bei vielen Erkrankungen ein vorherrschendes Symptom (Kardinalsymptom) benannt werden kann. Wenn es gelingt, die Ursache für die Einschränkung des singulären Faktors (Leitsymptom) zu beseitigen, sollten auch die Einschränkungen der korrelierenden Bereiche der gLQ zu beseitigen sein. Bei künftigen Messungen der gLQ sollte dieser Zusammenhang geprüft werden. Falls er nachweisbar ist, erleichtert er Entscheidungen der Gesundheitsversorgung und der ökonomischen Bewertung.

Solange die Daten für diese neue Betrachtung noch nicht verfügbar sind, wird die Anwendung krankheitsspezifischer Instrumente empfohlen, weil die klinisch bedeutenden aber in den Scores nur schwer abzubildenden Einschränkungen der gLQ mit diesen Instrumenten wahrscheinlicher abgebildet werden als mit generischen Instrumenten.

(2) METHODISCHE HINWEISE ZUR MESSUNG DER GLQ

Die beiden wesentlichen methodischen Kriterien, die hierbei zu beachten sind, betreffen die Validität (Konstruktvalidität und diskriminierende Validität) und die Reliabilität (interne Konsistenz und Situationsspezifität).

Bedeutende Unterstützung erfährt die Messung der gLQ durch elektronische Messinstrumente. Aus den verfügbaren Produkten möchten wir das Instrument von Jörg Sigle herausheben: Es wurde für die Messung der gLQ im praktischen oder klinischen Umfeld entwickelt, über mehr als 15 Jahre gepflegt und berücksichtigt weitgehend die Anforderungen von Ärzten, Pflegern und Patienten (Sigle).

(3) HINWEISE ZUR KLINISCHEN RELEVANZ DER GLQ-MESSUNG

Klinisch relevante Ergebnisse können umso wahrscheinlicher nachgewiesen werden, je exakter das Ziel der Messung definiert wurde. Eine exakte Definition setzt voraus, dass qualitative (Um welche Einschränkung der gLQ handelt es sich?) und quantitative (Wie stark ist der erwartete Effekt?) Vorstellungen zum angestrebten Ziel bestehen. Die möglichst exakte Definition ist für die Planung der Untersuchung hilfreich, weil abgeschätzt werden kann, ob das Ziel der Untersuchung unter den gegebenen Bedingungen (Eigenschaften der

Zielpopulation, des Messinstruments und der geplanten Fallzahl) realistisch erreicht werden kann.

Die Definition des quantitativen Ziels der gLQ-Messung besagt, dass die Dimension der gLQ oder das Symptom benannt werden kann, bei welchem der Schlüsselbefund erwartet wird. Wenn unbekannt ist, welcher Aspekt der gLQ von besonderem Interesse ist, sollten „Überraschungsbefunde" zurückhaltend interpretiert werden.

Falls möglich sollte festgelegt werden, in welchem Ausmaß die Einschränkung oder Veränderung des Schlüsselbefundes (realistisch) erwartet wird. Signifikante Befunde alleine bedeuten noch nicht, dass ein klinisch relevanter Befund erhoben wurde. Es wäre möglich, im Rahmen von Untersuchungen, die vor und nach einer Intervention erhoben werden, zusätzlich bei der zweiten Erhebung die Bewertung zu erbitten, ob aus Sicht des Betroffenen eine klinisch relevante Veränderung eingetreten ist. Generell sind aber Aussagen zur klinischen Relevanz wegen des Bezugspunktes (Guyatt, Osoba, Wu et al. 2002) und der nicht-linearen Abhängigkeit (Johnson, Hauber, Osoba et al. 2006) problematisch.

Zur Zieldefinition gehört die eindeutige Beschreibung der Zielpopulation und ggf. der Vergleichsgruppe sowie die Angabe der Zeitpunkte, zu welchen die Veränderung der gLQ erwartet wird.

Die Wahl eines geeigneten Studiendesigns, die Datenerhebung und die Analyse der Daten sind bei Beachtung der vorausgegangenen Aspekte meist weniger problematisch. Anfälliger für Fehler ist die Interpretation der Daten. Es sollte darauf geachtet werden, entscheidungsrelevante Befunde, die zur Lösung eines Versorgungsproblems beitragen, von marginalen Beobachtungen abzugrenzen. Beispiel: Der Vergleich zweier Therapien zur Behandlung des Ovarialkarzinoms hat gezeigt, dass die Effekte auf die gLQ, nicht jedoch auf die Überlebenszeit so ausgeprägt waren, dass daraus für die europäische Arbeitsgruppe eine einheitliche Behandlungsstrategie abgeleitet wurde (Greimel, Bjelic-Radisic, Pfisterer et al. 2006).

4.4.1.2.d Bedeutung der gLQ für gesundheitsökonomische Evaluationen und Empfehlungen zu deren Messung

In gesundheitsökonomischen Analysen beziehen sich die Items, die zur Beschreibung der Konsequenzen (d. h. der Ergebnisse, Outputs oder Outcomes) verwendet werden, auf die Lebenserwartung und/oder auf einige oder alle Teilaspekte der gLQ. Da viele Gesundheitsleistungen der Erhaltung bzw. Wiederherstellung der gLQ dienen, kommt den standardisierten und allgemein akzeptierten Kriterien für die Messung der gLQ oder ihrer Teilaspekte eine zentrale Bedeutung zu. Alle Bewertungskonzepte, die sich nicht explizit nur auf die Lebenserwartung beziehen, beruhen direkt oder indirekt auf der Messung der gLQ oder ihrer Teilaspekte. Das gilt für Messungen der Effektivität und der Effizienz ebenso wie für Messungen der Präferenz und von Nutzenbewertungen, weil sich alle auf Gesundheitszustände beziehen, die mit einer verlässlichen Methode beschrieben sein sollten. Eine ungenaue Definition der Ausgangslage führt zu einer erheblichen Varianz der erzielbaren Effekte. Daten zur gLQ können nur sinnvoll interpretiert werden, wenn die oben genannten Empfehlungen eingehalten werden. Das Risiko der Überbewertung von Messergebnissen lässt sich minimieren, wenn die Interpretation der Ergebnisse auf stabile Effekte beschränkt wird. Es ist unzulässig, fehlende Hinweise als Nachweis der Abwesenheit zu werten.

4.4.1.2.e Integration der gLQ in Konzepte zur Bewertung von health outcomes

(1) WIRKUNG UND WIRKSAMKEIT

Wirkung beschreibt den Nachweis eines Effektes unter den experimentellen Bedingungen einer klinischen Studie, während Wirksamkeit (= Effektivität) den Nachweis unter Alltagsbedingungen beschreibt. Die gLQ kann ebenso wie die Lebenserwartung als Maß für die Wirkung oder Wirksamkeit eines Einflusses (Krankheit, Behandlung) aufgefasst werden. Produkte aus der gLQ und der Lebenserwartung, z. B. die quality adjusted life years (QALYs), sind ebenfalls dieser Bewertungskategorie zuzurechnen. Die Methoden zum Nachweis der Wirkung oder Wirksamkeit orientieren sich an dem nachzuweisenden Effekt. Es scheint sich abzuzeichnen, dass organische Ausfälle (impairments) zutreffender durch die Beschreibung der resultierenden Behinderung der Alltagsaktivität (disabilities) als durch Beeinträchtigung der gLQ beschrieben werden können (Weisscher, de Haan, Vermeulen 2007).

(2) EFFIZIENZ

Unter Effizienz versteht man den Quotienten zwischen Aufwand und Ertrag. Der Aufwand wird dabei häufig in monetären Einheiten beschrieben. Der Ertrag wird als Wirkung oder Wirksamkeit (z. B. gLQ oder QALYs) beschrieben.

(3) PRÄFERENZ

Als Präferenz wird das relative Ergebnis einer Abwägung zwischen alternativen Handlungsmöglichkeiten verstanden. Das Prinzip der Präferenzbestimmung wird angewandt, um einen bestehenden oder einen fehlenden Unterschied (den Punkt der Unentschlossenheit zwischen alternativen Handlungsmöglichkeiten z. B. bei Time Trade Off-Entscheidungen) zu identifizieren. Diese Abwägung setzt beim Entscheider existierende Wertvorstellungen zu beiden Handlungsmöglichkeiten (relativer Nutzen) voraus. Wenn eine dieser Handlungsalternativen nur virtuell aber nicht real existiert (z. B. bei Entscheidungen zwischen völliger Gesundheit und Tod im Rahmen einer Standard Gamble-Lotterie), ist fraglich, ob die abgeleitete Präferenz die Realität reflektiert, weil dem Entscheider bekannt ist, dass er die Konsequenz seiner Entscheidung nicht wirklich in Kauf nehmen muss. Deshalb ist eine ermittelte Präferenz immer von den zum Vergleich angebotenen Handlungsmöglichkeiten abhängig. Die Präferenz im Kontext der gLQ zu bestimmen ist sinnvoll, wenn nachteilige Kriterien zu berücksichtigen sind, die eine bessere gLQ nicht immer als günstigere Alternative erscheinen lassen. Conjoint-/Discrete-Choice-Analysen ermöglichen die Abbildung von Präferenzen unter realen Bedingungen.

(4) NUTZEN

Nutzen ist bisher nicht einheitlich definiert. Mehrheitlich wird akzeptiert, dass Nutzen eine subjektive Bewertung (utility, benefit) reflektiert. Nutzen kann deshalb als virtueller Mehrwert aufgefasst werden, den ein Individuum als Folge einer Maßnahme unter definierten Umständen empfindet. In der Entscheidungstheorie wird der Begriff des Nutzens formal über den Begriff der Präferenz definiert. Abnehmender Grenznutzen und Diskontierung sind Beispiele ökonomischer Kriterien, die zur Beschreibung des Nutzens zu berücksichtigen sind. Wenn Nutzen dem virtuellen Mehrwert entspricht, wird eine Methode zur Beschreibung des Nutzens akzeptiert werden, wenn sie den mehrheitlich wahrgenommenen virtuellen Mehrwert abbildet.

4.4.1.2.f Abschließende Bewertung der gLQ Messung

Die Messung der gLQ ist ein sinnvolles Hilfsmittel, um Gesundheitszustände oder deren Veränderungen und Folgen aus Sicht der Betroffenen (oder Nicht-Betroffenen) mit angemessenen Methoden zu beschreiben. Dazu sind Instrumente zu identifizieren, die die gLQ valide messen, klinisch bedeutende Daten erheben und die Präferenzen der Patienten realistisch abbilden. Bis zur Realisierbarkeit dieser Empfehlungen sollte bei Messung der gLQ darauf geachtet werden, dass die psychometrischen Anforderungen an die Instrumente erfüllt sind, und die erhobenen Daten spezifisch und entscheidungsrelevant (Wilson, Cleary 1995) sind. Als nachfolgender Schritt sind die gemessenen Daten zur gLQ zu interpretieren. Dieser Schritt erfordert die Berücksichtigung der Brückenprinzipien (Ruß, Clouth, Porzsolt 2006), die beschreiben, unter welchen Bedingungen der entscheidende Schritt von einer deskriptiven zu einer normativen Aussage zulässig ist.

Die Zusammenstellung der beschriebenen Kriterien ist sinnvoll, weil in der deutschen Sozialgesetzgebung (§ 35 b Abs. 1 SGB V) zum Thema Kosten und Nutzen gefordert wird, dass bei Beschreibung des Patientennutzens insbesondere die Verbesserung des Gesundheitszustandes, eine Verkürzung der

Krankheitsdauer, eine Verlängerung der Lebensdauer, eine Verringerung der Nebenwirkungen sowie eine Verbesserung der Lebensqualität und bei der wirtschaftlichen Bewertung auch die Angemessenheit und Zumutbarkeit einer Kostenübernahme durch die Versicherungsgemeinschaft berücksichtigt werden soll.

4.4.1.3 Sicherheit und „gefühlte Sicherheit"

4.4.1.3.a Vorbemerkungen

Wir fassen „gefühlte Sicherheit" (GeSi) als Dimension der gLQ auf und verwenden deshalb die gleiche Struktur wie zur Darstellung der gLQ. Die Ergebnisse der GeSi werden wie die Ergebnisse der gLQ für medizinische, ökonomische und politische Entscheidungen benötigt.

Zunächst ist zu beachten, dass Sicherheit zu den menschlichen Grundbedürfnissen gehört. Sicherheit ist ein übergeordnetes Bedürfnis, weil es nahezu alle Lebensbereiche, die physischen (Nahrung, Kleidung, Wohnung), psychischen, sozialen und die übergreifende Bereiche, mit gesundheitlichen und sozialen Aspekten betrifft. Diese breite Präsenz des Prinzips der Sicherheit und die damit verbundene Schwierigkeit, diese Bereiche abzubilden, erklärt möglicherweise die Tatsache, dass die Wahrnehmung von Sicherheit als eigener Bereich unserer Lebensqualität bisher wenig beachtet wurde (Porzsolt, Polianski, Görgen et al. 2011).

Bei der Interpretation von Daten zur Sicherheit und „gefühlten Sicherheit" sind fünf verschiedene Valenzen zu unterscheiden: (1) die Intentionalität, (2) die Rahmenbedingungen, (3) der locus of control, (4) die Situation und Persönlichkeit und (5) die Modelierbarkeit.

(1) INTENTIONALITÄT

Im angelsächsischen Sprachgebrauch wird die Sicherheit gegenüber beabsichtigten (security) Angriffen auf die Sicherheit wie bei einem Terroranschlag oder Raub von der unbeabsichtigten Beeinträchtigung der Sicherheit (safety) unterschieden. Die Übergänge zwischen security und safety sind nicht immer absolut scharf. Die von uns verwendete Unterscheidung von bekannten Ursachen einer gezielten Verunsicherung (security) und den unbekannten Ursachen einer zufällig eintretenden Verunsicherung (safety) verdeutlicht diese Unschärfe.

(2) RAHMENBEDINGUNGEN

Bei den Rahmenbedingungen unterscheiden wir messbare und nicht-messbare Parameter. Die absichtlich und unabsichtlich induzierten Risiken sind durch Wahrscheinlichkeiten messbar. Ebenso ist die wahrgenommene, d. h. die „gefühlte Sicherheit" (GeSi), sei es als security oder safety, mit psychometrischen Methoden messbar. Diese Messungen sind sehr aufwändig, weil die Rahmenbedingungen, welche die Messbarkeit beeinflussen, für jede Situation spezifisch sind (Beispiel: Sicherheit von Schülern in der Schule und Sicherheit von Patienten in einer Selbsthilfegruppe nach Brustkrebs). Die Entwicklung der psychometrischen Instrumente (Fragebögen), die jeweils einen sehr präzisen Zuschnitt auf das jeweilige Szenario erfordert, macht die Messung der GeSi aufwändig.

(3) LOCUS OF CONTROL ODER GESELLSCHAFTLICHE ROLLE

Die Bedeutung des locus of control oder der gesellschaftlichen Rolle lässt sich am Beispiel des Fluggastes erklären: Sobald dieser das Flugzeug betritt und die Türen hinter ihm geschlossen sind, ändert sich der locus of control. Vor dem Schließen der Türen hatte der Passagier die Steuerung seines Risikos noch selbst in der Hand. Nach dem Schließen der Flugzeugtüren begibt er sich in die Hände des Piloten und anderer Experten, die seine Sicherheit garantieren und ändert damit seinen locus of control.

Ein anderes Beispiel verdeutlicht den gleichen Inhalt aus anderer Perspektive. Man kann den locus of control auch im Sinne eines Produzenten oder Konsumenten von Sicherheit verstehen. Wenn einem Autofahrer ein überholendes Fahrzeug auf der eigenen Fahrspur entgegenkommt, würde man den überholenden Fahrer als den Produzenten der Sicherheit (hier der Unsicherheit) bezeichnen, während der bedrohte Fahrer die Rolle des Konsumenten einnehmen würde.

Ähnliches trifft in vielen anderen Bereichen, z. B. in der Gesundheitsversorgung, zu. Je nach Situation nimmt der Patient die Rolle des Konsumenten von Sicherheit ein, wenn er den Arzt aufsucht, um Sicherheit zu gewinnen, dass keine „schlimme" Erkrankung vorliegt. In dieser Situation wird der Arzt eine Reihe von Untersuchungen vornehmen und bei unauffälligen Befunden dem Patienten das gewünschte Gefühl der GeSi vermitteln. Aus wissenschaftlicher Sicht ist diese „Versicherung" problematisch, weil ein bedeutender Satz der Klinischen Epidemiologie besagt: „Absence of evidence does not constitute evidence of absence." Mit anderen Worten bedeutet das, dass ein Befund, der keinen spezifischen Sachverhalt explizit nachweist, diesen Nachweis aus irgendwelchen Gründen vermisst oder verpasst haben kann und deshalb nur einen sehr geringen Informationswert hat. Ein klassisches Beispiel ist die Screening-Mammographie. Es ist unbestritten, dass durch diese Untersuchung das Risiko, an einem Mammakarzinom zu versterben, von 5/1000 auf 4/1000, d. h. um 1 Promille, gesenkt werden kann. Im Klartext bedeutet das, dass 1000 Frauen jedes zweite Jahr über einen Zeitraum von 10 Jahren zur Mammographie gehen müssen, um bei einer von 1000 Frauen zu verhindern, dass sie am Mammakarzinom verstirbt. Wir haben dieses Problem ausführlich beschrieben (Porzsolt, Leonhardt-Huober 2006; Porzsolt, Leonhardt-Huober, Kaplan 2006). Obwohl der epidemiologisch nachweisbare Effekt unbestritten gering ist, wird von den Frauen das Ergebnis „bei Ihnen ist alles in Ordnung" als eine äußert bedeutende Nachricht, im Sinne einer „gefühlten Sicherheit" wahrgenommen.

Aus ökonomischer Sicht ist diese Diskrepanz zwischen wissenschaftlicher und subjektiver Wahrnehmung erklärbar. Wir Wissenschaftler haben über viele Jahre hinweg die sachlich nicht begründbare Aussage vertreten, dass der Mammographie für die Erhaltung der Gesundheit eine bedeutende Rolle zukommt. Retrospektiv betrachtet entspricht das „fahrlässigem wissenschaftlichen Handeln", weil jeder Wissenschaftler wissen muss, dass seine Aussagen „normativ" sind, d. h. gesellschaftliche Normen vorgeben. Es wäre nicht verwunderlich, wenn der Gesetzgeber die Wissenschaftler mehr als bisher in die Pflicht nimmt und Verletzungen der Sorgfaltspflicht intensiver als bisher kontrolliert. Ärzte, die nicht wissenschaftlich, sondern praktisch tätig sind, können belangt werden, wenn sie fahrlässig von den wissenschaftlichen Empfehlungen abweichen. Es wäre nur legitim, ein analoges Prinzip bei Wissenschaftlern anzuwenden, weil diese durch ihre Normen in wesentlich höherem Ausmaß als ihre Kollegen aus der Praxis den Patienten Nutzen vorenthalten oder sogar Schaden zufügen können.

Als Erklärung für den vorenthaltenen Nutzen bzw. zugefügten Schaden ist zum einen die fragliche berechtigte Induktion von „gefühlter Sicherheit" zu nennen. Zudem werden bis heute die epidemiologischen Ergebnisse unzutreffend kommuniziert. Wenn man betroffene Frauen nach dem Nutzen der Mammographie befragt, erhält man nahezu einstimmig die Antwort, dass 20 % der Frauen von der Mammographie profitieren. Auf die mehrfach gestellte Frage, wie viele Frauen von der Mammographie profitieren, wenn 200 Frauen daran teilnehmen, wird eistimmig als Ergebnis „40 Frauen" genannt, was beweist, dass die Risikoreduktion unter den Laien nicht als relative (statt 5 von 1000 nur 4 von 1000 Frauen), sondern fälschlicherweise als absolute Risikoreduktion (20 % aller teilnehmenden Frauen) verstanden wird.

Bisher gibt es keine Initiativen, mit welchen versucht wird, zum einen die Wahrnehmung als „gefühlte Sicherheit" zu erklären und zum anderen die Verwechslung von relativer und absoluter Risikoreduktion richtig zu stellen. Diese Richtigstellung wird einen nicht einfach zu bewältigenden Prozess erfordern, weil wir, die Wissenschaftler und die Politiker, unzutreffende Wertvorstellungen in den Köpfen der Bevölkerung verankert haben; diese zu korrigieren, ohne das Vertrauen zu verlieren, dürfte nicht ganz einfach sein. Es wäre unsinnig und auch ethisch nicht zu vertreten, das Vertrauen der Bürger zu erschüttern. Andererseits gibt es m. E. keinen anderen Weg als eine wahrheitsgemäße

Information anzustreben. Bedauerlich ist, dass die verantwortlichen Entscheidungsträger der Politik diesen Schritt noch nicht wagen.

(4) SITUATION UND PERSÖNLICHKEIT

Ob sich jemand sicher fühlt, ist von verschiedenen Faktoren abhängig. So können persönlichkeitsbezogene Merkmale (trait) die GeSi beeinflussen. Ebenso können aber auch situationsbedingte Einflüsse (state) die GeSi beeinflussen.

(5) MODELLIERBARKEIT

Letztlich ist die Modellierbarkeit der GeSi zu beachten. Durch geeignete Information kann die GeSi sowohl gesteigert wie auch reduziert werden. Unsere täglichen Entscheidungen sind in erster Linie von der GeSi, nicht von den tatsächlich bestehenden Risiken abhängig. Da die tatsächlich bestehenden Risiken die GeSi beeinflussen – wir fühlen uns bei Glatteis nicht sicher – aber auch Beziehungen in die andere Richtung wirksam sind – je sicherer wir uns am Steuer fühlen, um so höhere Risiken sind wir bereit, in Kauf zu nehmen – bestehen Wechselwirkungen zwischen den tatsächlich bestehenden Risiken und der GeSi. Diese Wechselwirkungen erschweren die Vorhersage unserer Entscheidungen unter Risiken, weil unser Verhalten eben nicht nur von den einfach messbaren Risiken alleine abhängt; die schwer vorhersagbare Wahrnehmung von Risiken, die GeSi, spielt bei der Entscheidungswahl eine bedeutende Rolle.

Die Wahrnehmungen von Risiken und damit auch unsere Entscheidungen sind durch Informationen sehr leicht zu beeinflussen. Beispiele sind die Naturkatastrophen 2011 in Japan und deren Effekte auf politische Wahlen. Das Beispiel der Wahlen in Baden-Württemberg im Frühjahr 2011 hat gezeigt, dass geringe Unterschiede in der Wortwahl bei der Diskussion erheblicher Risiken die Entscheidungen der Bürger stark und sehr schnell beeinflussen können. Da die Validität der verbreiteten Information häufig zumindest kurzfristig nicht prüfbar ist, lässt sich die erhebliche ethische Bedeutung der Sicherheitsdiskussion erahnen. Bisher haben wir vermutlich nur einen Teil der Facetten des Problems aufgedeckt.

Das Konzept der „gefühlten Sicherheit" wurde in einigen wissenschaftlichen Publikationen dargestellt (Porzsolt 2007a/b, Porzsolt, Polianski, Görgen et al. 2011).

4.4.2 Polydimensionale Ansätze

Als Beispiele polydimensionaler Ansätze zur Bewertung des Nutzens von Gesundheitsleistungen präsentieren wir (1) Konzepte, Methoden und Instrumente, (2) die Bewertung des Nutzens komplexer Systeme (Operationssaal), (3) die Bewertung von Behandlungspfaden und (4) die Bewertung von Laborprofilen in der Hausarztpraxis.

4.4.2.1 Konzepte, Methoden und Instrumente

Jeder Arzt steht ebenso wie jeder Budgetverantwortliche im Gesundheitssystem vor dem Problem der wirtschaftlichen Haushaltsführung. Bei limitierten Ressourcen und bei Patienten mit (a) unterschiedlichem Versorgungsbedarf und (b) individuellem Anspruchsniveau, ist über Gesundheitsleistungen zu entscheiden, die (c) zu verschiedenen Zeitpunkten innerhalb eines budgetierten Zeitintervalls nachgefragt werden, (d) in klinischen Studien unterschiedlicher Validität und (e) dort mit unterschiedlichen Wirkungen präsentiert werden, (f) unterschiedliche Anteile des nicht nur finanziellen Budgets im Sinne eines Handlungsspielraums binden und letztlich (g) unter Alltagsbedingungen unterschiedlich wirksam und damit effizient sind.

Wir Ärzte können nun mit der Politik diskutieren, wer das vielschichtige Problem zu lösen hat. Wir können aber auch eine Lösung anbieten, welche die sieben genannten Variablen (Bedarf, Anspruchsniveau, Nachfragezeitpunkt, Validität, Wirkung, Kosten, Wirksamkeit) berücksichtigt. Gesundheitsökonomische Kennzahlen, z. B. die Kosten/QALYs, die drei der sieben Variablen berücksichtigen, die Lebenslänge, die Lebensqualität und die Kosten der Versorgung, werden nur in Ausnahmefällen eine optimale Lösung vorschlagen können, weil vier Variablen unberücksichtigt bleiben, die aber die ärztliche Entscheidung mit beeinflussen.

Es ist naheliegend, dass die Komplexität des Problems zu hoch ist, um alle bedeutenden Variablen in einer einzigen Gleichung realistisch und angemessen abbilden zu können. Deshalb ziehen wir es vor, konkrete Vorschläge zur Lösung von Teilproblemen anzubieten, deren Komplexität überschaubar ist und die sowohl verstanden als auch auf Plausibilität hin geprüft werden können. Bei diesen Vorschlägen sind zwei Aspekte der Verteilungsgerechtigkeit zu berücksichtigen: Jeder Patient, der um Hilfe nachsucht, hat das Recht, Hilfe zu erhalten. Keinem Patienten darf Unterstützung zugunsten anderer Patienten gänzlich verweigert werden. Allerdings wäre es ungerecht, Gesundheitsleistungen nach dem „Gießkannenprinzip", d. h. ohne Priorisierung anzuwenden. Das Setzen von Prioritäten erfordert das Wissen und Verständnis von Gesundheit und Krankheit. Unter Berücksichtigung dieses Wissens sind die Gesundheitsleistungen so zu gewähren, dass der Zugang zur Gesundheitsversorgung allen gewährt und die Verteilung der verfügbaren Ressourcen gerecht erfolgt.

Diese Forderungen werden nur durch Rationalisierung erfüllt werden können. Die Brückenprinzipien (2) sagen voraus, dass ein Arzt selbständige, rationale Entscheidungen nur treffen kann, wenn ihm die Informationen zugänglich sind, die er für rationale Entscheidungen vor Ort benötigt.

Der vor Ort tätige Arzt ist (mit Unterstützung durch seine Fachgesellschaft) in der Lage, rationale und ethisch vertretbare Entscheidungen anhand von fünf der sieben genannten Variablen zu treffen. Die Zeitpunkte, wann Patienten Gesundheitsleistungen nachfragen, sind nicht vorhersehbar und das Anspruchsniveau, auf dem Patienten Gesundheitsleistungen nachfragen, kann nur schwer beeinflusst werden. Sehr wohl lassen sich allerdings die Ausgaben für Gesundheit an fünf Variablen durch den Arzt steuern: Er kann anhand objektiver Kriterien (a) den Bedarf prüfen und kann danach selbständig eine Priorisierung der gewährten Leistungen vornehmen. Er kann zudem (mit Hilfe seiner Fachgesellschaft) die (d) Validität, (e) Wirkung und (f) die Kosten sinnvoll in seine Entscheidung einbeziehen. Letztlich können er und seine Patienten durch ein einfaches System, welches lediglich die Rückmeldungen ausgewählter Stichproben bei Patienten und Ärzten registriert, beurteilen, ob das gemeinschaftlich definierte Problem durch die Versorgung vollständig, teilweise oder ggf. mit neuen Problemen kaum/nicht gelöst werden konnte (Porzsolt, Pressel, Maute-Stephan et al. 2009). Mit diesen Daten wird das letztlich entscheidende Kriterium, (g) die Wirksamkeit unter Alltagsbedingungen, nachgewiesen und damit die Effizienz der Gesundheitsversorgung beurteilbar.

Drei Ziele werden mit unserer Darstellung verfolgt: Interessierte Kollegen sind davon zu überzeugen, dass wir Ärzte dazu beitragen können, das zentrale Problem der Gesundheitsversorgung, die unzureichende Effizienz, durch Rationalisierung zu lösen. Es ist darzulegen, dass Ärzte andere Fragen der Gesundheitsversorgung zu beantworten haben als Ökonomen und deshalb andere Methoden als die Ökonomen anwenden werden. Als letzter, nicht weniger bedeutender Aspekt ist den gesunden und kranken Bürgern zu vermitteln, dass es unmöglich ist, die Effizienz der Gesundheitsversorgung ohne ihre Unterstützung zu steigern.

DREI STUFEN ÄRZTLICHER PRIORISIERUNG VON GESUNDHEITSLEISTUNGEN

Die Besonderheit angemessener Entscheidungen im Gesundheitssystem ist darin zu sehen, dass sie zunächst in hierarchisch vorgegebenen Stufen vorzubereiten und anschließend unter Berücksichtigung der Patientenpräferenzen umzusetzen sind. Dabei ist als erste Stufe der Versorgungsbedarf zu bewerten, als zweite Stufe sind der Erbringung einer Gesundheitsleistung alternative Handlungsmöglichkeiten gegenüberzustellen. Zuletzt ist auf der dritten Stufe unter Berücksichtigung der Patientenpräferenzen über die Umsetzung der potentiell gewährten Gesundheitsleistungen zu entscheiden.

Als erste Stufe der Priorisierung ist zu prüfen, ob das Nichterbringen einer Gesundheitsleistung nachweislich zu einer irreversiblen Beeinträchtigung der Lebensfähigkeit oder der Lebensqualität führt. Auf dieser ersten Stufe der Priorisierung sind drei Variablen zu berücksichtigen: die Eintrittswahrscheinlichkeit des unerwünschten Ereignisses, die Sicherheit, die durch die Einleitung der Maßnahmen empfunden („gefühlte Sicherheit") und deshalb nachgefragt wird, und letztlich der Schweregrad der Bedrohung, der von dem unerwünschten Ereignis ausgeht.

Die Einschätzung der Eintrittswahrscheinlichkeit des unerwünschten Ereignisses beinhaltet das Risiko bzw. die Chance, dass der tatsächliche Eintritt des drohenden Ereignisses niemals mit Sicherheit vorhergesagt werden kann, wie das Beispiel der im Jahr 2009 befürchteten H5N1 Pandemie zeigt. Diese Unsicherheit tritt aber nicht nur bei Ereignissen wie einer Pandemie auf, sie belastet auch nahezu alle Ereignisse, die unsere Gesundheit bedrohen. Wenn ein Arzt zu einem 67-jährigen Patienten mit ziehenden Schmerzen hinter dem Brustbein oder zu einer 17-jährigen Patientin mit rechtsseitigem Unterbauchschmerz gerufen wird, wird er zusätzlich zur Anamnese und körperlichen Untersuchung in vielen Fällen keine weiteren Kriterien benötigen, um zu entscheiden, ob der Notarzt zu rufen ist, eine stationäre Einweisung ohne Notarzt erfolgen sollte oder der Patient respektive die Patientin zunächst zu Hause beobachtet werden kann.

Welche Entscheidung letztlich von ihm getroffen wird, hängt wiederum von verschiedenen Faktoren ab. Der Grad der vom Patienten empfundenen Bedrohung kann einen unerfahrenen Arzt stärker beeindrucken und zu mehr und aufwändigeren Aktionen motivieren als einen erfahrenen Kollegen. Wir haben dieses Phänomen unter dem Gesichtspunkt der Ausgaben (Porzsolt, Voigt, Stemmer 1988/1989) und unter dem Titel der „gefühlten Sicherheit" bearbeitet (Porzsolt, Kilian, Eisemann 2007; Porzsolt 2007a), um damit zu zeigen, dass viele, wenn nicht sogar die Mehrzahl unserer Entscheidungen weniger auf tatsächlich bestehenden Risiken beruhen, die als Wahrscheinlichkeiten objektiviert werden können, sondern auf emotional empfundener Sicherheit, die nur mit psychometrischen Methoden (Gampert 2009, Knie 2010, Popp 2009, Rochau 2009), aber nicht wie die Risiken durch Wahrscheinlichkeiten quantifiziert werden können. Da gerade die in bedrohlichen Situationen veranlassten Maßnahmen mit erheblichen finanziellen Konsequenzen verbunden sein können, ist eine Diskussion dieser schwierigen Entscheidungen und möglicher Entscheidungshilfen sinnvoll. In welchem Umfang der vom Patienten empfundenen Bedrohung Rechnung zu tragen ist, lässt sich formal kaum abbilden. Hier kommt der Erfahrung des Arztes, einschließlich seiner Empathie und Fähigkeit, dem Patienten das Gefühl von Sicherheit zu vermitteln, eine entscheidende Rolle zu.

Letztlich wird der objektivierbare Schweregrad der Bedrohung und, wie soeben ausgeführt, der vom Patienten, den Angehörigen und vom Arzt empfundene Schwergrad der Bedrohung die nachfolgenden Entscheidungen beeinflussen. Es mag für ökonomische Entscheidungen außerhalb des Gesundheitssystems zutreffen, dass sie weitgehend emotionslos getroffen werden können. Jeder, der selbst eine kritische Lebenssituation bei sich oder anderen erlebt hat, kann bestätigen, dass Emotionen in diesen Situationen mindestens ebenso mächtig sind wie rationale Überlegungen. Es ist deshalb in diesen Grenzsituationen des Lebens weder realistisch noch machbar, Emotionen vollständig auszublenden.

Als Leitfaden könnte gelten, dass die höchste Priorität Gesundheitsleistungen zuerkannt werden sollte, durch welche eine irreversible Beeinträchtigung der Lebensfähigkeit der Patienten vermieden werden kann (Beispiel: Rettung eines Ertrinkenden); dabei handelt es sich um die Verhinderung eines Todesfalls, der ohne Gewährung der Gesundheitsleistung (Rettung) mit hoher Wahrscheinlichkeit eintreten würde. Die zweithöchste Priorität könnte Gesundheitsleistungen zuerkannt werden, durch welche a) eine irreversible, nicht kompensierbare Beeinträchtigung der Lebensqualität (Beispiel: Vermeidung einer irreversiblen Verminderung der körperlichen Belastbarkeit nach Herzinfarkt) oder b) eine zwar kompensierbare aber irreversible Beeinträchtigung (z. B. Visusverlust im Alter) vermieden werden kann. Die dritthöchste Priorität könnte Gesundheitsleistungen zuerkannt werden, durch welche lediglich reversible Beeinträchtigungen vermieden werden können (Beispiel: Rehabilitation nach Implantation einer Hüftgelenksendoprothese, durch die zwar die irreversible Zerstörung des Hüftgelenks nicht vermieden, aber die Folgen der Zerstörung durch die Prothese so perfekt kompensiert werden können, dass die funktionellen Eigenschaften eines intakten, niemals erkrankten Hüftgelenks erreicht werden). Das bedeutet nun eben nicht, dass diese Leistungen nicht gewährt werden sollen. Vielmehr stehen sie nur im relativen Vergleich mit den Stufen 1 und 2 als nachrangig da (Tab. 21).

Diese Vorgehensweise wird implizit bereits in vielen Bewertungen von Gesundheitsleistungen praktiziert. Hierzu gehört zum einen das GRADE-System (Dellinger, Levy, Carlet et al. 2008), bei dem die Effekte einer Maßnahme nach ihrer Bedeutung im Gruppenkonsens sortiert werden. Zum anderen findet sich eine entsprechende Priorisierung auch in den Bewertungen des Gemeinsamen Bundesausschusses oder der Reihung der Zielgrößen in den Berichtsplänen des IQWiG wieder, die gemeinsam mit dem G-BA abgestimmt werden.

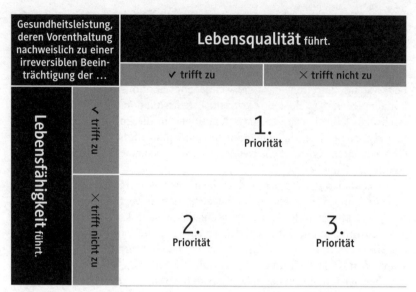

Tab. 21: Vorschlag zur ersten Stufe der Priorisierung von Gesundheitsleistungen. Beschrieben ist die Priorität von Gesundheitsleistungen, die davon abhängig ist, ob deren Vorenthaltung zu einer irreversiblen Beeinträchtigung der Lebensfähigkeit oder Lebensqualität führen würde. Erklärung siehe Text.

Das Fünfte Deutsche Sozialgesetzbuch (SGB V) selbst sieht hingegen keine entsprechende Rangordnung vor. Dort wird lediglich formuliert: „Beim Patienten-Nutzen sollen insbesondere die Verbesserung des Gesundheitszustandes, eine Verkürzung der Krankheitsdauer, eine Verlängerung der Lebensdauer, eine Verringerung der Nebenwirkungen sowie eine Verbesserung der Lebensqualität, [...] angemessen berücksichtigt werden" (§ 35 b).

Als zweite Stufe der Priorisierung sollte über die potentielle Bevorzugung von Gesundheitsleistungen gegenüber alternativen Handlungsmöglichkeiten entschieden werden. Dabei sind wiederum drei Kriterien ausschlaggebend. An anderer Stelle (Porzsolt, Bonnot de O. Costa, Thomaz 2009) wurde diskutiert, wie 1. die Validität wissenschaftlicher Berichte, 2. die Effektivität der Gesundheitsleistungen und 3. deren Kosten gegeneinander abgewogen werden können. Dieser Entscheidungsbaum ist in Abb. 30 dargestellt.

Wenn in der ersten Stufe über den Versorgungsbedarf entschieden wurde und in der zweiten Stufe die Gewährung dieser Leistung mit alternativen Versorgungsmöglichkeiten abgeglichen wurde, ist als dritte Stufe zu klären, ob das Versorgungsangebot vom Patienten erwünscht ist. In einer Patienten-Arzt-Beziehung, die das nicht handelbare Gut der Gesundheit zum Gegenstand hat, spielen Patientenpräferenzen eine Rolle. Compliance, Zufriedenheit und letztendlich der Heilungserfolg hängen eng mit den Wünschen der Patienten zusammen.

Abb. 30: Anleitung zur strategischen Entwicklung einer Entscheidung über die Anwendung von Gesundheitsleistungen bei verschiedenen Handlungsmöglichkeiten zur Lösung desselben klinischen Problems. Effektivität ist im Sinne der effectiveness zu verstehen, d. h. der Wirksamkeit unter Alltagsbedingungen; sie kann aber häufig nur abgeschätzt werden, weil in klinischen Studien die Wirkung unter idealisierten Bedingungen (efficacy) gemessen wird. Wenn Daten zum Nutzen aus der Sicht des Patienten vorliegen, sollten diese – unter Berücksichtigung der Validität – in die Bewertung einbezogen werden.

Das bedeutet aber gerade nicht, dass wenig zielführende Lösungen in Diagnostik und Therapie dem Patienten auf Wunsch angeboten werden. Vielmehr sind transparent in den Stufen 1 und 2 die Versorgungsmöglichkeiten vorzustellen und in ihrer Sinnhaftigkeit zu bewerten. Nur sinnvolle Handlungsoptionen dürfen dann auch auf ihre Patientenpräferenz hin geprüft werden. Die Rationale der ersten beiden Stufen ist im Sinne der Autonomiestärkung der Patienten offen zu legen, eventuell präferierte wirkungslose Scheintherapien scheiden schon auf diesen Stufen aus. Im Sinne der Verteilungsgerechtigkeit erscheint das Anbieten wirkungsloser Optionen medizinethisch inkorrekt. An dieser Stelle ist auf das Problem und die Unschärfe der Terminologie hinzuweisen. „Effektivität" (effectiveness) wird hier als Sammelbegriff verwendet, der sowohl Effekte beschreibt, die unter den idealisierten, aber artifiziellen Bedingungen einer randomisierten Studie erhoben wurden (englisch: efficacy, deutsch: Wirkung), wie auch Effekte, die unter Alltagsbedingungen (englisch: effectiveness; deutsch: Wirksamkeit) erhoben wurden. Diese Unterscheidung scheint sich zwar durchzusetzen, wird aber immer noch nicht durchgehend angewandt. An dieser Stelle möchten wir betonen, dass nach unserem Verständnis „Wirkung" und „Wirksamkeit" keine Synonyma für „Nutzen" sind. Die Wirkung lässt sich, umgangssprachlich ausgedrückt, weitgehend „objektiv" messen, indem sie z. B. falsifizierbar ist. Bei der Beschreibung der Wirksamkeit unter Alltagsbedingungen ist die „objektive" Messung bereits problematischer. Nutzen ist in keinem Fall „objektivierbar", d. h. Nutzen kann nicht falsifiziert werden, weil Nutzen von individuellen Wertvorstellungen abhängig ist. Für eine gerechte Gesundheitsversorgung werden aber Aussagen zur Wirkung, zur Wirksamkeit und zum Nutzen benötigt (Porzsolt, Pressel, Maute-Stephan et al. 2009).

BEWERTUNG VON GESUNDHEITSLEISTUNGEN DURCH GESUNDHEITSÖKONOMEN

Die Priorisierung im Gesundheitssystem kann über verschiedene Wege erfolgen. Allen gemeinsam ist, dass jeweils dem Gesundheitswert einer Maßnahme die Kosten gegenübergestellt werden, die bei ihrer Erbringung entstehen. Der Gesundheitswert einer Maßnahme kann grundsätzlich ein- oder mehrdimensional beschrieben werden.

Die eindimensionale Beschreibung kann über die Effektivität einer Maßnahme in natürlichen Einheiten erfolgen (z. B. Befreiung von Schmerzen, Vermeidung eines Todesfalls, Besserung der Schwerhörigkeit). Dabei wird üblicherweise auf Daten zur Maßnahme unter idealisierten Bedingungen zurückgegriffen. Der Beschreibung liegt in diesen Fällen eine Messung zugrunde, die weitgehend objektivierbar ist. Diese Methodik wird als Kosten-Effektivitäts-Analyse bezeichnet (cost-effectiveness-analysis).

Neben der Messung der Effektivität mit weitgehend objektivierbaren Methoden können Maßnahmen aber auch „subjektiv" mit Geld bewertet werden (Kosten-Nutzen-Analyse; cost-benefit-analysis). Dieser Geldwert wird häufig ermittelt, indem Menschen befragt werden, wie viel sie für den Effekt einer Maßnahme zu zahlen bereit wären. Es sollte beachtet werden, dass die gewonnenen Aussagen eher einer „subjektiven" Bewertung als einer „objektiven" Messung entsprechen. Das bedeutet, dass Effektivität mit zwei unterschiedlichen Methoden ausgedrückt werden kann, einer weitgehend objektivierbaren Messung und einer mehr „subjektiven" Bewertung.

Da die Bewertung von Gesundheit oder Krankheit mit einem Geldwert unter ethischen Aspekten als problematisch angesehen wird (sie kann mit menschlicher Würde kollidieren oder konzeptuell der Idee von Gesundheit als Grundbedingung auf soziale Chancengleichheit widersprechen), wird die Kosten-Nutzen-Analyse weniger propagiert. Dennoch kann gezeigt werden, dass kein Gesundheitssystem auf diese scheinbar unethische Form der Kosten-Nutzen-Analyse verzichten kann. Es kommt auf den Kontext an, in dem diese Form der Analyse angewandt wird.

Die mehrdimensionale Bewertung (nicht Messung) der Effektivität einer Maßnahme erfolgt mit Hilfe eines Index (= kardinale Nutzenfunktion) in einer einheitlichen aber virtuellen Einheit (z. B. quality adjusted life years, QALYs). Diese mehrdimensionale Bewertung der Effektivität wird als Kosten-Nutzwert-Analyse (cost-utility-analysis) bezeichnet.

Um zwei Maßnahmen miteinander zu vergleichen, wird üblicherweise das Verhältnis der Differenzen von Kosten und Effekten berechnet, welches auch als „incremental-cost-effectiveness-ratio" (ICER) bezeichnet wird (ICER = Δ Kosten/Δ Effekte). Da Effekte sowohl gemessen wie auch bewertet werden können, ist darauf zu achten, dass eine ICER entweder auf Messungen oder auf Bewertungen beruhen kann.

Wird davon ausgegangen, dass sich die Effektivität zweier Maßnahmen nicht voneinander unterscheidet (z. B. Entbindung im Krankenhaus oder zu Hause), können auch lediglich die Kosten der Maßnahmen miteinander verglichen werden (Kosten-Minimierungs-Analyse; cost-minimization-analysis).

Ausführliche Beschreibungen der verschiedenen Vorgehensweisen finden sich z. B. bei Drummond et al. (Drummond, Sculpher, Torranace et al. 2005). Erklärungen in deutscher Sprache sind in verschiedenen Versionen verfügbar (Dietrich 2002; Dietrich 2008).

De facto lassen sich Entscheidungen, die auf den genannten Analysen basieren, nicht vermeiden: Jede Gesellschaft muss festlegen, ob der maximale Geldwert, der für eine Gesundheitsleistung eingetauscht wird, zu begrenzen ist. Wenn eine Grenze befürwortet wird, ist diese konkret zu benennen. In Deutschland werden diese Entscheidungen vom Gemeinsamen Bundesausschuss (G-BA) der Ärzte und Krankenkassen getroffen. Der G-BA wird dabei vom Institut für Qualität und Wirtschaftlichkeit im Gesundheitswesen (IQWiG) unterstützt. Dem aufmerksamen Leser wird nicht entgangen sein, dass in Deutschland ein legitimiertes Gremium – der G-BA – die solidarische Finanzierung von Gesundheitsleistungen zurückweisen kann, wenn der dafür aufzubringende, maximal zumutbare Geldwert überschritten wird. Damit kommt dem G-BA die nach unserem Verständnis unumgängliche Aufgabe zu, den maximal zumutbaren Geldwert für Gesundheitsleistungen festzulegen,

d. h. klassische Kosten-Nutzen-Analysen (cost-benefit-analysis) durchzuführen.

VOR- UND NACHTEILE DER EIN- UND MEHRDIMENSIONALEN KONSTRUKTE

Grundsätzlich wird davon ausgegangen, dass mehrdimensionale Konstrukte, wie QALYs, den eindimensionalen überlegen sind, weil unterstellt wird, dass die mehrdimensionalen Nutzeneinheiten indikationsübergreifend miteinander verglichen werden und auch Hierarchisierungen erstellt werden können. Voraussetzung dafür ist allerdings, dass die Konstrukte weit verbreitet sind und einheitlich die gleichen Dimensionen umfassen. Diesen Vorteilen stehen aber eine Reihe von Limitationen und Nachteilen gegenüber.

Für die mehrdimensionale Bewertung stehen verschiedene Konzepte zur Verfügung, z. B. die quality of well being-Skala (QWB), der health utility-Index (HUI) und das Konstrukt der quality adjusted life years (QALYs). Diese Konzepte liefern jedoch keineswegs übereinstimmende Ergebnisse. Es ist unschwer zu erkennen, dass es äußerst problematisch sein kann, z. B. bei Schwerhörigkeit und bei Kniegelenksarthrose, jeweils vergleichbare Schweregrade zu definieren. In einer eigenen Untersuchung haben wir gezeigt, dass die QWB-Skala (erhoben durch Interviewer) sehr stark auf amerikanische Bedürfnisse abgestimmt ist, weil der Aspekt der Mobilität eine sehr dominante Stellung einnimmt; zudem bildet er im Vergleich zu den beiden weit verbreiteten Instrumenten zur Messung der Lebensqualität SF-36 und QLQ-C30 nur den Bereich der optimalen Gesundheit ab und kann weniger optimale Gesundheitszustände kaum erkennen (Porzsolt, Wölpl, Rist et al. 1996). Die von uns validierte Nachbesserung (Hess 2006) der self-administered Version (QWB-SA) zeigte etwas bessere Ergebnisse. Beim HUI ist die Überbewertung physischer Einschränkungen bekannt (Richardson, Zumbo 2000). Während die beiden Instrumente QWB und HUI die minimalen Kriterien zur Messung der Lebensqualität noch erfüllen mögen, lässt sich das für die Ermittlung der Nutzwerte beim QALY-Konzept nicht mehr bestätigen. Beim QALY-Konzept werden die Nutzengewichte durch Rating-Skalen, Time Trade Off, Standard Gamble oder Lebensqualitätsmessungen ermittelt. Bei der Rating-Skala werden z. B. acht verschieden Gesundheitszustände jeweils mit kurzen Sätzen beschrieben; die Bewerter ordnen jedem dieser Zustände einen Wert von 0–1 zu, der dann dem Nutzengewicht entspricht. Beim Time Trade Off werden die Bewerter gefragt, wie viele Jahre ihres Lebens (mit eingeschränkter Lebensqualität) sie bereit sind aufzugeben, um dafür ein Leben in optimaler Lebensqualität zu erhalten. Beim Standard Gamble werden die Befragten nach einer Erfolgswahrscheinlichkeiten einer Therapie befragt, die bei Versagen unweigerlich zum Tode führt. Nahezu jeder Befragte wird eine Therapie akzeptieren, die in $n = 90\%$ der Fälle zum Erfolg und lediglich in $1-n$ ($= 10\%$) der Fälle zum Tode führt; gleichermaßen würde nahezu jeder eine Therapie ablehnen, die in 90 % der Fälle zum Tode und nur in 1 – n (= 10 %) der Fälle zum Erfolg führt. Gesucht wird jetzt jene Wahrscheinlichkeit n, bei der die Abwägung zwischen Akzeptanz und Ablehnung umschlägt, d. h. der Punkt der Unentschlossenheit. Dieser Punkt beschreibt das Nutzengewicht. Da es sich bei den mehrdimensionalen Konstrukten immer um eine Bewertung handelt, ist zudem der Standpunkt des Bewerters vorab festzulegen. Alternativ können mehrdimensionale Lebensqualitätserhebungen auch in Nutzwerte transformiert werden. Hierbei wird auf validierte Tabellen zurückgegriffen, denen z. B. die Nutzwerte, die bestimmten EQ-5D-Profilen entsprechen, entnommen werden können.

Wenn allerdings die stringenten Regeln, die für die Messung der gesundheitsbezogenen Lebensqualität/health-related Quality of Life (gLQ/hrQoL) gefordert werden (Porzsolt, Brähler, Clouth et al. 2008), nicht eingehalten werden, was für die meisten Methoden zutrifft, die zur Berechnung der QALYs verwendet werden, sollte nicht von einer weitgehend objektivierbaren Messung der gLQ, sondern von einer mehr subjektiven Bewertung von Gesundheitszuständen gesprochen werden.

ÖKONOMEN UND ÄRZTE ENTSCHEIDEN BUDGET-BEZOGEN

Niemand käme auf die Idee, einem Arzt die Anwendung einer Rating-Skala oder eines Time Trade Off oder Standard Gamble für Entscheidungen zu empfehlen, die im Rahmen der Prävention, Diagnostik oder Therapie zu treffen sind. Diese Methoden sind aber zweifellos für Entscheidungen geeignet, die Ökonomen zu treffen haben.

Ein möglicher Grund, weshalb identische Methoden nicht für unterschiedliche Entscheidungsbereiche anwendbar sind, mag daran liegen, dass sich die Perspektiven unterscheiden. Jeder orientiert seine Entscheidungen üblicherweise an dem Budget, das ihm zur Verfügung steht. Entscheidungen, die außerhalb des Budgets einer Person liegen, werden selten in Erwägung gezogen, d. h. wir treffen „budget-related-decisions" (BRDs). Das bedeutet, dass jeder Entscheidungsträger Alternativen berücksichtigt, die innerhalb seiner Budgetverantwortung liegen. Es versteht sich von selbst, dass sich die Budgetverantwortung eines Abteilungsleiters oder Praxisinhabers von der Budgetverantwortung des Direktors eines Klinikums oder einer Praxisgemeinschaft unterscheidet.

Wenn dieses Konzept der BRDs allgemein gilt, kann in vielen Fällen die Frage gestellt werden, ob der Vergleich zweier Gesundheitsleistungen aus ärztlicher Sicht überhaupt nur sinnvoll ist, wenn beide Gesundheitsleistungen aus demselben ärztlichen Budget zu finanzieren sind, d. h. miteinander konkurrieren. Die Ausgaben für die Diagnostik von Helicobacter pylori und die Ausgaben für Gastroskopien, die beide vom Gastroenterologen zu budgetieren sind, werden miteinander konkurrieren. Wenn zu entscheiden ist, ob in der Inneren Medizin neue Gastroskope oder in der Augenklinik neue Augenspiegel angeschafft werden, können diese Entscheidungen getrennt und budgetbezogen in jeder der beiden Kliniken getroffen werden, wobei die Opportunitätskosten in beiden Kliniken jeweils anders sein werden.

Die Entscheidung Gastroskope oder Augenspiegel zu kaufen, kann aber auch zentral getroffen werden. Der ärztliche Direktor des Klinikums kann innerhalb seines Budgets, aber dann außerhalb der Budgetverantwortung der beiden Klinikchefs entscheiden. Die Opportunitätskosten, die bei seiner Entscheidung berücksichtigt werden, werden sich von den Opportunitätskosten unterscheiden, die jeder der Klinikchefs berücksichtigen würde. Der ärztliche Direktor des Klinikums wird nicht nur indikationsübergreifend, wie die beiden Klinikchefs, sondern auch fächerübergreifend oder sektorübergreifend (ambulant/stationär) zu entscheiden haben. Der kaufmännische Direktor hat auch Handlungsalternativen außerhalb der direkten Krankenversorgung, z. B. den Kostenvoranschlag für die neue Heizung, in seine Entscheidung einzubeziehen. Dennoch wird auch er, ebenso wie die Mediziner, auf dem Boden von „BRDs" entscheiden und die Angemessenheit einer Entscheidung ist an der Budgetverantwortung des Entscheiders zu messen.

Für den G-BA bedeutet das, dass er sehr wohl die solidarische Finanzierung einer Gesundheitsleistung generell ablehnen kann. Eine Ablehnung für eine bestimmte Indikation oder eine Ablehnung in einer individuellen Situation würde allerdings mit der Budgetverantwortung nicht übereinstimmen. Diese krankheitsspezifische Entscheidung sollte dem Entscheider übertragen werden, in dessen Budgetverantwortung diese Entscheidung fällt.

ÄRZTLICHE BEITRÄGE ZUR LÖSUNG DER PROBLEME IN DER GESUNDHEITSVERSORGUNG

Auf Grund dieser Überlegungen wird klar, dass sinnvolle Entscheidungen im Gesundheitssystem an vier Kriterien orientiert werden sollten: an der Budgetverantwortung, der Priorisierung, der Verteilungsgerechtigkeit und der Komplexität der Entscheidung. Wenn diese Orientierung an einigen Stellen eine Änderung der Rahmenbedingungen erfordern würde, sollten zunächst andere, ebenfalls zielführende Konzepte, die einfacher zu realisieren sind, bedacht werden.

- ▶ Unser Vorschlag sieht vor, die Entscheidungsbefugnis im Gesundheitssystem an die übertragene Budgetverantwortung zu koppeln. Das beinhaltet, dass haftet, wer handelt.
- ▶ Diese budgetbezogene Entscheidungsbefugnis wird auf Grund einer nachgewiesenen professionellen Qualifizierung erteilt und weist

das Recht der Priorisierung innerhalb des eigenen Budgets aus. Der Handlungsspielraum ist durch das Budget limitiert. Im Notfall wird das Recht der Priorisierung dem zuerkannt, der die Verantwortung übernommen hat. Der Einfluss anderer Partner des Systems auf die Priorisierung orientiert sich an der Haftung, die diese zu übernehmen bereit sind.
- Die Verteilungsgerechtigkeit kann nur unter Beachtung ethischer Aspekte und wertebezogener Handlungsspielräume hergestellt werden. Theoretische Konzepte, die medizinethische Aspekte nicht berücksichtigen, sind für die Anwendung in der Praxis zu realitätsfern.
- Ebenso sind Konzepte, welche die Komplexität der Entscheidungsfindung nicht abbilden, für die Umsetzung in der Praxis nicht geeignet.

Wenn diese vier Kriterien allgemein akzeptiert werden, lassen sich die Entscheidungskompetenzen im Gesundheitssystem einfach und klar zuordnen: Unter diesen Voraussetzungen hätte die Politik lediglich zwei Entscheidungen zu treffen. Zum einen ist das Budget zu definieren, das jedem der entscheidungsberechtigten Ärzte zuerkannt wird. Zweitens ist über die Effizienz der angebotenen Gesundheitsleistungen zu entscheiden. Das bedeutet, dass die Politik die Verhältnismäßigkeit der beschriebenen Effekte gegen den monetären Gegenwert abzuwägen hat, welcher der Solidargemeinschaft für diese Gesundheitsleistung abgefordert wird. Zur Abwägung dieser Verhältnismäßigkeit hat eine Projektgruppe des Gesundheitsforums Baden-Württemberg vorgeschlagen, Daten zur Wirkung der Gesundheitsleistung unter Idealbedingungen (efficacy), zu den Kosten (costs), zur Wirksamkeit unter Alltagsbedingungen aus der Sicht des Leistungserbringers (effectiveness – view of health care provider) und zur Wirksamkeit unter Alltagsbedingungen aus der Sicht des Leistungsnehmers (effectiveness – view of health care user) zu erheben (Porzsolt, Pressel, Maute-Stephan et al. 2010).

Wenn die vier genannten Kriterien akzeptiert werden, wird auch die Rolle der Ärztin/des Arztes deutlich. Sie bzw. er ist vor Ort alleine entscheidungsbefugt, weil sie/er die Verantwortung für das Leben und die Gesundheit des Patienten übernimmt. Die Freiheit der Entscheidung ist durch das zugeordnete Budget limitiert. Aus verschiedenen Gründen ist es sinnvoll, bei einer Nichteinhaltung der Budgetgrenzen die erforderlichen Konsequenzen im Einvernehmen mit der ärztlichen Selbstverwaltung zu lösen. Die Übertragung der Entscheidungskompetenz erfordert zunächst ein hohes Maß ärztlicher Professionalität und zusätzlich spezifische Kenntnisse und Informationsmöglichkeiten, die eine gerechte klinisch-ökonomische Gesundheitsversorgung ermöglichen.

Leider werden die Begriffe „Klinische Ökonomik" und „klinisch-ökonomisches Handeln" häufig mit „Gesundheitsökonomie" und „wirtschaftlichem

Handeln" gleichgesetzt. Auf den Punkt gebracht erfordert „Klinische Ökonomik" ein profundes ärztliches Wissen, weil nicht nur Rabatte beim Einkauf von Pillen und Pflastern oder Einsparung beim Personal zu erzielen sind, sondern die Effizienz der Gesundheitsversorgung zu gewährleisten ist. Effizienz bedeutet, jene Maßnahmen auszuwählen, die unter Verwendung der geringsten Ressourcen die vollständigste, schonendste und schnellste Lösung jener Probleme herbeiführen, wegen der der Patient das Gesundheitssystem in Anspruch nimmt. Wenn es um Rabatte und um die Einsparung von Ressourcen geht, sollten wir dem Rat eines Betriebswirts folgen. Bei der Frage, welche Maßnahme und bei welchem Patienten diese indiziert ist, kann der Betriebswirt im günstigsten Fall dazu beitragen, die unzutreffend eingesetzten Maßnahmen und Ressourcen zumindest günstig einzukaufen. Im Klartext: Betriebswirtschaftliche Hilfe ist zwar dringend zu empfehlen, sie wird aber wenig zur effizienten Gesundheitsversorgung beitragen können, wenn der größte Teil der unnötigen Ausgaben auf ärztliche Entscheidungen zurückzuführen ist.

Im Zweifelsfall neigt jeder Arzt dazu, eine Gesundheitsleistung „sicherheitshalber" zu gewähren (siehe Prinzip der „gefühlten Sicherheit"). Auch die Rechtsprechung macht es uns Ärzten nicht leicht, wenn gefordert wird, dass alles Machbare aus Sicherheitsgründen gewährt werden sollte (Hess 2006). Mit dem Argument der Sicherheit lässt sich jedes Gesundheitssystem bis zur Unbezahlbarkeit belasten. Der praktikable Weg, der dieses Problem löst, besteht in der Erhebung von Daten, welche die Erfolgswahrscheinlichkeit einer Intervention (chance to benefit, ctb) beschreiben. Unter den praktisch orientierten Kollegen ist es an der Tagesordnung, die Erfahrung auszutauschen, was unter Alltagsbedingungen „funktioniert" bzw. „nicht funktioniert". In der wissenschaftlichen Literatur wird die „ctb" als prognostischer Indikator zwar seit mehr als 15 Jahren diskutiert, die geeigneten Indikatoren wurden aber bisher noch nicht identifiziert (Porzsolt, Meuret 1992).

Eine der großen Herausforderungen, die wir ab heute aufzugreifen haben, betrifft deshalb die Erkennung jener Subgruppe von Patienten, bei der die Chance, von der angebotenen Therapie zu profitieren, am höchsten ist. Es ist unter den Gesichtspunkten der Benefizienz, der Non-Malefizienz und der Verteilungsgerechtigkeit unethisch und damit auch unprofessionell, auf Gesundheitsleistungen alleine wegen ihrer hohen Kosten generell zu verzichten; ebenso unethisch und unprofessionell wäre es aber auch, diese Gesundheitsleistung bei jedem Patienten einer Indikationsgruppe einzusetzen, weil damit die Finanzierbarkeit des Systems gesprengt wird. Die Herausforderung, der wir uns zu stellen haben, betrifft die Identifizierung jener Patienten, die mit höchster Wahrscheinlichkeit von der angebotenen Therapie profitieren.

Das herauszufinden ist nicht trivial, weil zu bedenken ist, dass bei jeder Erkrankung verschiedene Kategorien von Patienten zu unterscheiden sind: Patienten mit sich selbst limitierender Erkrankung oder mit Erkrankungen, die weder die Lebenserwartung noch die Lebensqualität einschränken. Diese Patienten sollten dringend identifiziert werden, da jede wirksame Therapie mit Risiken verbunden ist und eine Behandlung dieser Patientengruppe möglicherweise mehr schadet als nützt. Benigne verlaufende Prostatakarzinome und sehr wahrscheinlich 20 % aller Mammakarzinome (Porzsolt, Hölzel 2009) sind nur Beispiele potentieller Kandidaten aus der Gruppe maligner Erkrankungen.

Eine zweite Gruppe besteht aus Patienten, deren Lebenserwartung oder Lebensqualität durch eine Therapie potentiell verlängert oder verbessert werden kann. In dieser Gruppe befinden sich Patienten, die von der Therapie zweifellos profitieren und andere, die nicht profitieren. Profitieren bedeutet, dass der durch eine spezifische Therapie generierte Mehrwert höher einzustufen ist als der Mehrwert, der durch jede andere Handlungsmöglichkeit entsteht. Andere Handlungsmöglichkeiten sind entweder keine Therapie oder die beste verfügbare Vergleichstherapie.

Es ist seit vielen Jahren bekannt, dass aus ethischen, medizinischen, biometrischen und ökonomischen Gründen die Notwendigkeit besteht, bei jedem Patienten das Ausgangsrisiko mit validen Kriterien zu beschreiben. Die Information ist notwendig, um in einem sogenannten „explanatorischen trial" bestätigen zu können, dass die Wirkungen zweier Therapien unterschiedlich (oder unter speziellen Bedingungen nicht unterschiedlich) sind.

In Zukunft wird zusätzlich zum Ausgangsrisiko eine zweite, auf validen Kriterien beruhende Kennzahl benötigt werden, nämlich die Chance von einer Therapie zu profitieren (chance to benefit, ctb) (Abb. 30). Die ctb, die nicht durch dieselben Kriterien wie das Ausgangsrisiko definiert ist, ist für Therapieentscheidungen bedeutend, weil es nicht mehr akzeptabel ist, jeden Patienten zu behandeln. Die Ermittlung der ctb wird eine der Aufgaben sogenannter „pragmatischer trials" sein. In diesen trials sind jene Patienten zu identifizieren, die unter Alltagsbedingungen am meisten von einer bestimmten Therapie profitieren (Porzsolt, Eisemann, Habs 2010). Erfahrene Praktiker haben die ctb „immer schon" abgeschätzt, aber bisher nie systematisch dokumentiert. Um konkrete Empfehlungen kommunizieren zu können, ist eine systematische Dokumentation der ctb notwendig.

	1. SUBGRUPPE	2. SUBGRUPPE	3. SUBGRUPPE	4. SUBGRUPPE
Subgruppe	ohne erkennbaren Hinweis auf Benefit durch die Therapie	Kriterien zur Beschreibung der Subgruppe, die von der Therapie kaum profitiert	Kriterien zur Beschreibung der Subgruppe, die eventuell profitiert	Kriterien zur Beschreibung der Subgruppe, die sicher profitiert
P	> 0.05	< 0.05	< 0.05	< 0.05
NNT	∞	im oberen Bereich des 95 % CI	im mittleren Bereich des 95 % CI	im unteren Bereich des 95 % CI
Effizienz der Therapie	kein Hinweis	unwahrscheinlich	unsicher	bestätigt

Abb. 31: Identifizierung der chance to benefit (ctb). Um die Patienten-Subgruppe zu identifizieren, die am wahrscheinlichsten von einer Therapie profitiert, sind zunächst Patientengruppen abzugrenzen, bei welchen mit statistischen Methoden kein Benefit der untersuchten Therapie nachgewiesen werden konnte (1. Subgruppe). Unter den verbleibenden Patienten sind neue Marker zu beschreiben, mit welchen die Gruppen prospektiv unterschieden werden können, die sicher (4. Subgruppe) oder möglicherweise (3. Subgruppe) oder kaum (2. Subgruppe) von der untersuchten Therapie profitieren. Die Bedeutungen von p, NNT und 95 % CI sind im Text erklärt.

Konkrete Beispiele zu diesen Überlegungen wurden im Rahmen einer Dissertationsarbeit (Dissertationsarbeit von Frank Grom, eingereicht bei der Medizinischen Fakultät der Universität Ulm) bei Patienten im septischen Schock berechnet. Dort ist gezeigt, dass ein zusätzlicher Todesfall verhindert werden kann, wenn durchschnittlich 16,4 dieser Patienten mit aktiviertem Protein C behandelt werden. Diese Maßzahl bezeichnet man als NNT (number needed to treat). Die Handlungsalternative besteht im Verzicht auf diese Therapie. Berücksichtigt man die Therapiekosten für einen Patienten in Höhe von 7.400 €, lässt sich errechnen, dass für einen zusätzlichen Therapieerfolg (hier einen verhinderten Todesfall) 16,4 × 7.400 €, also 121.360 € aufzubringen sind. Diese Berechnung beruht auf der Differenz der Kosten für die Handlungsalternative multipliziert mit der NNT. Wir bezeichnen diese Maßzahl als „costs overrun of additional treatment success" (COATS). Sie entspricht einer eindimensionalen ICER (incremental-cost-effectiveness-analysis).

Bei Wiederholung der Untersuchung werden nicht exakt 16,4 Patienten, sondern einige mehr oder weniger behandelt werden müssen, um einen Patienten zu retten. Den Streubereich, in dem 95 % aller Ergebnisse bei Wiederholung der Messung erwartet werden können, bezeichnet man als 95 % confidence interval (95 % CI). In der Studie zum aktivierten Protein C (Bernard, Vincent, Laterre et al. 2001) umfasste das 95 % CI den Bereich von minimal 9,6 Patienten und maximal 55,6 Patienten.

Dieses 95 % CI ist für unsere Überlegungen eine wertvolle Information, weil daraus abgeleitet werden kann, dass ein zusätzlicher Therapieerfolg unter günstigsten Bedingungen 9,6 × 7.400 € = 71.040 € und im ungünstigsten Fall 55,6 × 7.400 € = 411.440 € binden würde. Wenn es gelingt, die Patienten prospektiv zu identifizieren, die sicher von der Therapie profitieren, und wenigstens diesen Patienten das neue Therapieprinzip zukommen zu lassen, wäre die Entscheidung, an der wir alle nicht vorbei kommen, deutlich weniger problematisch. Auch das bedeutet wiederum nicht, dass für die Patienten am ungünstigen Ende des Intervalls keine Therapie angeboten wird, hiergegen spräche schon die dritte Stufe der Priorisierung, die auf Patientenpräferenz setzt, aber die Identifikation der profitierenden und weniger profitierenden Patienten ermöglicht auf den Stufen 1 und 2 die Angabe sinnvoller und gleichwertiger Alternativen, die gegebenenfalls bei gleicher Validität mit geringeren Kosten einhergehen.

Für den Arzt bietet sich der Vorteil, dass mit dem monetären Wert von COATS ein konkreter Gegenwert (z. B. ein gerettetes Leben auf der Intensivstation) verbunden ist, während die QALYs einen virtuellen Wert beschreiben. Im ersten Fall können konkrete Werte gegeneinander abgeschätzt werden; im Fall der QALY-Berechnung wird die „Bewertung" bereits zu einem früheren Zeitpunkt bei der Definition des Nutzenwertes vollzogen. QALYs sind damit weniger transparent als COATS, nehmen die ärztliche Entscheidung vorweg und sind für budgetbezogene Entscheidungen kaum nutzbar.

SYNOPSE

Ärzte beteiligen sich bisher – von wenigen Ausnahmen abgesehen – kaum an der Lösung gesundheitspolitischer Probleme auf dem Gebiet der Ressourcenallokation. Möglicherweise werden Lösungsansätze von den Ärzten kaum vorgeschlagen, weil die Anreize hierfür bisher unzutreffend gesetzt sind.

Dieser Nachholbedarf ist zu reduzieren; die Diskussion über budgetbezogene Entscheidungen im Gesundheitssystem sollte geführt werden. Es sind Methoden zu entwickeln, um die Chance vorhersagen zu können, dass Patienten von einer Therapie profitieren. Die Patienten sind in die Ergebnisbewertung der Gesundheitsversorgung einzubinden. Entscheidungen im Gesundheitssystem sind mit ethischen, medizinischen, biometrischen und ökonomischen Kriterien zu begründen. Letztlich ist der Nutzen von Gesundheitsleistungen anhand der Mehrkosten abzuschätzen, die für einen zusätzlichen, konkreten Behandlungserfolg aufgebracht werden müssen. Ökonomen mögen dafür andere Methoden als Ärzte anwenden; sie haben aber auch andere Teilaspekte des gemeinsamen Problems zu lösen.

Wir sind hier nur auf die unterschiedliche Sichtweise von Ärzten und Ökonomen eingegangen und haben die Rolle anderer Partner im Gesundheitssystem nicht einbezogen. Wir sind uns aber auch bewusst, dass die angesprochenen Themen nur andiskutiert werden konnten. Dennoch glauben wir, die Unterschiede zwischen ärztlicher und ökonomischer Sicht hinreichend zu skizzieren. Die Umsetzbarkeit der skizzierten Ideen wird vom Erfolg zweier Aktionen abhängen: Gesunde und kranke Bürger müssen eingebunden werden, um die Steigerung einer effizienten Gesundheitsversorgung zu ihrer eigenen Sache zu machen. Angemessene Anreize sind zu setzen, um die Zielorientierung aller Beteiligten zu fokussieren.

Konstruktive Beiträge lassen sich an der Polarität der Frage erkennen, ob das Gesundheitssystem etwas für den Einzelnen oder der Einzelne etwas für das System tun kann. Wenn wir uns einig sind, dass Freizeit, Bildung, Kultur und Sicherheit ebenso bedeutend sind wie Gesundheit, sollten wir aufhören, die genannten Werte zugunsten einer ineffizienten Gesundheitsversorgung zu reduzieren.

4.4.2.2 Die Bewertung des Nutzens komplexer Systeme

Die zunehmende Bedeutung wirtschaftlicher Aspekte hat im Gesundheitssystem dazu beigetragen, dass neben den Prinzipien der erwünschten Wirkung bzw. Wirksamkeit und den unerwünschten Wirkungen der Nachweis des Nutzens gefordert wird. Bisher gibt es keine allgemein akzeptierte Methode, um den Nutzen von Gesundheitsleistungen nachzuweisen. Das am häufigsten angewandte Konzept beruht auf dem Produkt von Lebensjahren und der durchschnittlichen Lebensqualität, den qualitätsbezogenen Lebensjahren (quality adjusted life years, QALYs). Dieses Konzept bietet zweifellos aus Sicht der Ökonomie interessante Vorteile, erfordert aber aus Sicht der Medizin verschiedene idealisierende Annahmen und Abstraktionen, welche die Anwendbarkeit in der täglichen Praxis problematisch erscheinen lassen. Der wohl umstrittenste Punkt betrifft die Bewertung einer Gesundheitsleistung, die beim QALY-Konzept nicht dem Entscheidungsträger überlassen bleibt, sondern bereits in der Berechnung des Ergebnisses enthalten ist und bei der Entwicklung des Messinstruments entweder von Betroffenen oder von Unabhängigen vorgenommen wird.

Eine Projektgruppe des Gesundheitsforums Baden-Württemberg hat kürzlich eine Methode zur Bewertung des Nutzens von Arzneimitteln entwickelt und publiziert. Hier wird geprüft, ob sich diese Methode auch zur Bewertung des Nutzens komplexer Systeme anwenden lässt.

Die Bewertung des Nutzens komplexer Systeme setzt voraus, dass alle bedeutenden Faktoren, welche das beobachtete Ergebnis beeinflussen, auch erfasst werden. Im Fall einer neuen Ausstattung eines Operationssaals, bei der verschiedene Einheiten zu einem neuen System zusammengefügt werden (Abb. 32), können die erzielten Effekte dieses neuen Systems mit den Effekten eines früher verwendeten Systems wegen der großen Zahl möglicher Variablen nicht unter idealen Studienbedingungen verglichen werden.

Eine ökonomische Bewertung des neuen Systems ist nur sinnvoll, wenn der Nutzen und die Kosten, die durch dieses neue System entstehen, im Vergleich zum Nutzen und den Kosten dargestellt werden können, die durch das alternativ verwendbare System entstehen. Dazu sind zunächst die Methoden einschließlich der Dimensionen zu beschreiben, mit welchen die Kosten und der Nutzen der alternativen Handlungsmöglichkeiten, hier der beiden verglichenen Systeme, dargestellt werden können (siehe auch Einführung zu Kapitel 4).

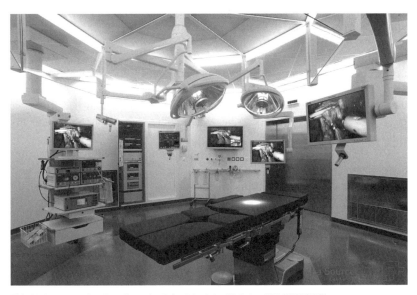

Abb. 32: Ausstattung eines Operationssaals mit dem Integrierten OP-System KARL STORZ OR 1™.
© KARL STORZ GMBH & Co. KG, D-78532.

4.4.2.2.a Grundlagen

Nach unserem Verständnis des Nutzens lassen sich direkt nur der wahrgenommene Nutzen oder die Risiken messen, durch deren Reduktion Nutzen entsteht. Der wahrgenommene Nutzen kann – analog zur „gefühlten Sicherheit" – mit aufwändigen psychometrischen Methoden (Fragebögen) in einzelnen Dimensionen abgebildet und quantifiziert werden. Der gestiftete Nutzen, der von verschiedenen externen Betrachtern aus unterschiedlichen Perspektiven gesehen wird, ist nur über die Reduktion von Risiken messbar, die durch die Messung der Wirkung (efficacy), der Wirksamkeit (effectiveness) und des Wertes (value) möglich ist.

In komplexen Systemen lässt sich aber der Nachweis der Wirkung nicht erbringen, wohl aber der Nachweis der Wirksamkeit unter Alltagsbedingungen aus Sicht des Leistungserbringers (effectiveness) und der Nachweis des Wertes aus der Sicht des Leistungsnehmers (value). Aus diesen beiden Größen, Wirksamkeit und Wert, lässt sich der Nutzen durch ein nicht formales Verfahren abschätzen. Die Kosten werden in monetären Einheiten ausgedrückt und können in Relation zum abgeleiteten Nutzen als Kosten-Nutzen-Relation dargestellt werden.

Innerhalb dieses vorgegebenen Rahmens bleibt zu definieren, wie die Wirksamkeit und der Wert eines komplexen Systems gemessen werden können. Unter der Annahme, dass diese Effekte durch verschiedene Faktoren ausgedrückt werden, sollten sich diese Wirksamkeits-Faktoren letztlich in einer einzelnen, globalen Dimension beschreiben lassen. Dazu nehmen wir an, dass die optimale Wirksamkeit eines komplexen Systems erreicht wird, wenn die Erwartungen des Leistungserbringers an das System erfüllt werden, d. h. wenn der Leistungserbringer keine Dimension benennt, in welcher das System verbessert werden sollte. Man könnte diesen Zustand auch als Zufriedenheit der Leistungserbringer (satisfaction) bezeichnen; die Dimensionen des Systems sollten definiert werden.

Aus Sicht der Leistungsnehmer ist es nicht sinnvoll, die Zufriedenheit mit dem System zu messen, weil Leistungsnehmer das System – wenn überhaupt – lediglich in der Phase der Krankenhauswahl zur Kenntnis nehmen. Deshalb könnte die Wahrnehmung des neuen Systems durch den Patienten (awareness) und evtl. die dadurch vermittelte „gefühlte Sicherheit" als Hypothese in eine Nutzenbewertung komplexer Systeme aufgenommen werden. Auf der Grundlage dieser Überlegungen wird für die Nutzenbewertung komplexer Systeme das in Tab. 22 dargestellte Raster vorgeschlagen.

	WIRKUNG	KOSTEN	WIRKSAMKEIT	WERT	NUTZEN
Perspektive des/der	Biostatistiker	Ökonom	Leistungserbringer	Leistungsnehmer	Gesellschaft
Expertise	präklinischer Experte	präklinischer Experte	klinischer Experte	klinischer Experte	Entscheidungsträger
Handlungsalternative	verglichenes System	Opportunitätskosten	Erfahrung d. Leistungserbringers	Erfahrung d. Leistungsnehmers	verglichenes System
Endpunkte	Funktionen der Systeme	Kosten des Systems	Zufriedenheit mit Struktur-, Prozess- & Ergebnisqualität	wahrgenommene Ergebnisse	$ICER_{Wirksamkeit}$ und $ICER_{Wert}$
Setting	ideale Studienbedingung	Alltagsbedingungen der täglichen Praxis			
Evaluationskriterien	Evaluation nicht möglich	Aussagen lassen sich nur unter Alltagsbedingungen aber nicht unter idealen experimentellen Bedingungen prüfen			

Tab. 22: Vorschlag zur Bewertung des Nutzens komplexer Systeme in der Gesundheitsversorgung.

Die Wirkung (efficacy, gemessen unter den idealen Bedingungen einer Studie), kann nicht unter den idealen Bedingungen einer klinischen Studie erhoben werden. Deshalb beruht die Bewertung des Nutzen komplexer Systeme lediglich auf Daten zur Wirksamkeit (aus Sicht des Leistungserbringers) und zum Wert (aus Sicht des Leistungsnehmers). Zur Abschätzung der Kosten-Nutzen-Relation können inkrementelle Analysen zur Wirksamkeit ($ICER_{Wirksamkeit}$) und zum Wert ($ICER_{Wert}$) durchgeführt werden.

4.4.2.2.b Komponenten des Rasters zur Bewertung des Nutzens komplexer Systeme

WIRKUNG (EFFICACY) EINES KOMPLEXEN SYSTEMS AUS DER SICHT DES BIOSTATISTIKERS

Da die Wirkung aus Sicht des Biostatistikers unter den idealen – aber artifiziellen – Bedingungen einer klinischen Studie gemessen wird, ist diese Dimension der Nutzenbewertung für komplexe Systeme wenig geeignet, weil sich komplexe Systeme wie Operationssäle auf Grund der Menge der schwer kontrollierbaren Variablen kaum untereinander vergleichen lassen. Deshalb empfehlen wir, bei der Bewertung komplexer Systeme auf Messungen unter den idealisierten Bedingungen (im Gegensatz zur Messung unter Alltagsbedingungen) zu verzichten.

KOSTEN (COSTS) EINES KOMPLEXEN SYSTEMS AUS DER SICHT DES ÖKONOMEN

Die Ermittlung der Kosten komplexer Systeme unterscheidet sich von der Ermittlung der Kosten diagnostischer oder therapeutischer Maßnahmen durch das Setting. Während die Kosten bei den letztgenannten Leistungen meist unter den Idealbedingungen einer Studie erhoben werden, werden die Kosten komplexer Systeme aus Gründen der Praktikabilität unter Alltagbedingungen erhoben. Zusätzlich zu den Kosten für die Anschaffung sind die Kosten für den Unterhalt eines komplexen Systems und die anfallenden personellen Kosten zu berechnen.

WIRKSAMKEIT (EFFECTIVENESS) EINES KOMPLEXEN SYSTEMS AUS DER SICHT DES LEISTUNGSERBRINGERS

Bei einer geplanten Analyse komplexer Systeme ist zunächst die Vergleichbarkeit der Systeme zu bestätigen. Im Falle von Operationssälen sollten der Case Mix der versorgten Krankheitsbilder ähnlich sein. Wenn bei diesem Vergleich die Rahmenbedingungen konstant gehalten werden (z. B. identischen Teams bei einem prä-post-Vergleich der intra- und perioperativen Versorgung und bei stabiler Phase der Lernkurve), können Mängel vermieden oder Verbesserungen erzielt werden, die sehr wahrscheinlich durch das neue System bedingt sind. Es ist zu erwarten, dass diese erwünschten Effekte die Versorgungsqualität der Leistungsnehmer verbessern und die Zufriedenheit der Leistungserbringer steigern.

Somit lässt sich die Wirksamkeit eines komplexen Systems durch die Vermeidung von zeitlichen, personellen, räumlichen und technischen Mängeln und durch deren Verbesserungen in den drei Ebenen der Struktur-, Prozess- und Ergebnisqualität ausdrücken. Zur Strukturqualität zählen Mängel oder Probleme wie unzureichende zeitliche, räumliche, personelle oder technische Ausstattungen oder Vorgaben, aber auch Vorteile wie die Attraktivität des Arbeitsplatzes. Zur Prozessqualität zählen Mängel oder Probleme der Abläufe (z. B. Bedienungsprobleme, administrativer Aufwand, erforderliche Erfahrung im Umgang mit dem System/Einarbeitungszeit sowie die Einhaltung der zeitlichen, räumlichen, personellen und technischen Vorgaben). Im Gegensatz zur Struktur- und Prozessqualität kann die Ergebnisqualität häufig nur bewertet werden, wenn die angestrebten Ziele vorab explizit definiert wurden. Obwohl das primäre Interesse einer möglichen Verbesserung der Patientenversorgung (z. B. Reduktion der Komplikationsrate der Patienten und der Zufriedenheit der Ärzte) gelten sollte, werden diese Verbesserungen nur selten nachzuweisen sein. Häufiger wird es gelingen, die erwähnten Verbesserungen auf der Struktur- und Prozessebene nachzuweisen, die sekundär sehr wohl zu einer Verbesserung der Patientenversorgung führen können.

WERT (VALUE) EINES KOMPLEXEN SYSTEMS AUS DER SICHT DES LEISTUNGSNEHMERS

Da in komplexen Systemen nicht alle denkbaren Einflussfaktoren mit vertretbarem Aufwand gemessen werden können, kann es sinnvoll sein, am Ende eines Versorgungsabschnitts (z. B. bei stationärer Entlassung), eine globale Bewertung der Versorgungszufriedenheit durch die Patienten vorzunehmen, um mögliche indirekte Effekte zu erfassen.

NUTZEN (BENEFIT) EINES KOMPLEXEN SYSTEMS AUS DER SICHT DER GESELLSCHAFT

Da der Nutzen nicht direkt messbar ist, ist zunächst zu klären, ob der von einer einzelnen Person oder von einer Gruppe wahrgenommene Nutzen mit psychometrischen Methoden gemessen werden soll oder aus Sicht einer Gruppe oder der Gesellschaft von einem legitimierten Gremium auf dem Boden messbarer Ergebnisse abgeschätzt werden soll. Im ersten Fall sind Fragebögen zu entwickeln, die für die jeweilige Situation spezifisch sind. Im zweiten Fall werden die verfügbaren Ergebnisse der beiden Dimensionen Wirksamkeit und Wert zur Abschätzung des resultierenden Nutzens vorgelegt. Diese Abschätzungen erfolgen durch ein nicht-formales Verfahren. Sie werden nur für die Bereiche Gültigkeit beanspruchen können, für die sie legitimiert sind. Da die Kosten des Systems bekannt sind, lässt sich der monetäre Gegenwert des neuen Systems im Sinne einer cost-benefit-analysis durch die maximal akzeptierten Kosten abschätzen.

4.4.2.2.c Zusammenfassung

Der Nutzen, der durch neue komplexe Systeme, vorwiegend durch moderne IT, erwartet wird, kann für einzelne Bereiche benannt werden, wurde aber bisher noch nicht systematisch erfasst. Um eine Bewertung des gesamten Systems vornehmen zu können, ist eine Strategie zu entwickeln.

Das vorliegende Konzept beruht auf einer Strategie, die entwickelt wurde, um den von Gesetzgeber geforderten Nachweis des Patientennutzens einer Arzneimitteltherapie zu erbringen. Diese Strategie wurde auf komplexe Systeme, z. B. die Bewertung des Nutzens eines modern ausgestatteten Operationssaals, adaptiert. Dabei zeigte sich zum einen, dass sich nicht alle Kriterien der Nutzenbewertung von Arzneimitteln auf komplexe Systeme übertragen lassen. Weiterhin wurde deutlich, dass die Wirksamkeit eines komplexen Systems unter Alltagsbedingungen in den Ebenen der Struktur-, Prozess- und Ergebnisqualität zu erfassen ist und dort jeweils die Lösung oder das Auftreten zeitlicher, räumlicher, personeller oder technischer Probleme anzeigen kann.

Zur Validierung des vorgeschlagenen Konzeptes sollten die in neu eingerichteten Operationssälen arbeitenden Teams von einer „benefit assessment group" begleitet werden, um vor Ort die Kriterien zu erfassen, mit welchen sich der Nutzen komplexer Systeme nachweisen lässt.

Weiterführende Aspekte zum Nutzen betreffen die Vermittlung von „gefühlter Sicherheit", die Grundlage des Vertrauens ist, das sich für jede Form der Entscheidung – auch für Kaufentscheidungen – entwickeln muss. Da bei vielen Formen einer Risikoreduktion ein Gewinn an „gefühlter Sicherheit" auftreten wird, kommt der sorgfältigen Dokumentation reduzierter Risiken eine besondere Bedeutung zu.

Aus Sicht der Leistungsnehmer ist zu bedenken, dass die technische Ausstattung eines Krankenhauses vorwiegend in den Wartebereichen und den Krankenzimmern (Patientenbett und zugehörige Funktionseinheiten) wahrgenommen wird.

4.4.2.3 Die Bewertung von Behandlungspfaden
CHRISTOPH SCHLICHER & FRANZ PORZSOLT

Im Mai 2011 musste die CITY BKK als erste gesetzliche Krankenkasse ihre Schließung zum 1. Juli 2011 bekannt geben, weil sie die vom Gesetzgeber geforderte Leistungsfähigkeit einer Krankenkasse nach §153 Satz 1 SGB V nicht mehr gewährleisten konnte (City BKK 2011). Diese Forderung beinhaltet den Nachweis der Wirtschaftlichkeit von Selektivverträgen (§53 Abs. 9 SGB V in Verbindung mit §53 Abs. 3 SGB V) und den Nachweis der Wirtschaftlichkeit von medizinischen Interventionen (§91 Abs. 3 sowie §92 Abs. 1 in Verbindung mit §2 Abs. 5 SGB V).

Im Rahmen von Selektivverträgen muss geklärt sein, in welcher Form die in Frage kommenden Versicherten in die Kooperation einbezogen werden sollen. Die Teilnahme an angebotenen Verträgen ist für die Versicherten immer freiwillig. Als Anreiz wird zu Beginn eine Informations- und Aufklärungskampagne stehen, in welcher der Patientennutzen für die potentiell einschreibungswilligen Versicherten dargestellt wird. Dabei handelt es sich um Rabatte und/oder Gratis-Leistungen, wie monetäre Boni, den Erlass der Praxisgebühr oder aber auch qualitative Angebote, wie besondere Behandlungsmöglichkeiten, Schulungen zur Erkrankung oder auch die Inanspruchnahme eines Patienten-Coach.

Bedeutender als diese Bonusangebote ist für den Versicherten der individuelle Patientennutzen, der sich in der Verbesserung seines Gesundheitszustandes wiederspiegelt, z. B. der Besserung von Atembeschwerden eines Patienten mit Herzinsuffizienz.

Innerhalb von Selektivverträgen dienen als Basis der Therapieempfehlungen bestehende Leit- und Richtlinien anerkannter Fachgesellschaften. Diese wiederum können als Grundlage für netzinterne Behandlungspfade dienen.

Bereits heute bedient sich eine Vielzahl von Ärztenetzen und sonstigen Einrichtungen, wie der medizinischen Versorgungszentren (MVZ), zumindest in der Theorie des Einsatzes von Behandlungspfaden im Zusammenhang mit der Versorgung bestimmter Indikationsbereiche. Allerdings sei darauf hingewiesen, dass in vielen Fällen zwar ein oder mehrere Behandlungspfade vorliegen, diese aber in der Praxis kaum zur Anwendung kommen. In der Diskussion mit relevanten Akteuren wird klar, dass Wunsch und Wille zur Umsetzung der bestehenden Behandlungspfade durchaus vorhanden sind, die Umsetzung jedoch regelhaft an der mangelnden Praktikabilität im Praxisalltag scheitert.

Daher ist von Behandlungspfaden zu fordern, dass diese zumindest den Arbeitsalltag des Leistungserbringers und/oder der gesamten Praxis erleichtern und nicht durch administrative Hürden wie die wiederholte Eingabe identischer Daten die Arbeitsbelastung steigern.

Unter Berücksichtigung der beteiligten Gruppen werden die Behandlungspfade eingesetzt, um neben dem Patientennutzen die spezifischen Ziele der Beteiligten zu erreichen (Tab. 23).

✔ uneingeschränkt zutreffendes Kriterium ✓ eingeschränkt zutreffendes Kriterium	Leistungserbringer	Kostenträger	Patient	Sonstige (Industrie)
ZIEL				
Prozessverbesserung	✔	✔	✔	
Qualitätssteigerung	✔	✔	✔	
Kostensteuerung	✓	✔		
Herstellung von Transparenz	✔	✔		
Optimierung der Dokumentation	✔	✔		
Bürokratieabbau	✔	✓	✓	
Steigerung der Patientenzufriedenheit	✔	✔	✔	✔
Optimierung des Marketings	✔	✔		✔
Effizientes Arzneimittelmanagement	✓	✔		✓
Einsatz neuer Therapieformen	✔	✔	✔	✓

	uneingeschränkt zutreffendes Kriterium ✓ eingeschränkt zutreffendes Kriterium	Leistungs-erbringer	Kostenträger	Patient	Sonstige (Industrie)
ZIEL					
Vergütungsoptimierung		✓	✓		
Verringerung von Schnittstellenproblematiken intra- und intersektoral		✓	✓	✓	

Tab. 23: Ziele, die von den Partnern des Gesundheitssystems angestrebt werden.

Beispiele zur Umsetzung des Nachweises der Zielerreichung sind der Nachweis der reduzierten Krankenhauseinweisungen, eine Reduktion der Mortalität oder aber auch eine Senkung der Behandlungskosten, beziehungsweise aus Sicht der Kostenträger das Erreichen eines günstigeren Deckungsbeitrags des jeweils in einen Behandlungspfad eingeschriebenen Versicherten. Den Nutzen für den Kostenträger, den Leistungserbringer oder die Industrie zu belegen, ist anhand der dargestellten Kriterien unproblematisch. Wesentlich problematischer ist hingegen die Beurteilung, ob ein Behandlungspfad tatsächlich zur Verbesserung des Versorgungsergebnisses des Versicherten führt. Dies kann zumindest jetzt meist nicht begründet werden, weil die Evaluation des Patientennutzens nicht durchgeführt wird.

So kann auch nicht ausgeschlossen werden, dass ein Behandlungspfad nur bei bestimmten Subgruppen angewandt wird, z. B. bei gesünderen Patienten. Die Erreichung des eigentlichen Zieles eines Behandlungspfades, die Verbesserung des Versorgungsergebnisses, wäre allerdings durchaus messbar.

Deswegen wurden Überlegungen angestellt, um hierfür Kriterien zu definieren:

- ▶ Als höchstes Ziel (Stufe 1) ist die Verbesserung des angestrebten Versorgungsergebnisses, d. h. die Lösung eines konkreten Gesundheitsproblems, anzusehen. Ist dieses Ziel durch Anwendung eines Behandlungspfades nicht erreichbar oder nicht messbar,
- ▶ ist als nächste Stufe (Stufe 2) ein Qualitätsindikator einzufordern, der belegt, dass ein Behandlungspfad über funktionierende Strukturen verfügt, die zur Verbesserung der Versorgung beitragen. Hierbei ist ein zuverlässiger Nachweis über die Funktionsfähigkeit dieser Strukturen einzufordern.
- ▶ Kann auch dieser Qualitätsnachweis nicht erbracht werden, gilt es, in Stufe 3 zumindest den Nachweis über das Vorhandensein

entsprechender Strukturen zu führen, ohne die in Stufe 2 geforderte Funktionsfähigkeit einzufordern.
▶ Als geringste Stufe (4) eines geführten Qualitätsnachweises muss der Behandlungspfad wenigstens eine Basisversion eines angestrebten Qualitätskonzepts beinhalten.

Anhand eines konkreten Beispiels sei das soeben dargestellte Konzept verdeutlicht. Beispiel: Wenn durch eine verbesserte Kommunikation das Ziel verfolgt wird, unnötige Krankenhauseinweisungen zu vermeiden oder die Mortalität/Morbidität zu senken oder die Kosten zu reduzieren oder den Deckungsbeitrag zu optimieren, werden beim Erreichen dieser Ziele nicht immer die gleichen Akteure profitieren.

Da in Stufe 1 die Lösung eines konkreten Gesundheitsproblems nachzuweisen ist, wird eine Kostenreduktion oder eine Optimierung des Deckungsbeitrages a priori keinen Beitrag zur Stufe 1 leisten können. In Stufe 2 kann ein funktionierendes Sprecherboard der Pfadbeteiligten nachgewiesen werden, was allerdings nicht notwendigerweise belegt, dass damit auch ein Gesundheitsproblem der Patienten gelöst werden kann. Stufe 3 beinhaltet den Nachweis der vorhandenen Strukturen. Ein Sprecherboard ist etabliert (ohne deren Funktionalität und praktische Tätigkeit zu untersuchen – Stufe 2). Als Stufe 4 könnte nachgewiesen werden, dass im Behandlungspfad zumindest ein Sprecherboard vorgesehen ist. Ob dieses Board jemals zur Lösung eine Gesundheitsproblems der Patienten beitragen kann, steht auf einem anderen Blatt.

Zusammengefasst bieten Behandlungspfade sicher eine interessante Therapieoption gegenüber üblichen individuellen Behandlungsformen. Darüber hinaus können ambulante Behandlungspfade innerhalb ärztlicher Kooperationen medizinisch und ökonomisch sinnvolle Versorgungsangebote für Kostenträger darstellen. Hierzu müssen allerdings noch zahlreiche Schwierigkeiten aus dem Weg geräumt werden, um dieses Potenzial auch auszuschöpfen.

Es gilt also für potentielle Kooperationspartner, den Schritt von einem lediglich auf dem Papier festgehaltenen Behandlungsalgorithmus hin zu einem innovativen Behandlungspfad mit IT-gestützter Technologie und gegebenenfalls web-basierter Vernetzung umzusetzen. So kann sichergestellt werden, dass ein gesundheitlicher Mehrwert für die Patienten und nicht nur die wirtschaftlichen Interessen verschiedener Partner erreicht werden.

4.4.2.4 Die Bewertung der Labordiagnostik in der Hausarztpraxis
BASTIAN JEDLITSCHKA & FRANZ PORZSOLT

Um unnötige Belastungen der Patienten und unnötige Belastungen von Budgets zu vermeiden, sollten diagnostische Maßnahmen ebenso wie therapeutische Interventionen standardisiert sein. Allerdings ist zu beachten, dass die Standardisierung der Diagnostik erheblich schwieriger umzusetzen ist, als die Standardisierung der Therapie, weil der Erfolg einer Therapie direkt nach deren Abschluss bewertet werden kann, während nach Abschluss der Diagnostik keineswegs beurteilt werden kann, ob das Problem des Patienten gelöst werden konnte. Das Ergebnis der Diagnostik kann unzutreffend sein (falsch positiv oder falsch negativ). Ein richtig positiver Test muss keine Indikation zur Behandlung sein; wenn eine Behandlungsindikation vorhanden ist, ist jedoch der Erfolg der Therapie noch nicht gewährleistet; er ist zusätzlich nachzuweisen. Dieser kurze Exkurs verdeutlicht, wie schwierig es ist, den Nutzen einer diagnostischen Maßnahme nachzuweisen, weil alle diagnostischen Maßnahmen wertlos sind, wenn das Problem des Patienten letztlich nicht gelöst werden kann.

Um dieses schwierige Problem in den Griff zu bekommen, ist eine strikte Sequenz verschiedener Schritte einzuhalten. Zunächst ist das klinische Problem auszuwählen, welches gelöst werden soll. Dazu sind die Parameter zu benennen, die geeignet sind, um das Erreichen dieses Ziels nachzuweisen. Anschließend ist das Intervall festzulegen, nach welchem das Erreichen des Ziels festgestellt werden soll. Letztlich ist zu entscheiden, wer beurteilt, wie häufig, wie schnell, wie vollständig und wie nachhaltig das Ziel erreicht wurde (Kapitel 1.3). Wenn letztlich das Ziel erreicht werden soll, Belastungen der Patienten und der Budgets durch unnötige Diagnostik zu reduzieren, sollte als erster Schritt eine Erhebung des Ist-Zustandes durchgeführt werden. Diese Erhebung wurde im vorliegenden Projekt durchgeführt.

Von Dezember 2010 bis März 2011 wurden 61 Hausarztpraxen im Raum Nürnberg, Erlangen, Fürth, Nürnberger Land und Erlangen-Höchstadt eingeladen, 22 Fragen zu den eigenen Laboruntersuchungen zu beantworten. Die Ärzte wurden entweder durch ein Rundschreiben des Qualitätszirkels Nürnberger Land oder per Telefon über das Projekt informiert. Kontaktiert wurden die Lehrpraxen der Universität Erlangen-Nürnberg sowie Praxen, zu welchen persönliche Kontakte bestanden. 32 der 61 Angebote wurden angenommen. In zwei Fällen waren die Rückmeldungen zu lückenhaft, um sie in die Bewertung einzuschließen. 11 der 30 auswertbaren Rückmeldungen kamen aus Gemeinden mit mehr als 100.000 Einwohnern. Die Auswertung der Daten erfolgte mit dem Statistikprogramm SPSS Statistics.

Eine Einteilung der Patienten in vier Gruppen zeigt, dass bei 58% der Patienten (Interquartile Distanz IQD: 42%–79%) ein Arztkontakt ohne Laboruntersuchungen des venösen Blutes stattfindet. Bei 3% der Patienten (IQD: 0%–8%) wird eine Laboruntersuchung ohne Arztkontakt durchgeführt. Bei jeweils 15% findet entweder ein Arztkontakt mit Labor oder ein Praxiskontakt ohne Arzt und ohne Labor statt. Die Unschärfe entsteht, weil die Medianwerte zum Teil erheblich streuen.

Als zweite Frage wurde geprüft, in welchem Umfang die Praxen vorab definierte Laborprofile für bestimmte Patientengruppen benutzen. Die drei am häufigsten genannten klinischen Probleme, bei welchen ein Laborprofil verwendet wird, waren:

a) die präoperative Diagnostik (18/30 Praxen), b) Diabetes im Rahmen von Disease-Management-Programmen (17/30 Praxen) und c) ein nicht weiter spezifiziertes Screening (11/30 Praxen).

Von den 18 Praxen, die Laborprofile für die präoperative Diagnostik verwenden, wurden 24 verschiedene Profile genannt, wobei sich die Profile kaum bis erheblich unterscheiden und in manchen Fällen innerhalb einer Praxis unterschiedliche Profile verwendet wurden. Natrium wurde als einziger Parameter in allen 24 Profilen gemessen.

Von den 17 DMP-Diabetes-Praxen haben 15 ihre Profile spezifiziert und dabei 17 verschiedene Profile beschrieben. HbA1c war in allen 17 Profilen enthalten. 16 verschiedene Parameter waren in nur einem der Profile enthalten.

Von den 11 Praxen, die Screening-Profile nutzen, wurden 18 verschiedene Profile benannt, die sich erheblich unterscheiden; lediglich Cholesterin und Kreatinin sind in allen 18 Profilen enthalten. Insgesamt umfassen die Screening-Programme zwischen 6 und 22 Parameter.

Alle 30 Praxen unterhalten ein sogenanntes Präsenzlabor, d. h. sie führen Laboruntersuchen in der eigenen Praxis oder während eines Krankenbesuchs beim Patienten durch (Schneemann, Wurm 1995). Bei 6 Praxen beschränkt sich das Präsenzlabor auf die Bestimmung von Blutzucker, 13 Praxen führen zwei Bestimmungen und fünf Praxen führen drei Bestimmungen durch. Die Blutsenkungsgeschwindigkeit wird von 13 Praxen gemessen, und der Troponin-T Schnelltest wird von neun Praxen durchgeführt.

Diese Ergebnisse mögen auf den ersten Blick besorgniserregend wirken. Sie zeigen aber, dass in etwa 60 % aller Praxiskontakte der Arzt seinen Patienten sieht, ohne dass ein Laborwert bestimmt wird. Allerdings gibt es Praxen, in welchen Laboruntersuchungen in erheblichem Umfang durchgeführt werden. Hierbei stellt sich die Frage der Angemessenheit, die hier nicht vertieft werden soll. Wir meinen, dass eine gesteigerte Nachfrage von Laboruntersuchungen nahezu ausschließlich auf ein Kommunikationsproblem zurückzuführen ist. Dem Allgemeinarzt kommt dabei die undankbare Aufgabe zu, dass den Patienten laienhafte Vorstellungen über medizinische Zusammenhänge durch die Medien angeboten werden (Röper 2010), die einen Diskussionsbedarf beim Arzt induzieren. Wenn dieser Diskussionsbedarf ohne Krankheitswert in den Praxen reduziert werden könnte, würde der Zeitdruck in den Praxen vermindert und das Risiko, unsinnige diagnostische Maßnahmen sowie überflüssige Therapien durchzuführen, könnte reduziert werden.

Die Nutzung vorgefertigter Laborprofile halten wir grundsätzlich für sinnvoll, weil nur über eine konkrete Zielsetzung und standardisierte Diagnostik der Nutzen dieser Maßnahmen untersucht werden kann. Die Vielfalt der angebotenen Laborprogramme sollte aber Anlass sein, auch hier die Angemessenheit zu hinterfragen. Gerade bei den Disease-Management-Programmen steht eine stringente Auswertung und Beschreibung des gesundheitlichen Mehrwerts für den Patienten noch aus (Lauterbach, Lüngen, Schrappe 2010; Porzsolt 2008a). Die Erfolge sollten generell als absolute, nicht als relative Risiko-Reduktionen dargestellt werden, um die Effekte realistisch einschätzen zu können. Änderungen des Lifestyles wie die Reduktion des Body Mass Index oder das nachhaltige Einstellen eines Nikotingenusses führt zu einem gesundheitlichen Mehrwert, der den einer medikamentösen KHK-Interventionen deutlich überschreitet (Kolenda 2005).

Es besteht kein Zweifel, dass ein Präsenzlabor vorhanden sein muss. Allerdings erhebt sich die Frage, welches Spektrum an Untersuchungen dort sinnvoll angeboten werden sollte und bei welchen klinischen Fragestellungen Untersuchungen im Präsenzlabor indiziert sind. Die Definition und anschließende Überprüfung von Standards (Minimum-Maximum) wird die medizinische Versorgung nicht verschlechtern, sondern eher optimieren. Wenn man darüber nachdenkt, dass Natrium der einzige Laborparameter ist, der in allen 24 präoperativen Laborprofilen angeboten wird, ist diese Selektion schwer zu verstehen, weil uns weder aus der Allgemeinmedizin noch aus einem der Teilgebiete eine plausible klinische Erklärung bekannt ist, die diese Bestimmung rechtfertigen würde. Eine detaillierte Diskussion wird in der Dissertationsarbeit zu diesem Thema geführt (Jedlitschka).

5 Die nächsten Aufgaben

Es bedarf keiner besonderen Fähigkeiten, die Probleme zu benennen, die als nächste in der Gesundheitsversorgung zu lösen sind. Wir gehen davon aus, dass in Zukunft nicht die Qualität eines einzelnen Akteurs, sondern jene eines Teams über Erfolg oder Misserfolg entscheiden wird. Deshalb diskutieren wir über das Konzept der Y-nurse, versuchen die Bedeutung der „gefühlten Sicherheit" zu erklären, packen das heiße Eisen „Qualitätskriterien der Medizinischen Ausbildung" an und skizzieren die potentiellen Konflikte zwischen der Qualität ärztlichen und ökonomischen Handelns.

5.1 Die Rolle der Y-nurse und das Risiko der „gefühlten Sicherheit"

Die Idee ist einfach aber weder neu noch etabliert. Immerhin können wir jetzt eine mögliche Erklärung anbieten, weshalb die Idee der Y-nurse bisher nicht etabliert wurde und immerhin war das British Medical Journal bereit, das Thema Y-nurse in einem Blog aufzugreifen (Porzsolt 2010e).

Die Y-nurse ist ein wesentlicher Bestandteil eines medizinischen Versorgungsteams. Er/sie hat die nicht einfache Aufgabe zu erfüllen, auf die „klinisch-ökonomische Balance" zwischen Aufwand und Ertrag aus der Sicht des Patienten zu achten. Wenn ein ärztliches Team Maßnahmen plant, sei es im

Bereich der Diagnostik, der Therapie oder der Prävention, sollte die Y-nurse darauf achten, dass der Nutzen oder Mehrwert, der für den Patienten erwartet wird, in einem angemessenen Verhältnis zu den Kosten oder Belastungen steht, die ebenfalls zu erwarten sind. Mit der Y-nurse wird eine Interessensvertretung des Patienten institutionalisiert, die bereits in der Phase der Versorgungsplanung korrigierend eingreift.

Wenn die Wahrung der Patienteninteressen geprüft werden soll, können wir selbst im einfachen Fall einer Therapieentscheidung bestenfalls auf Daten zurückgreifen, die unter Idealbedingungen, d. h. in einer randomisierten, kontrollierten Studie (RCT), erhoben wurden. Nur sehr selten werden dort alle Kriterien untersucht worden sein, die für den Patienten bedeutend sind und für eine Entscheidung im klinischen Alltag benötigt werden. Bei der Wahl der optimalen Therapie wollen die Patienten unterschiedliche Endpunkte diskutieren, die niemals alle in RCTs untersucht sein können. In den meisten Fällen liegen Daten zum Überleben oder zu kardinalen Lebensqualitätsdimension, z. B. körperliches, seelisches, soziales Befinden vor, die aber in der Praxis nie das alleinige Entscheidungskriterium sein können. Alle anderen Kriterien, die für den Arzt und den Patienten bedeutend sind – häufig sind diese sogar zwischen Arzt und Patient verschieden (Kornmann, Porzsolt, Henne-Bruns 2008; Kornmann, Porzsolt 2008) –, können nicht anhand von Daten entschieden werden. Den Nutzen/Mehrwert und die Kosten/Belastungen vorab einzuschätzen, ist für den Einzelfall ohnehin nie möglich. Für eine Gruppe von Patienten liegen diese Informationen abgesehen von wenigen Ausnahmen, die dann in Lehrbüchern abgedruckt sind, ebenfalls nicht vor. Wenn man hinreichend ehrlich zu sich selbst ist, kommt man zu dem Schluss, dass jede komplexe Entscheidung, sei es die Wahl einer Therapie oder wesentlich komplexer, die Wahl einer diagnostischen Methode, letztlich auf dem Boden der „gefühlte Sicherheit" getroffen wird. In nahezu allen Fällen entscheiden wir anhand des Gefühls, welche unter den vielen Aspekten, die bei der Wahl einer Therapie oder eines diagnostischen Verfahrens zu berücksichtigen sind, entscheidungsrelevant sind.

Wenn man versucht, diesen Entscheidungsprozess wissenschaftlich zu beschreiben, könnte man sagen, dass wir die konkreten Risiken, die unseren Entscheidungen zugrunde liegen, nicht kennen. Bekannt ist lediglich die „gefühlte Sicherheit" oder, anders ausgedrückt, meinen wir bloß, Entscheidungen auf dem Boden wissenschaftlicher Beobachtungen zu treffen. De facto entscheiden wir aber „aus dem Bauch heraus" (Gigerenzer 2007), weil die Entscheidungen, die wir im klinischen Alltag zu treffen haben, derart komplex sind, dass sie mathematisch nur von wenigen Experten dargestellt werden könnten, wenn diese die erforderlichen Daten hätten.

Da diese Bauchentscheidungen durch externe Einflüsse, z. B. durch Empfehlungen von Meinungsbildnern oder durch ausgeklügelte Marketingstrategien oder schlichtweg durch unterschiedliche Ziele, z. B. eines Krankenhausmangers und eines Arztes, leicht beeinflusst werden können, benötigen wir alle ein Kontrollsystem, welches bei allen Bauchentscheidungen versucht, eine Rückkopplung zur Realität herzustellen. Diese Rückkopplung kann nur herstellen, wer praktische Erfahrung hat, diese Erfahrung mit anderen kommunizieren kann und von den anderen dabei auch akzeptiert wird. Dazu muss klar sein, dass die Person, welche die Funktion der Rückkopplung wahrnimmt – die Y-nurse –, das Vertrauen des gesamten Teams genießt, weil allen Beteiligten bewusst ist, dass er/sie sehr wohl mit den Methoden der Klinischen Epidemiologie, der Ökonomie, der Psychologie und mit ethischen Prinzipen vertraut ist und zudem durch eine hinreichend lange praktische Erfahrung zwischen Wunschdenken und Realität unterscheiden kann.

Vor diesem Hintergrund lässt sich die Kernaufgabe der Y-nurse sehr spezifisch beschreiben: Sie/er hat die Aufgabe darauf zu achten, dass die Entscheidungen der Verantwortlichen eines Teams nicht durch „gefühlte Sicherheit" verzerrt werden, ohne dass die angenommenen Risiken überhaupt bestehen und falls sie bestehen, eine realistische Reduktion dieser Risiken erreichbar ist. Es ist sehr mühsam, wenn nicht unmöglich, bei sich selbst zu entscheiden, ob die eigene „gefühlte Sicherheit" tatsächlich auf belastbaren Fakten beruht. Deshalb hat die Y-nurse eine absolut bedeutende und verantwortungsvolle Aufgabe zu erfüllen, die man inhaltlich als Y-Hypothese operationalisieren könnte: Diese Hypothese besagt, dass Teams, die eine ausgebildete Y-nurse beschäftigen, 20 % weniger Kosten für Diagnostik und Therapie aufzubringen haben, um die gleichen Therapieerfolge zu erzielen, wie Teams, die ohne Y-nurse arbeiten.

Wenn sich diese Hypothese bestätigen lässt, bedeutet das, dass jede Unit, die jährlich mehr als 300.000 bis 500.000 € für Diagnostik und Therapie ausgibt, die Kosten für eine Y-nurse amortisieren wird, wenn das Jahresgehalt der Y-nurse die Summe von 60.000 bis 100.000 € nicht überschreitet. Diese Hypothese beinhaltet Aussagen zur vollständigen Ausbildung einer Y-nurse und zur Reduktion vermeidbarer Kosten für Diagnostik und Therapie.

Die Ausbildung einer Y-nurse ist vollständig,
wenn er/sie vier Kriterien erfüllt:

- Abschluss einer Fachausbildung
- erfolgreiche Teilnahme an einem Kurs in Klinischer Ökonomik
- Fähigkeit, eigene Entscheidungen im Team zu vertreten
- auswertbare Dokumentation der angestrebten und erreichten Ziele

Dabei ist unbedeutend, in welchem Fachgebiet der Pflege eine Spezialisierung vorgenommen wurde. Entscheidend ist, dass Kernkompetenz vorhanden ist. Deshalb wird auch die erfolgreiche Teilnahme an einem Kurs in Klinischer Ökonomik gefordert. Grundlage dieses Kurses ist das vorliegende Buch. Dabei ist zu empfehlen, dass der ärztliche Leiter eines Teams und die als Y-nurse vorgesehene Person den Kurs in Klinischer Ökonomik gemeinsam absolvieren, weil ein grundsätzlicher Konsens und ein gegenseitiges Vertrauen bei den Partnern vorhanden sein muss, die unter Alltagbedingungen zunächst unterschiedliche Standpunkte vertreten sollen, aber letztlich einen tragfähigen Kompromiss zu erzielen haben. Den letztgenannten Punkt werden nur starke Persönlichkeiten mit Führungsqualität erfüllen können. Zudem muss bei der Y-nurse das Verständnis und die Bereitschaft vorhanden sein, die von ihr/ihm angestrebten Ziele und die erreichten Ziele so sorgfältig zu dokumentieren, dass die Leistungen der Y-nurse transparent gemacht werden können und ihre permanente Position im Team gerechtfertigt werden kann.

Es gilt generell als schwierig, auf Tests oder etablierte Therapien zu verzichten, auch wenn wissenschaftliche Ergebnisse den möglichen Verzicht durchaus unterstützen. So wird seit langem diskutiert, dass fehlende Anreize für den Verzicht auf unnötige Tests verantwortlich sind (Mayer 1991). Selbst in unkomplizierten Situationen wie der präoperativen Diagnostik (Brown, Brown 2011; Goldberg 1991; Katz, Dexter, Rosenfeld et al. 2011), in der Rehabilitation (Polensek, Tusa 2009) oder in der Geriatrie (Herndon, Schwartz, Woloshin et al. 2008), in der Gynäkologie (Zhang, Borders, Rohrer 2007), in der Ophthalmologie (Augsburger 2005), in der Pädiatrie (de Vries, Wormmeester, van Pixteren-Nagler 2000), in der Hals-Nasen-Ohren Heilkunde (Ruckenstein 1998) und in der Urologie (Simon, Lokeshwar, Soloway 2003; Oesterling 1995) bestehen erhebliche Barrieren, auf Tests zu verzichten. Als Begründung wird mitunter angeführt, dass der medizinische Fortschritt diese Einsparungen unmöglich mache (Guder, Müller 2009). Andererseits ist schwer zu entscheiden, welche der Begründungen für die Unverzichtbarkeit einer Maßnahme stichhaltig sind (Dowling, Alfonsi, Brown et al. 1989).

Es gibt aber auch Hinweise, dass knapp 20 % des Arbeitsaufwandes für Tests auf unsinnige Wiederholungen von Tests zurückzuführen ist (Kwok, Jones 2005; Huissoon, Carlton 2002). Am Beispiel des Bronchialkarzinoms wird auch auf einen potentiell gegenteiligen Effekt hingewiesen. Unnötige Krankenhauseinweisungen und Krankenhausaufenthalte sollen durch eine rechtzeitige Diagnostik vermieden werden können (Carrasquer, Solé Jover, Peiró 2001).

Die Ursache für dieses irrational erscheinende Phänomen kann durch die Tatsache erklärt werden, dass wir Entscheidungen generell nicht an objektivierbaren Risiken orientieren, sondern an der subjektiv wahrgenommenen, „gefühlten Sicherheit". Diese Aussage kommt bereits im vierteiligen Leitsatz der Klinischen Ökonomik sowie in Kapitel 4.4.1 dieses Buchs zum Ausdruck:

DER VIERTEILIGE LEITSATZ DER KLINISCHEN ÖKONOMIK:

- Wir stützen Entscheidungen nicht auf einzelne Kriterien, z. B. „externe Evidenz", sondern auf interne Wertvorstellungen.
- Da diese internen Wertvorstellungen durch externe Information geprägt sind, sollte die Information, z. B. die „Evidenz", valide sein.
- Information ist valide, wenn gezeigt ist, wie häufig die durch die Information vermittelten Ziele nicht nur angestrebt, sondern auch tatsächlich erreicht wurden.
- Um sinnvolle Entscheidungen anhand interner Wertvorstellungen treffen zu können, sollten deshalb die Ziele der Information klar definiert, die Methoden klar beschrieben und die Ergebnisse vollständig berichtet sein.

Wenn wir uns mit einer bestimmten Diagnose noch nicht sicher fühlen, ziehen wir es vor, einen zusätzlichen Test durchzuführen, der aus objektiver Sicht möglicherweise nichts beiträgt, um das Risiko einer Fehldiagnose zu senken (in diesem Fall wäre das Verhältnis von pre-test-odds und post-test-odds, d. h. die Likelihood-Ratio, dem Wert 1 sehr nahe). Dennoch wird wegen des zusätzlich durchgeführten Tests das Bauchgefühl verbessert oder die „gefühlte Sicherheit" gesteigert. Es entsteht der Eindruck, dass der Untersucher durch den zusätzlichen Test das Risiko einer Fehldiagnose gesenkt habe. Diese zusätzlichen Tests, die nachweislich lediglich das subjektive Empfinden des Arztes verbessern, aber ohne Effekt auf die objektivierbaren Risiken bleiben, gilt es zu eliminieren. Problematisch kann die Situation für den Arzt werden, wenn Tests von den Patienten gefordert werden (Herndon, Schwartz, Woloshin et al. 2008), weil das Risiko besteht, dass der Arzt den Patienten verliert, wenn er dessen Bedürfnis nach vermeintlicher Sicherheit nicht nachkommt. Diese von uns Ärzten letztlich selbst induzierte Nachfrage der Patienten ist zu diskutieren. Gegebenenfalls sind die potentiell marginalen Vorteile gegenüber den Nachteilen mit den Patienten zu diskutieren. Beispiele unerwünschter Effekte eines Tests sind die Notwendigkeit Termine wahrzunehmen, die physische und psychische Belastung einer Koloskopie oder Mammographie, die Risiken einer Kontrastmittelallergie und aus Sicht unterschiedlicher Partner die nicht unerhebliche finanzielle Belastung durch überflüssige Tests.

Dass es dennoch bisher kaum gelingt, diese Risiken und Belastungen zu eliminieren, mag an der unvermuteten Macht der „gefühlten Sicherheit" liegen. Diese Macht der „gefühlten Sicherheit" wird an fünf Beispielen verdeutlicht. Die ersten drei Beispiele zeigen, dass Information die „gefühlte Sicherheit" erheblich beeinflusst und unsere Entscheidungen nicht anhand von Fakten, sondern anhand der „gefühlten Sicherheit" getroffen werden.

Das vierte Beispiel soll bestätigen, dass Sicherheit zum einen ein menschliches Grundbedürfnis darstellt, zudem, dass die Risiken, welche unsere „gefühlte Sicherheit" bedrohen, unterschiedlich kommuniziert werden können und letztlich, dass eine Kommunikationsform, die mehr „gefühlte Sicherheit" vermittelt, mehr Akzeptanz erfahren wird, als eine Kommunikationsform, die weniger „gefühlte Sicherheit" vermittelt. Das fünfte Beispiel soll verdeutlichen, dass zum einen jede Reduktion objektiver Risiken und jede Steigerung der subjektiv wahrgenommenen „gefühlten Sicherheit" zum einen Ressourcen bindet und zudem mit einem Verlust an Freiheit einhergeht.

Erstes Beispiel: Mai/Juni 2011 sind in Norddeutschland die ersten Fälle schwerwiegender Enterohemorrhagic Escherichia coli (EHEC) Erkrankungen zum Teil mit tödlichem Ausgang aufgetreten. In einer frühen Meldung wurden Gurken aus Spanien als Überträger diskutiert. In Pressemitteilungen wurde vor dem Verzehr von Gurken und anderem Gemüse gewarnt. Die Nachfrage nach Gurken und anderem Gemüse ist sofort zusammengebrochen. Selbst wenn deutsche Landwirte den Nachweis erbracht hatten, dass ihre Ware frei von EHEC ist, bestand keine Chance, die zusammengebrochene Nachfrage wieder aufzubauen. Es bestand keine andere Möglichkeit als die produzierte Ware zu vernichten.

Zweites Beispiel: Die als Vogelgrippe im Jahr 2006 bekannt gewordene Influenca Virus H5N1 Erkrankung galt als bedrohlich und hat die „gefühlte Sicherheit" weltweit beeinträchtigt. Es wurde ein Impfstoff entwickelt, der möglicherweise mehr Menschleben gefordert als gerettet hat. Mit dem Arzneimittel Tamiflu wurden in Japan mehr als 35 Millionen Menschen behandelt. Mehr als hundert Menschen sind durch das Arzneimittel erkrankt. Heute weiß man, dass einige Menschen an Vogelgrippe erkrankt und daran auch verstorben sind. Gemessen an den regelmäßig auftretenden Todesfällen infolge anderer Grippeerkrankungen ist die Vogelgrippe für den Menschen unbedeutend.

Drittes Beispiel: Mitte der 8oer Jahre verstarben in Großbritannien mehrere 100.000 Rinder an Rinderwahnsinn (BSE). Ausgelöst wurde die Epidemie unter Tieren durch die Verfütterung großer Mengen von Tiermehl. Die Erkrankungsfälle bei Tieren haben zur erheblichen Beunruhigung wegen einer möglichen Übertragung auf den Menschen geführt. Es kam zu einem deutlichen Rückgang der Nachfrage nach Rindfleisch, ein Impfstoff wurde entwickelt. Heute, 15 Jahre später, ist BSE kein brennendes Thema mehr.

Viertes Beispiel: Als viertes Beispiel zum Thema „gefühlte Sicherheit" lässt sich anführen, dass die Grüne Partei die Wahl im Land Baden-Württemberg unmittelbar nach dem Atomunfall in Japan gewonnen hat, weil Die Grünen bereits seit vielen Jahren vor den unerwünschten Folgen der Atomenergie generell gewarnt hatten. Diese historisch begründete Haltung hat bei den Wählern erheblich mehr „gefühlte Sicherheit" induziert als die abwägende Haltung der Politiker anderer Parteien. Ein analoges Phänomen ist aus der Medizin bekannt: Ein Arzt, der bei seinem Patienten den Grund des Übels sofort zu erkennen vorgibt und sofort eine Behandlung einleitet, ohne differenzierte Überlegungen anzustellen, wird bei der Mehrzahl der Patienten deutlich mehr „gefühlte Sicherheit" induzieren, als ein Arzt, der seine Entscheidung vertagt, weil er weitere Befunde einholen und differentialdiagnostische Überlegungen anstellen möchte. Wenn man bedenkt, dass sich die Sicherheit der Kernkraftwerke in Deutschland in den letzten Monaten definitiv nicht, die „gefühlte Sicherheit" aber dramatisch geändert hat, ist das auf den Umgang mit Information zurückzuführen. Nach menschlichem Ermessen wird es in Deutschland kein Naturereignis geben, das eine ähnliche Katastrophe wie in Japan vorhersagbar macht. Wenn eine kurzfristige Entscheidung über einen Atomausstieg politisch erzwungen wird, sollte uns klar sein, dass die Handlungsalternativen unzureichend geprüft sind. Wie das nachfolgende Beispiel zeigt, bindet jede Form von Sicherheit Ressourcen, will heißen, dass Sicherheit nicht zum Nulltarif zu bekommen ist. Zudem geht jede Erhöhung der Sicherheit mit einem Verlust an Freiheit einher. Die Bindung von Ressourcen und der Verlust an Freiheit gelten für den Bereich der Medizin ebenso wie für die Politik. Wer die zweifellos wertvolle Sicherheit vor Atomunfällen haben will, sollte den Preis für dieses Gut kennen. Wer Güter einkauft, ohne deren Preis zu kennen, handelt nicht wirklich professionell.

Fünftes Beispiel: Das Beispiel des Ministeriums für Staatssicherheit (MfS) der DDR soll in der Zeit von 1950 – 1969 etwa 274.000 Mitarbeiter beschäftigt haben. Berücksichtigt man auch die informellen Informanden, kam ein Spitzel auf etwa 6,5 Einwohner der DDR. Demnach wurden erhebliche Mittel aufgebracht, um „Staatssicherheit" herzustellen. Der dadurch generierte Mehrwert bestand zweifellos aus Sicht des Staates. Aus Sicht der Bevölkerung war die Wertschätzung wohl geteilt. Jene, die ihren Lebensunterhalt in dieser Organisation sichern konnten, werden die mögliche Einschränkung der persönlichen Freiheit weniger eingreifend empfunden haben als andere, die darum bemüht waren, mit dieser Institution nicht in Konflikt zu geraten. Im Hinblick auf das erwirtschaftete Bruttoinlandsprodukt kann eine Investition in mehr Sicherheit sinnvoll sein, muss aber nicht. Der wirtschaftliche Kollaps der DDR hatte sicherlich verschiedene Ursachen. Eine zu ausgeprägte Investition in die Staatssicherheit ist sicher einer der Faktoren, die dabei zu berücksichtigen sind.

Auf der Basis dieses Wissens um den Zusammenhang zwischen „gefühlter Sicherheit", Freiheit und Kosten ist das Problem der überflüssigen Tests in der Medizin zu diskutieren. Tests werden durchgeführt, um bei Patienten und Ärzten „gefühlte Sicherheit" zu induzieren. Die Kosten dafür sind erheblich. Es sollte deshalb eines unserer vordringlich zu lösenden Probleme sein, jene Tests zu identifizieren, die zwar „gefühlte Sicherheit" vermitteln, aber de facto nicht zur Reduktion von Risiken führen. Frühe Studien, in welchen versucht wurde, durch Unterricht, feed-back und Beteiligung der Assistenzärzte die Zahl überflüssiger Tests zu reduzieren, waren nicht sehr erfolgreich (Williams, Eisenberg 1986). Später wurde ein Ampelsystem – grün, gelb, rot – eingeführt, bei dem grün markierte Tests von klinischen Anfängern angefordert werden können, während gelb markierte Teste von einem erfahrenen Assistenten angefordert oder von einem Facharzt autorisiert werden müssen und rot markierte Tests nur von einem Facharzt angefordert werden dürfen. Vier Monate nach Einführung des Systems waren bei allen radiologischen Methoden die Anzahl der Tests und die damit assoziierten Kosten zurückgegangen. Der Effekt hatte auch 20 Monate nach der Einführung noch angehalten (Phan, Lau, De Campo 2006).

Seit Beginn der 80er Jahre ist bekannt, dass eine sinnvolle Diagnostik und eine gezielte Therapie in erster Linie von der Qualität der Anamnese abhängen (Sandler 1980). An diesem Ergebnis dürfte sich auch bis heute nichts geändert haben. Es gibt aber zu wenige Anreize, um auf den weitaus bequemeren aber nicht zielführenden Weg zu verzichten: Eine intellektuell anspruchsvolle Anamnese wird durch kommerziell wesentlich attraktivere Laborteste und bildgebende Verfahren ersetzt. Dabei wird nicht bedacht, dass jeder Test im Prinzip nur eine Antwort auf eine konkrete Frage darstellt. Testergebnisse, die ohne konkrete Fragestellung akzeptiert werden, unterliegen dem Risiko, dass die Fragestellung retrograd passend zur Antwort konstruiert wird und letztlich zur Fehlinterpretationen von Befunden führt.

Da die Zukunft der Medizin durch eine Zunahme diagnostischer Möglichkeiten gekennzeichnet sein wird, besteht eine der großen Aufgaben darin, durch eine professionelle Anamnese und körperliche Untersuchung die Differentialdiagnosen soweit einzuengen, dass wenige, gezielt ausgewählte Tests ausreichen, um die Schwelle zwischen Diagnostik und Therapie zu überwinden. Teil dieses Unterrichtsprogramms sollte sein, vermeidbare Tests von unvermeidbaren zu unterscheiden. Im Prinzip werden im Rahmen der Diagnostik zwei Schritte vollzogen, die beide auf demselben Prinzip beruhen.

Im ersten Schritt geht es um die Bestätigung der korrekten Diagnose, im zweiten um die Überwindung der Schwelle von der Diagnostik zur Therapie. Das gemeinsame Prinzip beider Schritte ist die „gefühlte Sicherheit" des Arztes, die darüber entscheidet, wie viele Tests er/sie benötigt, um mit hinreichender (empfundener) Sicherheit anzunehmen, dass die Diagnose zutrifft und eine Behandlung eingeleitet werden sollte. In Tab. 24 ist ein Raster dargestellt, nach dem hausinterne Empfehlungen für die häufigsten diagnostischen und therapeutischen Entscheidungen erarbeitet und spezifiziert werden könnten, sodass klinische Anfänger mit ihrem Bedürfnis nach Entscheidungssicherheit nicht ohne Hilfe alleine gelassen werden.

Dieser Vorschlag ist aber nicht viel besser als eine verzweifelte Strategie, unnötige Tests zu identifizieren. Um das Problem zu lösen, müsste sich eine entschlossene Gruppe von Medizinern finden und eine systematische Untersuchung des Nutzens einer diagnostischen Maßnahme durchführen. Da Sandler (Sandler 1980) gezeigt hatte, dass 2% bis 3% aller routinemäßig untersuchten Urinproben ein pathologisches Ergebnis zeigten, könnte in einer neuen Studie untersucht werden, wie viele der positiv und negativ getesteten Patienten erfolgreich oder erfolglos behandelt wurden bzw. mit oder ohne Behandlung innerhalb von 2 Wochen nach dem ersten Befund einen Harnweginfekt erlitten hatten.

	BEDINGUNG		
Diagnostik Nach sorgfältiger Anamnese und klinischer Untersuchung reicht der Test ...	... alleine, um eine Verdachtsdiagnose zu bestätigen oder auszuschließen.	... nur mit anderen Tests, um ... zu bestätigen oder auszuschließen.	... möglicherweise als Ergänzung anderer Tests, um ... zu bestätigen oder auszuschließen.
Therapie Bei bestätigter Diagnose ist das Testergebnis ...	... immer ausreichend, um die Schwelle von der Diagnostik zur Therapie zu überschreiten.	... häufig ausreichend, um die Schwelle von der Diagnostik zur Therapie zu überschreiten.	... nur gelegentlich ausreichend, um die Schwelle von der Diagnostik zur Therapie zu überschreiten.

Tab. 24: Kriterien für die Durchführung von Tests. Tests, die definitiv durchgeführt werden sollten, sind weiß unterlegt, Tests, die nicht durchgeführt werden sollten, sind hellgrau unterlegt und Tests, die durchgeführt werden können, sind schwarz unterlegt.

Das Problem wird sein, dass die ethische Sicherheit einiger Kollegen diese Studie für nicht durchführbar hält. Deshalb werden wir keine andere Wahl haben, als fraglich sinnvolle Tests und Therapien bis auf weiteres durchzuführen. Möglicherweise können die künftigen Y-nurses diese Hürde überwinden.

5.2 Die Erhebung von Alltagsdaten: Recht oder Pflicht der Patienten?

Seit einigen Jahren zeichnet sich ab, dass der bisherige Goldstandard der klinischen Forschung, das randomized controlled trial (RCT), den Anforderungen der Gesellschaft nicht mehr gerecht wird. War die Gesellschaft bisher zufrieden, von den Wissenschaftlern eine Antwort auf die Frage zu bekommen, welche Therapie bei einer definierten Erkrankung die beste ist, ändert sich jetzt die Anforderung. An Stelle der besten verfügbaren Therapie wird nach der Therapie gefragt, die unter den Bedingungen des täglichen Lebens das bestehende Problem des Patienten aus den Perspektiven unterschiedlicher Partner am schnellsten, am effektivsten und am effizientesten löst. Das bedeutet, dass ein Wechsel von einer eindimensionalen Fragestellung zu einer multidimensionalen Fragestellung vollzogen wird. Da ein RCT zwar geeignet ist, eine konkrete Antwort auf eine eindimensionale Fragestellung zu geben, aber multidimensionale Fragen kaum beantworten kann, wird die Diskussion über die geeignete Methode zu führen sein, um diesen Anforderungen gerecht zu werden.

ANFORDERUNGEN AN MULTIDIMENSIONALE FRAGESTELLUNGEN

Das Konzept eines RCT ist aus wissenschaftlich-theoretischer Sicht eine fantastische Methode, die in ihrer Idealform im praktischen Alltag aber kaum anwendbar ist.

In nahezu jedem Lehrbuch der Biometrie/Statistik wird erwähnt, dass ein Hauptzielkriterium zu definieren ist. Diese Aussage impliziert allerdings, dass es in einer Studie auch Nebenzielkriterien oder verschiedene Endpunkte gibt. Die exakte Definition der Zielkriterien ist essentiell, weil die Risikofaktoren, die es zu berücksichtigen gilt, vom Ziel abhängig sind. Dazu ein Beispiel: Wenn das Hauptziel einer Studie die Verhinderung eines Reinfarktes ist, lassen sich Hochrisiko- und Niedrigrisiko-Patienten anhand eines Risikobündels gut unterscheiden. Würde in derselben Studie als Nebenziel die Rate der stationären Wiederaufnahmen im Jahr nach einem Infarkt untersucht, werden andere Kriterien für die Unterscheidung eines hohen von einem niedrigen Wiederaufnahmerisiko zutreffen als für die Differenzierung des Reinfarkt-Risikos. Es ist bekannt ist, dass die hospital readmission rate eng mit der Zahl der verfügbaren Krankenhausbetten der Region korreliert (Fisher, Wennberg, Stukel et al. 1994). Als Fazit ist abzuleiten, dass Haupt- und Nebenziele in einer Studie an gleichen Patientenkollektiven nur geprüft werde können, wenn entweder dieselben Risikofaktoren auf die Haupt- und Nebenzielkriterien anwendbar sind, oder wenn die Risikofaktoren bei beiden Zielen auf die untersuchten Patientenkollektive gleich verteilt sind.

Zudem entsteht ein weiteres Problem: Durch die Bildung neuer Risikogruppen wird das gleiche Zahlenmaterial (Daten der Gesamtstichprobe) für eine statistische Analyse ein weiteres Mal analysiert. Mehrfachanalysen derselben Daten sind zulässig aber nur, wenn die erhöhte Trefferwahrscheinlichkeit korrigiert wird (Bonferroni-Holm-Korrektur) (Holm 1979).

Analoges trifft auf die Subgruppenanalyse zu. Auch dort werden dieselben Daten, die für die Analyse der Gesamtpopulation verwendet wurden, zumindest teilweise nochmals analysiert. Das bedeutet, dass auch bei jeder Subgruppenanalyse eine Bonferroni-Holm-Korrektur vorzunehmen ist, um das Risiko eines Zufallsbefundes zu reduzieren. Die Tatsache, dass gegen dieses Prinzip in vielen RCTs verstoßen wird, sollte aber nicht als Legitimation verstanden werden.

Man ist diesen Problemen aber nicht hoffnungslos ausgeliefert. Wenn es gelingt, die Gesamtvarianz einer Studie weitgehend aufzuklären, kann man sicher sein, dass es keine bedeutenden, bisher nicht entdeckten confounder geben kann. Da sich die meisten Mediziner weniger mit Fragen der Statistik beschäftigen, lohnt es definitiv, Experten aus anderen Fächern in ein Projekt einzubeziehen, um Hinweise auf mögliche Fehlerquellen oder unentdeckte Brillanten des Erkenntnisgewinns zu erhalten.

Das ideale Studiendesign liefert keine Erklärungen zur Theorie, sondern handlungsrelevante Information für den Therapeuten, der ein Problem des Patienten zu lösen hat. Dazu muss die Perspektive des Patienten bekannt sein, auch wenn sie nicht immer die einzige Perspektive ist, die es zu berücksichtigen gilt. Maßnahmen, die öffentliche Ressourcen binden, bedürfen einer Zustimmung durch die Öffentlichkeit. In diese Zustimmung sollte die Darstellung des Problems, die Wahl der Intervention und die Wahl des Endpunkts einbezogen werden, weil jede dieser Stellgrößen den Wert einer Leistung erheblich beeinflussen kann.

Das ideale Studiendesign ermöglicht die Identifizierung potentieller confounder und ermöglicht Vergleiche, wobei die Patienten abhängig von der Intervention und von unterschiedlichen Ausgangsrisiken jeweils verschiedenen Gruppen zugeordnet werden können. Ein Design, welches diese Bedingungen erfüllt, ist in Kapitel 4.3 dargestellt.

GESTALTUNGSMÖGLICHKEITEN RECHTLICHER RAHMENBEDINGUNGEN

Im März 2011 hat der Patientenbeauftragte der Bundesregierung Eckpunkte für die „Patientenrechte in Deutschland" herausgegeben (Der Patientenbeauftragte der Bundesregierung 2011). In diesem Papier werden die Vorschläge für ein Gesetz zusammengefasst, welches den Patienten die Durchsetzung ihrer Rechte gewähren soll. Der Schwerpunkt wird dabei auf die Verhinderung möglicher Behandlungsfehler gelegt.

Aus klinisch-ökonomischer Sicht ist der Ansatz a priori mit einem hohen Risiko zu scheitern behaftet, weil die beiden Partner, der Arzt und der Patient, unterschiedliche Maßstäbe verwenden, um die Qualität von Gesundheitsleistungen zu beurteilen. Wenn der Patient per Gesetz geschützt werden soll, ist sicherzustellen, dass sich der Schützende und der Geschützte an den gleichen Gesetzen orientieren. Das ist bisher nicht der Fall, weil zu häufig unberücksichtigt bleibt, dass wir alle anhand unserer eigenen Wertvorstellungen entscheiden (siehe Leitsatz der Klinischen Ökonomik in Kapitel 5.1).

Der Arzt orientiert sich an der besten verfügbaren „evidence", Evidenz wie immer die idealerweise auch in den Leitlinien festgehalten ist. Kaum jemand macht sich aber bewusst, dass diese „evidence" unter den idealisierten, artifiziellen Bedingungen einer randomisierten und kontrollierten Studie gewonnen wurde. Aus wissenschaftlich-theoretischer Sicht ist das die ideale Information, um die Wirksamkeit von Therapien miteinander zu vergleichen.

Die Patienten interessiert aber weniger, ob Therapie „A" unter Idealbedingungen besser ist als „B", sondern vielmehr, ob die bestehenden Probleme des Patienten unter Alltagsbedingungen durch Therapie „A" häufiger, vollständiger, schneller und nachhaltiger als durch Therapie „B" gelöst werden können (siehe Kapitel 1.3). Unter Experten ist man sich inzwischen absolut einig, dass Messungen unter Idealbedingungen zu anderen Ergebnissen führen als Messungen unter Alltagsbedingungen.

Dem aufmerksamen Leser wird nicht entgangen sein, dass Patienten deshalb andere Kriterien als Ärzte verwenden, um den Erfolg einer Therapie zu bewerten. Die Methoden, die erforderlich sind, um theoretische Eigenschaften eines Arzneimittels zu messen (Sicht der Ärzte) sind auch verschieden von den Methoden, die Effekte unter Alltagsbedingungen messen (Sicht der Patienten). Bisher werden nur Methoden angewandt, welche die Sicht der Ärzte abbilden. Die Sicht der Patienten kann aber nur abgebildet werden, wenn die berechtigten Gesundheitsziele der Patienten durch die Versorgung erreicht werden.

Deshalb ist es im Interesse von Ärzten und Patienten naheliegend, die Ärzte zu verpflichten, mit jedem individuellen Patienten nach dem Aufnahmegespräch und der Eingangsuntersuchung eine klares Behandlungsziel zu definieren und den Zeitpunkt festzulegen, zu dem das Ziel erreicht werden soll. Die Auswertung wird dann denkbar einfach, weil der Patient lediglich anzugeben hat, ob das angestrebte Ziel vollständig, teilweise, kaum oder nicht erreicht wurde und ob neue Probleme aufgetreten sind.

Wenn aber weder der Arzt noch der Patient vom Gesetzgeber verpflichtet wird, das Ergebnis der Auswertung anonym „an die Solidargemeinschaft" zurückzugeben, werden sie diese zusätzliche Aufgabe nicht erfüllen. Die Rückmeldung über den Erfolg der angewandten Versorgungsmaßnahmen ist aber notwendig, wenn die effiziente Verwendung der Mittel nachgewiesen werden soll. Deshalb meinen wir, dass die Vereinbarung eines Ziels und die Rückmeldung zu den erreichten Zielen Teil des vergüteten Behandlungsvertrages zwischen Arzt und Patient sein sollte. Der Patient bekommt solidarisch finanzierte Leistungen und steht gegenüber der Solidargemeinschaft in der Pflicht, anonymisierte Daten zurückzumelden, die eine Effizienzkontrolle ermöglichen.

Die Vereinbarung eines Ziels ist eine grundlegende Voraussetzung für das Qualitätsmanagement. Nur wer Ziele definiert, kann auch Ziele erreichen und nur wer die nicht erreichten Ziele dokumentiert, wird feststellen können, ob seine ärztlichen Leistungen besser werden oder nachlassen. Die einfachste Methode, Qualität zu sichern ist zu prüfen, wie häufig wir Ärzte mit den eingeleiteten Maßnahmen die angestrebten Ziele nicht erreichen. Die aufrichtigste Antwort auf die Frage, ob das gemeinsam mit dem Patienten vereinbarte Ziel erreicht wurde, gibt nicht der Arzt, sondern der Patient, weil „im richtigen Leben" ja auch nicht der Koch, sondern der Gast die Qualität des Steaks beurteilt.

Bisher haben sich die meisten Ärzte nicht bereit erklärt, die Karten offen zu legen. Vielleicht ist es nicht überraschend, dass es eine Gruppe von Ayurveda-Therapeuten war – viele von ihnen sind in der Schulmedizin als Fachärzte verschiedener Disziplinen ausgebildet –, die im Rahmen einer Dissertationsarbeit von Carla Brögger, Medizinische Fakultät, Universität Ulm, an einem Pilotversuch teilgenommen haben, in welchem die Praxis der Zieldefinition und Zielerreichung mit unerwartet großem Erfolg dokumentiert wurde. Diese Kolleginnen und Kollegen, Therapeuten und Therapeutinnen haben m. E. einen greifbaren Beitrag für den Fortschritt der Medizin geleistet im Gegensatz zu vielen Projekten der Grundlagenforschung, deren Qualität nicht immer einfach zu beurteilen ist. Die Beurteilbarkeit der Forschung leidet darunter, dass bei den Publikationen in den besten Zeitschriften und bei der Vergabe der größten Forschungsaufträge die „Köche persönlich bekannte Gäste häufiger einladen, im Restaurant Platz zu nehmen, als andere Gäste".

Das Fazit dieser Geschichte ist, dass wir dringend Daten benötigen, welche die Versorgungsqualität im Alltag reflektieren, dass diese Daten nicht auf der Bewertung „des Steaks durch den Koch, sondern durch den Gast" beruhen sollten, dass beide, Koch und Gast nur bewertet werden, wenn sie dazu angehalten sind, und dass nicht nur Gäste die Bewertung vornehmen sollten, die mit dem Koch befreundet sind, sondern alle.

5.3 Qualität der medizinischen Ausbildung

In Kapitel 1.3 haben wir als eines der generellen Probleme der Gesundheitsversorgung die unscharfe Definition von Zielen angesprochen. Dieses Problem trifft man auf allen Ebenen. Die Probleme unserer Patienten werden häufig nur unscharf erfasst, weil wir uns nicht die Zeit nehmen, sorgfältig zuzuhören und zurück zu fragen. Wenn das Problem nur größtenteils, aber eben nicht vollständig erkannt wurde, werden auch die Ziele der Diagnostik, der Therapie und des erwarteten Behandlungserfolgs nur größtenteils, aber eben nicht vollständig erreicht werden.

Die Ausbildung der Medizinstudenten bildet hierbei offensichtlich keine Ausnahme. Obwohl die direkte Messung der Ausbildungsqualität nur schwer zu realisieren ist, lassen sich anhand von Surrogatparametern der medizinischen Ausbildung einige Schlussfolgerungen ableiten. Einheitlich akzeptierte Bewertungskriterien der medizinischen Ausbildung würden wir als einen brauchbaren Surrogatparameter ansehen. Obwohl verschiedene Vorschläge zur Bewertung der medizinischen Ausbildungsqualität unterbreitet wurden, war offensichtlich keiner dieser Vorschläge so überzeugend, dass er von mehreren Institutionen übernommen wurde.

Es gibt Vorschläge zur Gestaltung eines Ausbildungscurriculums für die Familiy Medicine (Tandeter, Carrelli, Timonen et al.) oder Emergency Medicine (Singer, Bess 2009; Hobgood, Anantharaman, Bandiera et al. 2010). Ein gesteigerter Praxisbezug im vorklinischen Unterricht und intensivere Bemühungen zur Motivation der Studenten z. B. durch die Einbindung von IT-Programmen werden angemahnt (Mueller 2009). Es gibt Vorschläge, Schauspieler in den Unterricht einzubeziehen (Unalan, Uzuner, Cifçili et al. 2009) und neuere Ansätze wie „blended learning" (Greil, von Stralendorff, Mandl 2011) und das „hidden curriculum" (Hafler, Ownby, Thompson et al. 2011). Aber auch diese neuen Ansätze sind nicht unumstritten (Chuang, Nuthalapaty, Casey et al. 2010). Die Integration der Geisteswissenschaften in die Ausbildung der Mediziner (Ousager, Johannessen 2010) mag alleine aus Zeitgründen unrealistisch anmuten; es ist aber durchaus denkbar, dass gerade durch die Erweiterung der Perspektive ein Effekt erzielt oder auch ein Selektionsprozess unter den Studienbewerbern induziert wird, der bei der Ausbildung unserer Studenten absolut erwünscht ist. Solange diese potentiellen Effekte nicht untersucht sind, wird es schwer sein, ihre Sinnhaftigkeit einzustufen (Behling 2010; Charon 2010) und generell die Forderung nach einem formalen Curriculum zu begründen (Brouns, Busari 2011).

Es gibt aber auch kritische Stimmen, die den Wert einer seit 40 Jahren praktizierten Kompetenz-orientierten Ausbildung hinterfragen (Malone, Supri 2010), nach der wissenschaftlichen Evidenz fragen, welche die Struktur der Curricula begründet (Levinson 2010), oder aber konkret zum Ausdruck bringen, dass die Versorgung von Patienten am Lebensende in der medizinischen Ausbildung zu kurz kommt (Hesselink, Pasman, van der Wal et al. 2010). Interessant ist, dass die Studie zum letztgenannten Thema aus den Niederlanden kommt, wo diese Diskussion sehr früh in der Öffentlichkeit geführt wurde. Die besondere Bedeutung dieses Themas möchten wir herausstellen, weil gerade die Versorgung am Lebensende die Bedeutung der Frage nach dem Nutzen für den Patienten deutlich macht. Kaum ein Medizinstudent wird während seines Studiums mit der Aufgabe konfrontiert, eine Abwägung von Werten aus unterschiedlichen Perspektiven vorzunehmen.

Die differenzierte Abwägung verschiedener Optionen sollte den Kernbereich der medizinischen Ausbildung ausmachen, weil er alle Domänen beinhaltet, die unter professionellem ärztlichem Handeln zusammengefasst werden. In diesen äußerst schwierigen Situationen zeigt sich, dass die auch als Ärzte tätigen „Vertriebsagenten von Gesundheitsleistungen" (Porzsolt 2010d) mit Ausnahme kostspieliger Maßnahmen selten belastbare Lösungen vorschlagen können. An der Universität von Rochester wurden 1500 Kursleiter nach sechs Ausbildungsdomänen ihrer undergraduate Kurse befragt (Mooney, Lurie, Lyness et al. 2010). Dabei zeigte sich, dass die Vermittlung medizinischer Kenntnisse in 44 % der Antworten, die Patientenversorgung in 20 %, kommunikative Fähigkeiten in 12 %, die Professionalität in 9 %, systemorientierte Praxis in 8 % und praxisbezogenes Lernen in 7 % repräsentiert war.

Konkrete Programme zur generellen Bewertung des Outcomes sind selten. An der Martin-Luther-Universität in Halle wurde das Unterrichtsmodul „Prävention und Gesundheitsförderung" durch die Studenten mit durchaus positiven Ergebnissen bewertet (Klement, Omler, Lautenschläger et al. 2011), während eine ähnliche Auswertung in Kroatien einige Mängel offen legte (Koceic, Mestrovic, Vrdoljak et al. 2010). Auch eine kanadische Bewertung der Public Health Ausbildung deckte spezifische Mängel auf (Tyler, Hau, Buxton et al. 2009). Zusammengefasst zeigen die wenigen Vorschläge zur Bewertung der erzielten Ausbildungsqualität der jungen Ärzte, dass der Kern des Problems noch nicht getroffen wurde.

Ziel der Ausbildung ist, die Einstellung, die Fähigkeiten und das Wissen zu vermitteln, damit Ärzte ihren Beruf professionell ausüben können. Es gibt auch Ansätze, welche die Vermittlung und Bewertung ärztlicher Professionalität thematisieren. Aufgrund der Ähnlichkeit dieser Ansätze ist es DT Stern gelungen (Stern 2006), ein Modell der ärztlichen Professionalität zu entwerfen. Dort werden klinische Kompetenz, Kommunikationsfähigkeit sowie ein ethisches und rechtliches Grundverständnis als Grundbausteine der ärztlichen Professionalität beschrieben. Auf diesem Modell beruhen weitere Attribute wie Humanismus, Exzellenz, Zuverlässigkeit und Altruismus, die gemeinsam das professionelle Denken und Handeln tragen.

Jede medizinische Fakultät geht davon aus, dass diese professionellen Kernkompetenzen durch verschiedene Lehrmethoden im eigenen Lehrbetrieb umgesetzt werden. Ohne eine systematische und standardisierte Bewertung wird es für die Lernenden und Lehrenden gleichermaßen schwierig sein, eine objektive Bewertung durchzuführen. Eine differenzierte und stringente Bewertung wäre aber wünschenswert, weil Fehler, die bei der Bewertung unentdeckt bleiben, sich quasi als Bias in der Ausbildung manifestieren können.

Da die Qualität der ärztlichen Leistung letztlich durch deren Nutzer zu beurteilen ist – nicht der Koch, sondern der Gast beurteilt letztlich die Qualität des Steaks – wird im vorliegenden Projekt die Bewertung durch die Patienten vorgenommen. Die Beurteilung wird mittels Fragebögen durchgeführt, die von den Patienten ausgefüllt werden. Das Urteil eines Patienten ist umso stärker zu wichten, je häufiger sie/er die beurteilten ärztlichen Leistungen in Anspruch genommen hat.

Um eine Beurteilung der ärztlichen Professionalitätskriterien vornehmen zu können, sind diese Kriterien als bewertbare Items zu operationalisieren. Bei der Operationalisierung ist es sinnvoll, den umgekehrten Weg einzuschlagen, der bei der Definition der Professionalitätskriterien gegangen wurde; d. h. es sollten die Kriterien entschlüsselt werden, die letztlich zur Charakterisierung der professionellen Einstellung, der professionellen Fähigkeiten und des professionellen Wissens herangezogen wurden. Das Vorhandensein/Zutreffen dieser Kriterien wird semiquantitativ abgefragt (vollständig/teilweise/kaum vorhanden/nicht vorhanden). Anschließend ist der konstruierte Fragebogen zu validieren.

Fragebögen zur Bewertung der ärztlichen Professionalität wurden in mehreren Studien durch die Lernenden oder Lehrenden bereits angewandt (Jagadeesan, Kalyan, Lee et al. 2008; Mueller 2009; Nation, Carmichael, Fidler 2011; Qu, Zhao, Sun 2010; Ratanawongsa, Bolen, Howell 2006; Smith, Varkey, Evans et al. 2004; Stern 2006). Als Ergebnis dieser Studien zeigte sich, dass die strukturierte Bewertung dieser ärztlichen Grundeigenschaften ein wichtiges Werkzeug für Feedback und Erfolgskontrolle der gelehrten und ausgeübten ärztlichen Haltung darstellt. Obwohl in einigen dieser Studien erwähnt ist, dass eine Validierung des Fragebogens durchgeführt wurde, können wir eine formale Bestätigung dieser Aussage weder auf Grund unserer Literaturrecherchen noch anhand unserer Nachfragen bei den Autoren anfügen.

In einem laufenden Projekt wird das in den vorhandenen Fragebögen repräsentierte Wissen in einem Fragebogen zusammengeführt. Mit diesem Fragebogen wird versucht, aus der Bewertung der ärztlichen Professionalität durch Patienten Rückschlüsse auf die Qualität der ärztlichen Ausbildung zu gewinnen.

Der validierte Fragebogen kann zur Bewertung individueller Ärzte oder zur Bewertung von Ärztegruppen verwendet werden. Um die Compliance der Ärzte sicherzustellen, werden in der ersten Studie lediglich Fachgruppen, aber keine individuellen Ärzte bewertet. Eine Bewertung individueller Ärzte sollte erst erfolgen, wenn die in einer Gruppe erhobenen Defizite der Professionalität verifiziert und durch gezielte Maßnahmen korrigiert werden können. Im Prinzip wird es darauf ankommen, ein ausgewogenes Verhältnis zwischen der Umsetzung ärztlicher Professionalität und einer nicht verzichtbaren Ökonomisierung der Medizin zu realisieren: Die Patienten sollen sich auch mittel- und langfristig gut versorgt fühlen und das medizinisch Sinnvolle, das sich in einen gesundheitlichen Mehrwert umsetzen lässt, muss finanzierbar sein.

5.4 Ärztliches Handeln zwischen ökonomischen Forderungen und ärztlicher Qualität

GUY OSCAR KAMGA WAMBO & FRANZ PORZSOLT

EINFÜHRUNG UND PROBLEMSTELLUNG

In seiner Eröffnungsrede im Rahmen des 112. Deutschen Ärztetages in Mainz beklagte Prof. Jörg-Dietrich Hoppe, Präsident der Bundesärztekammer, die Mangelversorgung im deutschen Gesundheitswesen (Hoppe 2009). Er betonte, dass Ärztinnen und Ärzte nicht weiter für den staatlich verordneten Mangel in den Praxen und Kliniken verantwortlich gemacht werden wollen. Deshalb forderte er eine öffentliche Debatte darüber, welche Patienten und Krankheiten künftig mit welcher Priorität behandelt werden sollen, worüber die Politik, nicht aber die Ärzteschaft entscheiden solle. In der „Frankfurter Allgemeinen Sonntagszeitung" vom 21. Februar 2010 (Hoffmann, Hoischen 2010) erwähnte er auch die heimliche Rationierung im deutschen Gesundheitswesen, bei der nicht mehr die Effektivität einer Therapie über die Behandlung der Patienten entscheide, sondern deren Preis. Auch hier betonte er seine Forderung nach einer Debatte über die Priorisierung im deutschen Gesundheitswesen.

Gleichermaßen warnte der Präsident des 127. Kongresses der Deutschen Gesellschaft für Chirurgie vor der zunehmenden Kommerzialisierung im Gesundheitswesen durch falsch gesetzte finanzielle Anreize. Diese gefährde die medizinische Versorgung von Erkrankten. Immer häufiger beruhen ärztliche Leistungen mehr auf finanziellen als auf medizinischen Überlegungen (Gradinger 2010).

Wir meinen, dass es aber kaum möglich sein wird, dass wir Ärzte die Verantwortung für den Mangel in den Praxen und Kliniken abweisen. Anstatt neue, auf medizinischen Überlegungen (nicht auf ökonomischen) beruhende Lösungen zu suchen, sind viele von uns bereit, im Rahmen der Rationierung Kompromisse einzugehen. Der renommierte Geschäftsführer eines großen Krankenhauses sagte 2010 bei „Menschen bei Maischberger", dass Krankenhäuser gezwungen seien, wirtschaftlich zu arbeiten. Die Annahme, dass Ärzte „mit dem Rücken zur Wand stehen" und deshalb der Geschäftsführung machtlos ausgeliefert sind, ist nur zutreffend, wenn die Ärzte davor kapitulieren, eigene Lösungsvorschläge anzubieten.

In den Stellenangeboten wird von jungen Ärzten zunehmend häufiger neben fachlichen Kenntnissen und Erfahrung auch eine positive Einstellung zu einem modernen Kosten- und Qualitätsmanagement erwartet. Ärzte sind jedoch weder als Ökonomen ausgebildet noch ist klar ausgedrückt, was unter dem geforderten ökonomischem Verständnis von den Ärztinnen und Ärzten erwartet wird. Vor allem private Träger wollen ihre Krankenhäuser entsprechend den „Grundpositionen und Grundregelungen der Beratungs- und Formulierungshilfe Chefarztvertrag" der Deutschen Krankenhausgesellschaft nach rein betriebswirtschaftlichen Kennzahlen führen (Abeln 2010) und deshalb die Gestaltungsspielräume der Chefärzte einschränken.

Die Bundesärztekammer, der Verband der Leitenden Krankenhausärzte Deutschlands und der Marburger Bund äußerten sich in den gemeinsamen Hinweisen (Bundesärztekammer 2002) kritisch gegenüber der Beratungs- und Formulierungshilfe der Deutschen Krankenhausgesellschaft.

Diese unterschiedlichen Standpunkte und Aussagen deuten auf das Fehlen eines gemeinsamen Konzepts hin. Unklare Vorstellungen über die Effizienz von Gesundheitsleistungen und die daraus resultierenden unklaren Zielvorstellungen behindern die Konsensbildung jedes ärztlichen Teams und stellen die Qualitätssicherung in Frage. Der Arzt steht vor der Entscheidung, entweder dem Druck der Sparzwänge undifferenziert nachzugeben oder ethische Prinzipien zu beachten. Dieser Konflikt wird in der öffentlichen Debatte bisher kaum berücksichtigt.

ÄRZTLICHES QUALITÄTSMANAGEMENT UND ÄRZTLICHE QUALITÄTSSICHERUNG

Wir verstehen unter ärztlicher Qualität eine patientenorientierte, zeitnahe, sichere, angemessene und vor allem effiziente Versorgung. Die Steuerung aller qualitätsbezogenen und qualitätssichernden ärztlichen Tätigkeiten und Ziele kann als ärztliches Qualitätsmanagement verstanden werden, zum Beispiel das „Critical Incident Reporting System (CIRS)" zur Risiko- und Fehlerprävention.

Wir legen großen Wert darauf, uns nicht mit einer Optimierung der Struktur- und Prozessqualität zufrieden zu geben, weil optimale Strukturen und Prozesse keine verbesserten Outcomes garantieren. Deshalb empfehlen wir dringend, primär die angestrebten Versorgungsziele zu definieren. Es ist unseres Erachtens sinnlos, Ziele anzustreben, die vom Patienten nicht mitgetragen werden. Andererseits sind von den Ärzten qualitätssichernde Maßnahmen durchzuführen, mit welchen nachgewiesen werden kann, dass Fehldiagnosen vermieden und Präventions- und Behandlungsziele auch tatsächlich erreicht werden konnten. Geeignete Instrumente dazu sind die klinische Obduktion, die keineswegs obsolet ist, und systematische Erfolgskontrollen aus ärztlicher

Sicht und aus Sicht der Patienten. Die Einhaltung von Leitlinien ist kein geeignetes Maß, um ärztliche Qualität zu bewerten, weil Leitlinien zum einen kaum validiert sind, der Grad der Verlässlichkeit deshalb variabel ist und die Umsetzbarkeit von Leitlinien von verschiedenen Variablen abhängig ist, die nicht alle kontrolliert werden können, z. B. der Kinetik einer Erkrankung. Chronisch verlaufende, komplikationslose Erkrankungen werden wesentlich häufiger leitliniengerecht zu behandeln sein als aggressive und komplikationsreiche Erkrankungen. Letztlich ist zu bedenken, dass bei jeder Leitlinie ein spezifischer, maximal erreichbarer Erfüllungsgrad anzunehmen ist. Kaum eine Leitlinie wird bei allen Patienten und kaum eine Leitlinie wird bei den leitliniengerecht behandelbaren Patienten vollständig anwendbar sein. Diese Variablen sind bisher nicht hinreichend untersucht. Forderungen nach leitliniengerechten Therapien widersprechen demnach einem der beutendsten Brückenprinzipien (siehe Kapitel 2.2), welches voraussetzt, dass jemand, der eine Leistung erbringen soll, auch über die notwendigen Bedingungen verfügen muss, damit er diese Leistung erbringen kann: „Sollen setzt Können voraus".

FALLBEISPIELE

Beispiel 1: Harte Rationierung

Eine 61-jährige Patientin, die aufgrund starker Schmerzen bei bekannter rheumatoider Arthritis auf Schmerzmittel angewiesen war, erbat vom Hausarzt eine weitere Verordnung. Als Begründung für die Ablehnung wies er darauf hin, dass die Patientin in diesem Quartal bereits drei Verordnungen für Schmerzmittel erhalten habe.

Beispiel 2: Fachlich unzutreffende Rationierung

Ein 88-jähriger Patient, der wegen einer Kniegelenkarthrose unter Schmerzen leidet, bekommt ein Rezept für das Schmerzmittel Ibuprofen. Die Ehefrau, die zwar nicht medizinisch ausgebildet ist, aber aufgrund ihrer ehrenamtlichen Tätigkeit in der palliativen Medizin mit Schmerztherapie vertraut ist, fragt den Arzt wegen der Notwendigkeit eines Magenschutzmittels und erhält darauf lediglich die Rückfrage: „Wissen Sie, wie viel das kostet?" Einige Tage später wird ihr Mann mit dem Notarzt wegen einer Magenblutung ins Krankenhaus eingewiesen.

> **Beispiel 3: Kommunikationsproblem infolge Respektlosigkeit**
>
> Es handelt sich um den von den Medien begleiteten Fall der fränkischen Bäuerin, deren Ehemann „qualvoll nach einer Routineoperation im Krankenhaus im Rahmen einer Blutvergiftung und Organversagen verstarb, obwohl die Ehefrau die Ärzte mehrfach wegen hohen Fiebers und wegen einer undichten Operationsnaht alarmiert hatte". Acht Jahre später gewann seine Witwe den Prozess wegen „Behandlungsfehlern, die dem gesamten Personal hätten auffallen müssen". „Individuelle Fehler und Systemversagen" seien als Ursachen des vermeidbaren Schadens anzusehen.

> **Beispiel 4: Mangelhafte ärztliche Professionalität**
>
> Im Juni 2010 durchsuchten insgesamt 300 Polizeibeamte und die Staatsanwaltschaft mehrere DRK-Kliniken sowie Privatwohnungen wegen des Verdachts auf Abrechnungsbetrug. Laut einer öffentlichen Stellungnahme der Polizei standen Ärzte und Geschäftsführer der Krankenhäuser und Medizinischen Versorgungszentren unter dem Verdacht, ärztliche Leistungen falsch abgerechnet zu haben. Die Hinweise, die zur Aufdeckung führten, wurden von einer früheren Ärztin, die diese Vorgehensweise nicht mittragen wollte, gegeben.

DISKUSSION DER FALLBEISPIELE

Die ersten beiden Beispiele belegen, dass der Arzt eine Entscheidung getroffen hat, die zwar durch die vorgegebenen Rahmenbedingungen begründet werden kann, aber eben nur durch einen Teil der Rahmenbedingungen. Es bedarf keiner Diskussion, dass bei unbestrittenem Bedarf einer Gesundheitsleistung die Bedürfnisse des Individuums Priorität vor den Interessen der Gesellschaft haben müssen. Diese Aussage bedeutet nicht, dass Budgetgrenzen nicht einzuhalten wären, sie besagt aber, dass dem Arzt die Priorisierung abverlangt werden muss, auch wenn diese Ansicht nicht von allen Kollegen geteilt wird. Wer, wenn nicht ein Team aus Ärzten und Pflegekräften, kann die Dringlichkeit einer individuell nachgefragten Gesundheitsleistung abschätzen, die Validität der Aussage zu dieser Gesundheitsleistung (ob sie das leisten kann, was sie zu leisten verspricht) beurteilen und den zu erwartenden Nutzen aus der individuell gewährten Gesundheitsleistung beurteilen? Unser Gesundheitssystem wäre überfordert, wenn andere Akteure als die genannten diese Entscheidungen treffen sollten. Es mag nur zutreffen, dass die geforderten Akteure noch nicht ausreichend auf diese Aufgabe vorbereitet sind und die erforderliche Infrastruktur nicht zur Verfügung steht, um diese Aufgaben zu lösen. So kann ohne spezielle Ausbildung nicht verlangt werden, die Validität wissenschaftlicher Publikationen zu prüfen. Diesen Service muss die Selbstverwaltung bieten und die Ergebnisse dieses Services müssten in lokalen Qualitätszirkeln vermittelt und diskutiert werden.

Der Hausarzt sieht sein vorgegebenes monetäres Budget und fühlt sich für die Allokation dieses Budgets allein verantwortlich. Um betriebswirtschaftliche Nachteile zu vermeiden, sehen sich viele Ärzte zum Sparen gezwungen.

Damit wird der Arzt zu einem Pseudo-Ökonom, der unzureichend ausgebildet ist und mit ungeeigneter Infrastruktur haushalten muss. Die Entscheidungen der Ärzte in den ersten beiden Fallbeispielen waren für die Patienten unzutreffend, ineffizient und unprofessionell. Es ist unsere gemeinsame Aufgabe, die notwendigen Änderungen zunächst zu diskutieren und danach herbeizuführen.

Im Falle der fränkischen Bäuerin stellte der Gutachter „individuelle Fehler und Systemversagen" als mitverursachende Faktoren für den Tod des Patienten fest. Details wurden nicht veröffentlicht. Nach einem Gutachten (Deutscher Bundestag 2007) des Deutschen Sachverständigenrates zur Entwicklung im Gesundheitswesen ergaben sich aus 184 ausgewerteten Studien allein für den Krankenhausbereich bei jährlich 17 Millionen Krankenhauspatienten 850.000 bis 1,7 Millionen unerwünschte Ereignisse, 340.000 Schäden, 170.000 Behandlungsfehler und 17.000 Todesfälle, die auf Fehler zurückzuführen waren. Dabei wurde die Definition des Schadens epidemiologisch und ökonomisch geprägt und wenig juristisch. Ein Schaden liegt dementsprechend vor, wenn die Schädigung vermeidbar ist und der negative Nutzen einer medizinischen Maßnahme den positiven Nutzen übersteigt. In dem Fall des verstorbenen Ehemannes ist diese Definition zutreffend.

Viele Ärztinnen und Ärzte beklagen zunehmend die ständig wechselnden Rahmenbedingungen ihrer Arbeit. In einer vom Marburger Bund im Jahre 2010 durchgeführten Mitgliederbefragung zur Analyse der beruflichen Situation der angestellten und beamteten Ärzte in Deutschland (Marburger Bund 2011) gaben 88 % der Befragten an, sich eine bis mehr als vier Stunden täglich mit Verwaltungstätigkeiten zu beschäftigen. Insgesamt 42 % der Befragten beschrieben ihre Arbeitsbedingungen als „schlecht" bzw. „sehr schlecht" und für 30 % waren diese Bedingungen durchschnittlich. Auch die Rücklaufquote von nur 15 % der Befragten eröffnet einen erheblichen Diskussionsspielraum. Wir halten es für unwahrscheinlich, dass die Mehrzahl der non-responder auf eine Antwort verzichtet hat, weil sie mit dem System zufrieden ist; Resignation ist für fehlende Rückmeldungen wesentlich wahrscheinlicher. Wenn man die fehlenden Daten mitberücksichtigt, scheint in der Tat ein dringender Handlungsbedarf zu bestehen.

Widersprüchliche Dienstanweisungen, Zeitmangel, Personalmangel, ungenügende Fort- und Weiterbildungsmöglichkeiten, Übermüdung und fehlende Ressourcen zur Bewältigung dieser Probleme beeinflussen die Leistungsfähigkeit der Ärzte und der Pflege. Wenn es an Kollegialität und Teamgeist mangelt und hierarchische Strukturen Führungsschwäche kompensieren sollen, werden individuelle Ressourcen ohne Effekte verbrannt. Diese Zusammenhänge sind beschrieben (Michie, Williams 2003). Eine durch die Landesärztekammer Bayern und durch die Bundesärztekammer geforderte prospektive Kohortenstudie (Angerer, Petru, Weigl et al. 2009) zu Arbeitsbedingungen und Befinden von Ärztinnen und Ärzten zeigte ähnliche Ergebnisse mit einer Tendenz zur Verschlechterung über drei Jahre und mit einer hohen Prävalenz von Zuständen, die eine klinisch relevante Depression anzeigen.

Diese Faktoren sind mit Stress, mit einer Verschlechterung der klinischen Leistungsfähigkeit und mit einer erhöhten Wahrscheinlichkeit, Fehler zu machen, assoziiert, insbesondere im Umgang mit kritisch kranken Patienten (Sharpe, Koval, Ronco et al. 2010; Linzer, Baier Manwell, Mundt et al. 2005).

Dienstanweisungen bergen erhebliche Risiken, weil sie verpflichtend sind und bei Nicht-Erfüllung rechtliche Konsequenzen nach sich ziehen können. Wenn ökonomische Zwänge unzutreffend umgesetzt werden, indem Aufnahmekapazitäten fachfremder Abteilungen ausgenutzt werden, um der Nachfrage gerecht zu werden, ist zu diskutieren, ob im Zweifelsfall tatsächlich der Arzt haftet, der die möglicherweise unglückliche Dienstanweisung zur Belegung fachfremder Abteilungen unter Notfallbedingungen umsetzt.

Ein Argument für die Rationierung im Gesundheitswesen ist die weitverbreitete Einstellung, dass Wettbewerb die Qualität der Versorgung verbessert. Rationierung kann nicht die Lösung des Problems sein, weil sie häufig die Rahmenbedingungen und die Qualität ärztlichen Handelns verschlechtert. An Stelle der Rationierung muss Rationalisierung angewandt werden. Sie setzt aber wesentlich komplexere Entscheidungen und mehr als nur betriebswirtschaftliche Kenntnisse voraus. Dafür spricht, dass in profitorientierten medizinischen Einrichtungen die Mortalitätsrate und die Häufigkeit vermeidbarer Fehler mit schweren Patientenschädigungen signifikant höher ist als in nicht profitorientierten Einrichtungen (Thomas, Orav, Brennan 2000; Schiff 2000; Rosenau, Linder 2003; Deveraux, Schünemann, Ravindran et al. 2002).

In Deutschland werden zunehmend mehr vermeidbare Fehler und Schäden in Verbindung mit ärztlichen Behandlungen als Beispiel für kostensparende, aber im Ergebnis unglückliche Organisationsstrukturen von den Medien begleitet und vor Gericht verhandelt. „Die Chance, mit vollem Namen verurteilt zu werden, nimmt mit der Entfernung zum geschädigten Patienten ab", so die Analyse des Autors (Schulte-Sasse 2009), was bedeutet, dass die Leistungen der Manager, die Systemfehler in den Einrichtungen zu verantworten haben, bei Prozessen nur selten hinterfragt werden.

In dem letzten Beispiel, das wir im Kontext der ärztlichen Professionalität sehen, hat ein Chefarzt das ökonomische Interesse unangemessen priorisiert. Das Beispiel verdeutlicht die Risiken möglichen Fehlverhaltens, welchen Personen in leitenden Positionen ausgesetzt sind. Das Beispiel beschreibt aber auch die Chancen, dass diese Formen von Fehlverhalten sehr leicht aufgedeckt werden können. Da ähnliches Fehlverhalten häufig ist, sollte auf die bestehenden Risiken und Chancen explizit hingewiesen werden. Durch eine kluge Vertragsgestaltung können diese Probleme minimiert werden.

ZUSAMMENFASSENDER AUSBLICK

Die Debatte über Rationierung mit „unzutreffenden Anreizen" im deutschen Gesundheitswesen ist nicht abgeschlossen. Die Auswirkungen der Rationierung mit einem Trend zur „Kommerzialisierung" auf die ärztlichen Rahmenbedingungen und auf die ärztliche Qualität werden jedoch zunehmend von den Ärzten thematisiert. Der Appell an die Politik ist deutlich, eine öffentliche Debatte zur Gestaltung einer nachhaltigen Gesundheitsversorgung zu führen.

Eine Optimierung der Gesundheitsversorgung bei knappen Ressourcen ist nur möglich, wenn die Frage der Priorisierung geklärt ist. Dabei muss die Aufmerksamkeit monetären Ressourcen gelten. Es darf aber nicht vergessen werden, dass das primäre Interesse der Gesundheitsversorgung mit den Erwartungen der Bürger abgestimmt sein sollte, aber nicht nur auf die Einhaltung eines Budgets fixiert sein darf. Psychosoziale Determinanten der Gesundheit, wie zum Beispiel die Gesundheitserziehung im Kleinkindalter, Bildung, die Prävention von chronisch nicht übertragbaren Krankheiten, die mit hohen Ausgaben verbunden sind, müssen bearbeitet werden, allerdings nicht ohne die Nachhaltigkeit dieser Programme zu hinterfragen. Eine Reduktion der Programme auf jene mit den überzeugendsten Effekten ist kostengünstiger als eine breite Förderung ungeprüfter Präventionsleistungen.

Die Ärzte müssen sich positionieren. Falls es den Ärzten nicht gelingt, eine klare und ausdrückliche Positionierung einzunehmen, wird es sehr schwer sein, eine Entwicklung abzuwenden, an deren Ende Ausführende mit mäßigem medizinischem Sachverstand die Entscheidungen von Ökonomen umsetzen.

Ärzte können auf verschiedene Art dazu beitragen, bei knappen Ressourcen die Qualität der medizinischen Versorgung zu optimieren. In erster Linie sollten Ärzte ein ökonomisches Verständnis erwerben, welches auf die Besonderheiten des meritorischen Gutes „Gesundheit" abgestimmt ist. Konkret geht es um die Optimierung des Nutzens von Gesundheitsleistungen. Ärzte sollten zunächst den Nachweis antreten, welcher maximale Nutzen bei einem bestehenden Gesundheitsproblem unter Alltagsbedingungen gestiftet werden kann. Die dafür erforderlichen Mittel spielen zunächst keine Rolle. Das primäre Augenmerk ist auf die Identifizierung kostenintensiver Maßnahmen zu lenken, die nur unwesentlich zur Maximierung des Nutzens beitragen. Es kann vorhergesagt werden, dass nur wenige strittige Gesundheitsleistungen übrig bleiben werden, die zweifellos nützlich sind, aber erhebliche Ressourcen binden. Die überwiegende Mehrzahl der Gesundheitsleistungen, deren Nutzen bereits jetzt fraglich erscheint, die aber weiterhin finanziert werden, weil Daten zum Versorgungsalltag fehlen, werden durch relativ einfache Versorgungsstudien identifiziert werden können. Wenn diese wenig effizienten Leistungen erkannt sind, sollen alle verbleibenden Leistungen benannt werden, die als effizient bezeichnet werden können und bei einem definierten Gesundheitsproblem Nutzen stiften.

Da meritorische Güter durch Eigenschaften öffentlicher wie auch privater Güter gekennzeichnet sind, ist letztlich durch eine autorisierte Institution zu entscheiden, welche dieser nutzenstiftenden Leistungen von der Solidargemeinschaft finanziert werden und welche privat zu finanzieren sind. Bei dieser Entscheidung wird dem Aspekt Rechnung getragen, dass niemand wirtschaftliche Nachteile wegen lebensrettender Maßnahmen hinnehmen muss, aber Annehmlichkeiten nicht von der Solidargemeinschaft getragen werden können. Die Grenze zwischen Lebensnotwendigem und Annehmlichem wird von der autorisierten Institution festgelegt.

Stichwortverzeichnis

A
accuracy 46
Analytischer Hierarchieprozess 82
Anamnese 210f
Angemessenheit 30, 85, 170, 184
Anreize 85f
Area Under the Curve (AUC) 49
Auszahlungen 77
awareness 129, 192

B
Bayes-Theorem 25
Behandlungspfade 196ff
benefit assessment group 133
Biomedizin 21
Bland-Altman-Diagramm 51, 56
bounded rationality 75f
Brückenprinzipien 169, 175
budget-related-decisions 20, 183
Budgetverantwortung 183f

C
chance to benefit 186ff
Choice-Based Conjoint-Analyse 83
Cholesterin 92f
Cognitive Dissonance 89
Conjoint-Analyse 83
costs overrun of additional treatment success (COATS) 188
cost-utility-analysis 81, 181
critical appraisal skills-Programme (CASP) 148
Critical Incident Reporting System (CIRS) 220
Cutpoint 49

D
Darmkrebs-Screening 161
Demedikalisierung 23
Diagnose 24
Diagnostik 112ff
direkte Kosten 78
disabilities 168

Discrete-Choice-Modell 84
Disease-Management-Programme (DMPs) 86, 201

E

effectiveness 125, 129, 155 f, 179 f, 192, 194
Effektivität 120, 125, 168, 179 f
efficacy 125, 155 f, 179 f, 192 f
Effizienz 109 f, 168, 186
Einzelkosten 77
Entgrenzungsdimensionen 24
EQ-5D 164
Ergebnisqualität 132, 194
Evidenz 134, 154, 157 f, 214
Evidenzbasierte Medizin (EbM) 154
Externalität 71
externe Evidenz 37, 134, 136

F

FIX-FLEX-Protokoll 115, 117

G

Gefangenendilemma 72
gefühlte Sicherheit 19, 86 f, 110, 113, 152, 170, 196, 203 ff
Gemeinkosten 77
Genauigkeit (accuracy) 46
German Diagnosis Related Groups (G-DRGs) 76
gesundheitsbezogene Lebensqualität (gLQ) 162, 183
Gesundheitsleistungen 29, 36, 63, 81, 103 f, 174 ff
Gesundheitswert 180
gewichtetes Kappa-Maß 55
Giffen-Effekt 75
Goldstandard 52
Gossensches Gesetz 79 ff, 122 f
GRADE-System 177
Grenznutzen 79 f
Grenzwert 92

Grundleistungskatalog 102 ff

H

Handlungsrelevanz 108 f, 118
health utility-Index (HUI) 182
Hepatitis C 144
Höhlengleichnis 30
Humoralpathologie 21

I

Iatrotechnik 21
Iatrotheologie 21
impairments 168
inattentional blindness 31 f
incentives 85
incremental-cost-effectiveness-ratio (ICER) 79, 181
indirekte Kosten 78
individualisierte Medizin 161
inkrementelle Kosten-Effektivitäts-Analyse (IKER) 78 f
Innovation 150 ff
intangible Kosten 78
Intentionalität 170
interne Evidenz 37, 134 ff
interne Inkonsistenz 145
interne Konsistenz 41
Interratervergleich 49
Intraratervergleich 49
IQWiG 84, 177

K

Kappa-Maß 50
Kategorisierung 103
Klinische Epidemiologie 38 ff
Klinische Ökonomie 15, 35
klinisch-ökonomischer Index (ICE) 109
Kongruenz-Postulat 67
Korrelationskoeffizient 55 f
Kosten 77, 193 f
Kosten-Effektivitäts-Analyse 180

Stichwortverzeichnis

Kosten-Minimierungs-Analyse 181
Kosten-Nutzen-Analyse 180 f
Kosten-Nutzwert-Analyse 81, 181
Krankheitskostenstudie 78

L
lead time bias 56 f
Lebensqualität 34, 162 ff
Leitlinien 119 ff
length bias 57 f
life saving services (LSS) 103
Likelihood-Ratio 47
locus of control 170 ff

M
Mammakarzinom 96, 118, 171
Markt 70
Medikalisierung 23 f
meritorisches Gut 70
minimal benefit basket (MBB) 103
Modellierbarkeit 173
moral hazard 73

N
negativ prädiktiver Wert (NPW) 45
Normalsichtigkeit 100
Normalwert 24
Null-Risiko 99
number needed to treat 34, 188
numerische Methode 23
Nutzen 84, 90, 125 ff, 169, 180
Nutzenbewertung 158

O
ökonomisches Prinzip 69
Opportunitätskosten 77
organische Ausfälle 168
Ovsiankina-Effekt 31

P
Paradigmenvielfalt 22

Pareto-effiziente Lösung 72
pathogene Funktion 92
Placebo-Effekt 89
positiv prädiktiver Wert (PPW) 45
Präferenzen 88, 168
pragmatic controlled trial (PCT) 149, 155 f
Prävention 106
Präventionsprogramm 39, 107
Präventivmedizin 95
Preis 33
primäre Prävention 118 f
Priorisierung 104, 175, 184, 219
Prostatakarzinom 96, 118
Prozessqualität 132, 194
Pseudodisease 109, 117
public benefit basket (PBB) 103, 105

Q
QLQ-C30 182
qualitätsbezogene Lebensjahre (QALY) 81, 128, 168, 182, 189 f
Qualitätsmanagement 220
Qualitätssicherung 220
quality improving services (QIS) 103
quality of well being-Skala (QWB) 182

R
Rahmenbedingungen 170
Randomisation 41, 155
randomisierte kontrollierte Studie (RCT) 211
randomized controlled trial (RCT) 149, 154, 211
Rating-Skala 182
Rechtfertigungsbedürfnis 21
Reliabilität 44
Remedikalisierung 24
ROC-Kurve 48

S
safety 170
satisfaction 129, 192

security 170
sekundäre Prävention 119
self-administered Version (QWB-SA) 182
Sensitivität 44
septischer Schock 120
serielles Testen 54
SF-36 182
Sicherheit 86
Simons' video 31
Simpson's Paradoxon 58
Slutsky-Effekt 73
Snob-Effekt 73 ff
species morbosa Linnés 22
Spezifität 44
Standard Gamble 82, 182
Strukturqualität 131, 194
Studiendesign 41
Studienziel 40
Substitutionseffekt 74

T
tendenziöse Wahrnehmung 31
tertiäre Prävention 119
Testgüte 118
therapeutische Effizienz 118
Therapie-Reviews 43
Therapieziel 118
Time Trade Off 182
trait 173

U
Überdiagnostik 117
Unaufmerksamkeitsblindheit 31
usability of scientific publications (USP) 148
utility 81

V
Validität 36, 39 ff, 133
Validitätskriterien 139 ff
value 191, 195
Versorgungsbedarf 33, 174

Versorgungsstrategie 25
Verteilungsgerechtigkeit 174, 185 ff
virtueller Patient 94

W
Wert-Orientierung 61
Werturteile 65 ff
Wertvorstellung 157
Wettbewerb 70
Will Rogers phenomenon 59
Wirksamkeit 33
Wirkung 125, 154, 168, 180, 191

Y
Y-Hypothese 205
Y-nurse 203
Youden-Index 46

Z
Zeigarnik-Effekt 31
Zieldefinition 25, 215
Zielerreichung 26

Literaturverzeichnis

Abeln C (2010)
Chefarztverträge. Achtung Stolperfallen.
Dtsch Ärztebl 2010;2010;107(16):A-781/ B-681/C-669.

Albert H (1991)
Traktat über kritische Vernunft.
5. Auflage, Tübingen.

Altman DG (1991)
Practical statistics for medical research.
London.

Altman DG, Bland JM (1994a)
Diagnostic tests 2: predictive values.
Br Med J 1994;309(6947):102.

Altman DG, Bland JM (1994b)
Diagnostic tests 3: receiver operating characteristic plots.
Br Med J 1994b;309(6948):188.

Angerer P, Petru R, Weigl M et al. (2009)
Arbeitsbedingungen und Befinden von Ärztinnen und Ärzten.
In: Fuchs C, Kurth BM, Scriba PC (Hrsg.). Report Versorgungsforschung: Befunde und Interventionen. Köln.

Arndt V, Stegmaier C, Ziegler H et al. (2006)
A population-based study of the impact of specific symptoms on quality of life in women with breast cancer 1 year after diagnosis.
Cancer. 2006;107:2496-2503.

Augsburger JJ (2005)
Unnecessary clinical tests in ophthalmology.
Trans Am Soc Ophthalmol 2005;103:143-147.

Backhaus K, Erichson B, Plinke W (2008)
Multivariante Analysemethoden.
Heidelberg.

Beger HG, Rau B, Gansauge F et al. (2008)
Bauchspeicheldrüsenkrebs – Heilungschancen minimal.
Dtsch Ärztebl 2008;105(14):255-62.

Behling C (2010)
The ghosts of disease management past.
Popul Health Manag 2010;13:57-58.

Bender R (2001)
Interpretation of efficacy measures derived from 2 × 2 tables for the evaluation of diagnostic tests and treatment.
Med Klin (Munich). 96:116-121. Review.

Bendor J (2003)
Herbert A. Simon: political Scientist.
Annu Rev Polit Sci 2003;6:433-71.

Bernard C (1961)
Einführung in das Studium der experimentellen Medizin (Paris 1865).
Leipzig.

Bernard GR, Vincent JL, Laterre PF et al. (2001)
Efficacy and safety of recombinant human activated protein C for severe sepsis.
N Engl J Med 2001, 344(10):699-709.

Bioethik-Kommission des Landes Rheinland-Pfalz (2010)
Gesundheit und Gerechtigkeit: Ethische, soziale und rechtliche Herausforderungen.
Bericht vom 30.04.2010, Mainz. Abrufbar im Internet: http://www.mjv.rlp.de/icc/justiz/med/6cf/6cf3ed04-31d8-9214-f80b-1e177fe9e30b,11111111-1111-1111-1111-111111111111.pdf, Stand: 15.08.2011.

Bland JM, Altman DG (1986)
Statistical methods for assessing agreement between two methods of clinical measurement.
Lancet. 1986;1(8476):307-10.

Bland JM, Altman DG (2003)
Applying the right statistics: analyses of measurement studies.
Ultrasound Obstet Gynecol 2003;22: 85-93.

Böhmer S, Kohlmann T (2000)
Verfahrung zur Bewertung von Gesundheitszuständen und Lebensqualität.
In: Ravens-Sieberer U, Cieza A. Lebensqualität und Gesundheitsökonomie in der Medizin. Konzepte, Methoden, Anwendungen. Landsberg.

Bollet AJ (1973)
Pierre Louis: the numerical method and the foundation of quantitative medicine.
The American Journal of Medical Sciences 266:93-101.

Bossaert LL (2011)
The European Resuscitation Council's guidelines for resuscitation 2010 in perspective: we need to do better.
Rev Esp Cardiol. 2011;64:445-450.

Brouns JW, Busari JO (2011)
Why formal practice management education is required in the postgraduate medical curriculum.
Med Teach. 2011;33:255-256.

Brown SR, Brown J (2011)
Why do physicians order unnecessary preoperative tests? A qualitative study.
Fam Med. 2011;43:338-343.

Brunkhorst FM, Engel C, Ragaller M et al. (2008)
Practice and perception – a nationwide survey of therapy habits in sepsis.
Crit Care Med 2008;36:2719-2725.

Bühner M (2010)
Einführung in die Test- und Fragebogenkonstruktion.
München / Boston / San Francisco.

Bundesärztekammer (2002)
Gemeinsame Hinweise der BÄK, des Verbandes d. leitenden Krankenhausärzte Deutschlands u. d. Marburger Bundes zu den Grundpositionen und -regelungen der Beratungs- und Formulierungshilfe Chefarztvertrag der DKG (6. geänderte Auflage).
Abrufbar im Internet: http://www.bundesaerztekammer.de/page.asp?his=1.144.761.1039.1066, Stand: 15.08.2011.

Busse R, Stargardt T, Schreyögg J (2005)
Determining the "health benefit basket" of the statutory health insurance scheme in Germany. Methodologies and criteria.
Eur J Health Econom 2005. November; 6:30-36.

Cameron CA, Trivedi PK (2005)
Microeconomics: methods and applications.
New York.

Canguilhem G (1974)
Das Normale und das Pathologische.
München.

Cao HJ, Liu JP (2010)
Number needed to treat (NNT), an index for clinical therapeutic efficacy assessment—its significance and application.
Zhongguo Zhong Xi Yi Jie He Za Zhi. 2010 Jul;30(7):752-6.

Carrasquer Moya C, Solé Jover A, Peiró S (2001)
Delay in the performance of diagnostic tests and unnecessary hospital stays in lung cancer.
Rev Clin Esp. 2001;201:619-626.

Cecamore C, Savino A, Salvatore R et al. (2011)
Clinical practice guidelines: what they are, why we need them and how they should be developed through rigorous evaluation.
Eur J Pediatr. 2011;170:831-836.

Chan AW, Hróbjartsson A, Haahr MT et al. (2004)
Empirical evidence for selective reporting of outcomes in randomized trials.
JAMA 2004;291:2457-2465.

Charon R (2010)
Commentary: calculating the contributions of humanities to medical practice-motives, methods, and metrics.
Acad Med. 2010 Jun;85(6):935-7.

Chuang AW, Nuthalapaty FS, Casey PM et al. (2010); Undergraduate Medical Education Committee, Association of Professors of Gynecology and Obstetrics
To the point: reviews in medical education-taking control of the hidden curriculum.
Am J Obstet Gynecol. 2010;203:316.e1-6.

City BKK (2011)
City BKK wird geschlossen. Versicherte weiter abgesichert.
Pressemitteilung vom 04.05.2011. Abrufbar im Internet: http://www.citybkk.de/presse/meldung20110504, Stand: 15.08.2011.

Clouth J (2008)
Estimating VAS Values through EQ-5D by Structural Equation Modeling for the German population.
In: Scalone A, Mantovani LF (Hrsg.). 25th scientific plenary meeting of the EuroQol Group – Proceedings. Rotterdam.

Clouth J (2008a)
Testing construct validity of EQ-5D by Confirmatory Factor Analysis (CFA) and Structural Equation Modeling (SEM).
In: Scalone A, Mantovani LF (Hrsg.). 25th scientific plenary meeting of the EuroQol Group – Proceedings. Rotterdam.

Cohen H (1953)
The evolution of the concept of disease.
Proceedings of the Royal Society of Medicine 48:155-160.

Conrad P (1992)
Medicalization and social control.
Annu Rev Sociol, 18:209-232.

Conrad P, Angell A (2004)
Homosexuality and remedicalization.
Society 41(5):32-39.

Coppin C, Porzsolt F (2003)
Kidney cancer. Evidence-based oncology.
BMJ Books 2003, 333-345.

Cutter Mary Ann G (2003)
Reframing disease contextually.
Dodrecht.

Dellinger RP, Carlet JM, Masur H et al. (2004)
Surviving sepsis campaign guidelines for management of severe sepsis and septic shock.
J Intensive Care Med 2004;30:536-555.

Dellinger RP, Levy MM, Carlet JM et al. (2008)
Surviving sepsis ampaign: international guidelines for management of severe sepsis and septic shock: 2008.
Crit Care Med 2008;36:296-327.

Deutscher Bundestag (2007)
Gutachten 2007 des Sachverständigenrates zur Begutachtung der Entwicklung im Gesundheitswesen. Kooperation und Verantwortung – Voraussetzungen einer zielorientierten Gesundheitsversorgung.
Drucksache 16/6339. Abrufbar im Internet: http://dipbt.bundestag.de/dip21/btd/16/063/1606339.pdf, Stand: 15.08.2011.

Devereaux PJ, Schünemann HJ, Ravindran N et al. (2002)
Comparison of mortality between private for-profit and private not-for-profit hemodialysis centers. A systematic review and metaanalysis.
JAMA, November 20, 2002; 288,19.

Dichtl E, Issing O (Hrsg.) (1994)
Vahlens Großes Wirtschaftslexikon.
2. Auflage, München.

Dietrich ES (2002)
Grundlagen der Pharmakoepidemiologie und Pharmakoökonomie.
Frankfurt.

Dietrich ES (2008)
Kosten-Nutzen-Bewertung. Eine Grundlage für Nachhaltigkeit und Beitragssatzstabilität?
Gesundheitspolitische Kommentare 2008; 3/08: 7-13.

Dörner D (1987)
Handeln, Problemlösen, Entscheiden.
In: Immelmann K (Hrsg.). Funkkolleg Psychobiologie, Studienbegleitbrief 7. Weinheim / Basel.

Dörner D (1989)
Die Logik des Misslingens.
Reinbek.

Dörner D, Kreuzig HW, Reither F et al. (Hrsg.) (1983)
Lohhausen: Vom Umgang mit Unbestimmtheit und Komplexität.
Bern.

Dolan JG (1995)
Are patients capable of using the analytic hierarchy process and willing to use it to help make clinical decisions?
Med Decision Making 1995;15:76-80.

Dolan JG, Isselhardt BJ Jr, Cappuccio JD (1989)
The analytical hierachy process in medical decision making: a tutorial.
Med Decision Making 1989;1:40-50.

Dowling PT, Alfonsi G, Brown MI et al. (1989)
An education program to reduce unnecessary laboratory tests by residents.
Acad Med. 1989;64:410-412.

Drummond MF, Sculpher MJ, Torranace GW et al. (2005)
Methods for the economic evaluation of healthcare programmes.
3. Auflage, Oxford.

Eisenberg JM (1984)
New drugs and clinical economics: analysis of cost effectiveness in the assessment of pharmaceutical innovations.
Rev Infect Dis. 1984;6 Suppl 4:S905-908.

Engel C, Brunkhorst FM, Bone HG et al. (2007)
Epidemiology of sepsis in Germany: results from a national prospective multicenter study.
Intensive Care Med 2007;33:606-618.

England and Wales Court of Appeal (Civil Division) Decisions (2010)
The Lord Chief Justice of England and Wales, the Master of Rolls and the Lord Justice Sedley between British Chiropractic Association and Dr Singh.
Neutral Citation Numer (2010) EWCA Civ 350, Case No: A2/2009/1196, Abrufbar im Internet: http://www.britishcaselaw.co.uk/british-chiropractic-association-v-singh-2010-ewca-civ-350-01-april-2010, Stand: 31.08.2011.

Evanoff B, Potter P, Wolf L et al. (2005)
Can We Talk? Priorities for patient care differed among health care providers.
In: Henriksen K, Battles JB, Marks ES, Lewin DI (Hrsg.) Advances in patient safety: from research to implementation. Rockville (Maryland).

Fabricatore AN, Wadden TA, Moore RH et al. (2009)
Predictors of attrition and weight loss success: Results from a randomized controlled trial.
Behav Res Ther. 2009;47:685-691.

Fangerau H, Martin M (2011)
Konzepte von Gesundheit und Krankheit: Die Historizität elementarer Lebenserscheinungen zwischen Qualität und Quantität.
In: Viehöver W, Wehling P (Hrsg.): Entgrenzung der Medizin. Von der Heilkunst zur Verbesserung des Menschen? Bielefeld, S. 51–66.

Fangerau H, Martin M, Lindenberg R (2009)
Vernetztes Wissen: Kognitive Frames, neuronale Netze und ihre Anwendung im medizinhistorischen Diskurs.
In: Fangerau H, Halling T (Hrsg.): Netzwerke. Allgemeine Theorie oder Universalmetapher in den Wissenschaften? Ein transdisziplinärer Überblick. Bielefeld, S. 29–48.

Feinstein AR, Sosin DM, Wells CK (1985)
The Will Rogers phenomenon. Stage migration and new diagnostic techniques as a source of misleading statistics for survival in cancer.
N Engl J Med. 1985 Jun 20;312(25):1604-8.

Fisher ES, Wennberg JE, Stukel TA et al. (1994)
Hospital readmission rates for cohorts of Medicare beneficiaries in Boston and New Haven.
N Engl J Med. 1994;331:989-995.

Fletcher H, Fletcher SW, Wagner EH (1996)
Clinical epidemiology.
3. Auflage, Baltimore.

Freeman JL (1965)
Long-term behavioural effects of cognitive dissonance.
J Exp Soc Psychol 1:145-155.

Fritsch M, Wein T, Ewers HJ (2003)
Marktversagen und Wirtschaftspolitik.
5. Auflage, München.

Frosch D, Porzsolt F, Heicappell R et al. (2001)
Comparison of german language versions of the QWB-SA and SF-36 evaluating outcomes for patients with prostate disease.
Qual Life Res. 2001;10(2):165-73.

Gampert L (2009)
Entwicklung und Validierung eines psychometrischen Messinstrumentes zur Messung der „Gefühlten Sicherheit" von Patienten nach dem Lesen einer Arzneimittelgebrauchsinformation.
Dissertationsarbeit an der Medizinischen Fakultät der Universität Ulm.

Gao K, Kemp DE, Fein E et al. (2010)
Number needed to treat to harm for discontinuation due to adverse events in the treatment of bipolar depression, major depressive disorder, and generalized anxiety disorder with atypical antipsychotics.
Clin Psychiatry, 2010 Oct 19.

Gehr BT, Weiss C, Porzsolt F (2006)
The fading of reported effectiveness. A meta-analysis of randomised controlled trials.
BMC Med Res Methodol. 2006 May 11;6:25.

Gigerenzer G (2007)
Bauchentscheidungen. Die Macht des Unbewußten und die Intelligenz der Intuition.
Gütersloh.

Goldberg TH (1991)
Unnecessary preoperative tests: the hospital's role.
Ann Intern Med. 1991;114:432.

Gradinger R (2010)
Chirurgen warnen vor negativen Trend im Gesundheitswesen. Kommerzialisierung gefährdet Patientenversorgung.
Deutsche Gesellschaft für Chirurgie. 127. Kongress 20. – 23. April 2010, Berlin. Abrufbar im Internet: http://www.thieme.de/specials/presseservice/dgch10/mappen/pressemappe_20_04_2010.pdf, Stand: 15.08.2011.

Gray JA Muir (2004)
Evidence-based policy making – is about taking decisions based on evidence and the needs and values of the population.
BMJ 2004; 329:988-989.

Green PE, Srinivasan V (1990)
Conjoint-Analysis in Marketing.
Journal of Marketing, 54:3-19.

Greil W, von Stralendorff I, Mandl H (2011)
Blended learning in continuing medical education: evaluation of an innovative curriculum "bipolar and bipolar spectrum disorders".
Nervenarzt. 2011;82:895-901.

Greimel ER, Bjelic-Radisic V, Pfisterer J et al. (2006)
Randomized study of the Arbeitsgemeinschaft Gynaekologische Onkologie Ovarian Cancer Study Group Comparing Quality of Life in patients with ovarian cancer treated with Cisplatin / Paclitaxel versus Carboplatin / Paclitaxel.
J Clin Oncol 2006;24:579-586.

Guder WG, Müller OA (2009)
Unnötige Laboruntersuchungen.
Med Wochenschr. 2009;134:575-584.

Guyatt G, Drummond R, Meade MO et al. (2008)
User's guides to the medical literature. A manual for evidence-based clinical practice.
2. Auflage, New York/Chicago.

Guyatt GH, Osoba D, Wu AW et al. (2002)
Clinical significance consensus meeting group. Methods to explain the clinical significance of health status measures.
Mayo Clin Proc. 2002;77:371-383.

Haas M, Schneider M, Vavrek D (2010)
Illustrating risk difference and number needed to treat from a randomized controlled trial of spinal manipulation for cervicogenic headache.
Chiropr Osteopat. 2010 May 24;18:9.

Hafler JP, Ownby AR, Thompson BM et al. (2011)
Decoding the learning environment of medical education: a hidden curriculum perspective for faculty development.
Acad Med. 2011;86:440-444.

Ham C (1993)
Priority setting in the NHS: reports from six districts.
BMJ 1993, 307:435-438.

Hatcher M (1994)
Voting and priorities in health care decision making, portrayed through a group decision support system, using analytic hierarchy process.
Journal of Medical Systems 1994; 18(5):267-285.

Hempel CE, Oppenheim P (1948)
Studies in the logic of explanation.
Philosophy and Science, 1948;15:135-175.

Herndon MB, Schwartz LM, Woloshin S et al. (2008)
Older patients perceptions of "unnecessary" tests and referrals: a national survey of Medicare beneficiaries.
J Gen Intern Med. 2008;23:1547-1554.

Hess R (2006)
Alternative Behandlungsmethoden bei lebensbedrohlichen Erkrankungen. Auseinandersetzung mit dem Beschluss des Bundesverfassungsgerichts vom 6. Dezember 2005.
Gesellschaft & Gesundheit Wissenschaftsforum (GGW) 2006;4:7-14.

Hesselink BA, Pasman HR, van der Wal G et al. (2010)
Education on end-of-life care in the medical curriculum: students' opinions and knowledge.
J Palliat Med. 2010 Apr;13(4):381-387.

Hobgood C, Anantharaman V, Bandiera G et al. (2010)
International Federation for Emergency Medicine model curriculum for medical student education in emergency medicine.
Emerg Med J. 2010;27:766-769.

Hoffmann C, Hoischen O (2010)
Wen sollen wir zuerst behandeln? Bundesärztekammer-Präsident Hoppe über die Kosten des Gesundheitswesens, Krebsmedikamente und den Sinn von Therapie.
Frankfurter Allgemeine Sonntagszeitung, Nr. 7, 21.02.2010, S. 7.

Hofman BM (2001)
Complexity of the concept of disease as shown through rival theoretical frameworks.
Theoretical Medicine 22:211-236.

Holm S (1979)
A simple sequentially rejective multiple test procedure.
Scand J Stat.1979;6:65-70.

Hoppe JD (2009)
Verteilungsgerechtigkeit durch Priorisierung – Patientenwohl in Zeiten der Mangelverwaltung.
Rede des Präsidenten der Bundesärztekammer zur Eröffnung des 112. Deutschen Ärztetages am 19. Mai 2009 in Mainz. Abrufbar im Internet: http://www.bundesaerztekammer.de/downloads/112-DAET-Rede-Hoppe-1905092.pdf, Stand: 15.08.2011.

Huissoon AP, Carlton SA (2002)
Unnecessary repeat requesting of tests in a university teaching hospital immunology laboratory: an audit.
J Clin Pathol. 2002;55:78.

Hummel JM, Omta SF, van Rossum W (2001)
The analytic hierachy process: an effective toll for a strategic decision of a multidisciplinary research centre.
In: Hummel JM. Supporting medical technology development with the analytic hierachy process. PhD thesis. University of Groningen.

IQWiG (2009)
Allgemeine Methoden zur Bewertung von Verhältnissen zwischen Nutzen und Kosten.
Version 1.0 vom 12.10.2009. Köln. Abrufbar im Internet: https://www.iqwig.de/download/Methodik_fuer_die_Bewertung_von_Verhaeltnissen_zwischen_Kosten_und_Nutzen.pdf, Stand: 15.08.2011.

Jagadeesan R, Kalyan DN, Lee P et al. (2008)
Use of a standardized patient satisfaction questionnaire to assess the quality of care provided by ophthalmology residents.
Ophthalmology. 2008 Apr;115(4):738-743.

Jedlitschka B
Wirtschaftliche Diagnostik in der Allgemeinmedizinischen Praxis – eine Umfrage bei Kollegen in Gemeinden unterschiedlicher Größe.
Universität Ulm, Disserationsarbeit, eingereicht.

Jenicek M (2003)
Foundations of evidence-based medicine.
London.

Johal S, Williams H (2007)
Decision-making tools for medical device development.
Verfügbar im Internet unter: http://www.nottingham.ac.uk/match/Publications/johal_ABHI_focus_magazine_march_2007.pdf, Stand: 15.08.2011.

Johnson FR, Hauber AB, Osoba D et al. (2006)
Are chemotherapy patients' HRQoL importance weights consistent with linear scoring rules? A stated-choice approach.
Qual Life Res. 2006;15:285-298.

Julious SA, Mullee MA (1994)
Confounding and Simpson's paradox.
BMJ. 1994;309:1480-1481.

Kaplan RM, Porzsolt F (2008)
The Natural History of Breast Cancer.
Arch Int Med 2008; 168:2302-2303.

Kaptchuk TJ, Stason WB, Davis RB et al. (2006)
Sham device v inert pill: randomised controlled trial of two placebo treatments.
BMJ. 2006;332:391-397.

Katz RI, Dexter F, Rosenfeld K et al. (2011)
Survey study of anesthesiologists' and surgeons' ordering of unnecessary preoperative laboratory tests.
Anesth Analg. 2011;112:207-212.

Klement A, Omler M, Lautenschläger C et al. (2011)
"Without any practical relevance?": 3 years of student evaluation of an interdisciplinary curriculum for prevention and health promotion in undergraduate medical education.
Gesundheitswesen. 2011;73:e68-73.

Knie A (2010)
Gefühlte Sicherheit älterer Mitbürger.
Dissertationsarbeit an der Medizinischen Fakultät der Universität Ulm.

Koceic A, Mestrovic A, Vrdoljak L et al. (2010)
Analysis of the elective curriculum in undergraduate medical education in Croatia.
Med Educ. 2010 Apr;44(4):387-95.

Kolenda KD (2005)
Sekundärprävention in der koronaren Herzkrankheit: Effizienz nachweisbar.
Dtsch Arztebl 2005;102(26):A-1889/B-1596/C-1503.

Kornmann M, Porzsolt F (2008)
Treatment preferences of physicians and lay persons: lessons from a study analysing neoadjuvant treatment of rectal carcinoma.
J Clin Oncol 2008;26:2866-4868.

Kornmann M, Porzsolt F, Henne-Bruns D (2008)
Vergleichende Bewertung von Gesundheitsleitungen durch Laien am Beispiel
der Therapie des Rektumkarzinoms.
Zentralb Chir 2008;133:148-155.

Kristensen LE, Jakobsen AK, Bartels EM et al. (2011)
The number needed to treat for second-generation biologics when treating
established rheumatoid arthritis: a systematic quantitative review of
randomized controlled trials.
Scand J Rheumatol. 2011 Jan;40(1):1-7. Epub 2010 Oct 15. Review.

Kupferschmidt K (2009)
Falsche Gewissheit bei der Krebsfrüherkennung.
In: Zeit Online, Tagesspiegel, 12.08.2009. Abrufbar im Internet: http://www.zeit.de/online/2009/33/
krebsfrueherkennung-nutzen/kompettansicht, Stand: 15.08.2011.

Kwok J, Jones B (2005)
Unnecessary repeat requesting of tests: an audit in a government hospital
immunology laboratory.
J Clin Pathol. 2005;58:457-462.

van de Laar FA (2008)
Review: dietary counselling promotes modest weight loss, but the effect
diminishes over time.
Evid Based Med. 2008;13:11.

Lahrtz S (2009)
Was bringt das Mammografie-Screening?
In: NZZ Online, 07.01.2009. Abrufbar im Internet: http://www.nzz.ch/nachrichten/wissenschaft/was_
bringt_das_mammografie-screening_1.1654376.html, Stand: 15.08.2011.

Lauritzen T, Leboeuf-Yde C, Lunde IM et al. (1995)
Ebeltoft project: baseline data from a five-year randomized, controlled,
prospective health promotion study in a Danish population.
Br J Gen Pract 1995; 45:542-547.

Lauterbach KW, Lüngen M, Schrappe M (2010)
Gesundheitsökonomie, Management und Evidence-based Medicine.
Stuttgart.

Lawler EE (1973)
Motivation in Work Organizations.
Monterey (Kalifornien).

Lerman C, Trock B, Rimer BK et al. (1991)
Psychological and behavioral implications of abnormal mammograms.
Ann. Intern. Med. 1991; 114:657-661.

Levinson AJ (2010)
Where is evidence-based instructional design in medical education curriculum development?
Med Educ. 2010;44:536-537.

Lewin K (1936)
Principles of topological psychology.
New York/London.

Lingelbach B (2009)
Optische Täuschungen. Was sieht? Auge oder Gehirn?
http://www.youtube.com/watch?v=TYKdolhBlDg&NR=1, Stand: 15.08.2011.

Linzer M, Baier Manwell L, Mundt M et al. (2005)
Organizational climate, stress, and error in primary care: the MEMO Study.
In: Henriksen K, Battles JB, Marks ES et al. (Hrsg.). Advances in patient safety: from research to implementation. Volume 1: research findings). Rockville (Maryland).

Ljungqvist O (2010)
Guidelines and practice: the need to determine compliance.
J Parenter Enteral Nutr. 2010;3:602-603.

Lütters H (2004)
Online-Marktforschung. Eine Positionsbestimmung im Methodenkanon der Marktforschung unter Einsatz eines webbasierten Analytic Hierarchy Process (webAHP).
Wiesbaden.

Lyman GH (2011)
Venous thromboembolism in the patient with cancer: focus on burden of disease and benefits of thromboprophylaxis.
Cancer. 2011;117:1334-1349.

Malone K, Supri S (2010)
A critical time for medical education: the perils of competence-based reform of the curriculum.
Adv Health Sci Educ Theory Pract. 2010 Sep 14.

Marburger Bund (2011)
Ergebnisbericht der Mitgliederbefragung Marburger Bund 2010. Analyse der beruflichen Situation der angestellten und beamteten Ärzte in Deutschland.
Landau. Abrufbar im Internet: http://www.marburger-bund.de/umfragen/2010_mitgliederumfrage/Gesamtauswertung.pdf, Stand 15.08.2011.

Martin M, Fangerau H (2010)
Claude Bernard und der „europäische Durchschnittsharn".
Der Urologe 49:855-860.

Masson AR, Smith PC (2005)
Description of the Benefit Catalogue England, York (GB).
Abrufbar im Internet: http://www.ehma.org/files/Benefit_Report_United_Kingdom.pdf, Stand: 15.08.2011.

Mayer K, Oppert M, Olthoff D et al. (2007)
Epidemiology of sepsis in Germany: results from a national prospective multicenter study.
Intensive Care Med 2007;33:606-618.

Mayer M (1991)
Unnecessary laboratory tests in diagnosis and treatment.
Harefuah. 1991;120:66-69.

Michie S, Williams S (2003)
Reducing work related psychological ill health and sickness absence: a systematic literature review.
Occup Environ Med 2003;60:3-9.

Mook J, Kohlmann T, Besch D et al. (2005)
Nutzentheoretische Lebensqualitätsinstrumente in der medizinischen Rehabilitation: Ein anwendungsbezogener Vergleich.
Z Med Psychol 2005;14:25-32.

Mooney CJ, Lurie SJ, Lyness JM et al. (2010)
Development of an audit method to assess the prevalence of the ACGME's general competencies in an undergraduate medical education curriculum.
Teach Learn Med. 2010;22:257-261.

Most SB, Scholl BJ, Clifford ER et al. (2005)
What you see is what you set: sustained inattentional blindness and the capture of awareness.
Psych Rev 2005;112:217-242.

Mueller PS (2009)
Incorporating Professionalism into medical education: the Mayo Clinic experience.
Keio J Med. 2009 Sep;58(3):139.

Murphy D, Dandeker C, Horn O et al. (2006)
UK armed forces responses to an informed consent policy for anthrax vaccination: a paradoxical effect?
Vaccine. 2006;24:3109-3114.

Murphy DJ, Burrows D, Santilli S et al. (1994)
The influence of the probability of survival on patients' preferences regarding cardiopulmonary resuscitation.
N Engl J Med. 1994;330:545-549.

Muttray A, Hagenmeyer L, Unold B et al. (2007)
Videoanalyse der Schläfrigkeit von Fahrern.
Z Arb Wiss 2007;61:245-54.

Nagel M (2011)
Über die inhaltliche Konsistenz randomisierter klinischer Studien.
Dissertationsarbeit an der Medizinischen Fakultät der Universität Ulm.

Nation JG, Carmichael E, Fidler H et al. (2011)
The development of an instrument to assess clinical teaching with linkage to CanMEDS roles: a psychometric analysis.
Med Teach. 2011;33(6):e290-6.

Nicolson M (1993)
The art of diagnosis: medicine and the five senses.
In: Bynum WF, Porter R (Hrsg.): Companion encyclopedia of the history of medicine. London/New York, Vol. 2, S. 801–825.

Nieschlag R, Dichtl E, Hörschgen H (1988)
Marketing.
15. Auflage, Berlin.

Nothardt N (2008)
Validität homöopathischer Studien.
Dissertationsarbeit an der Medizinischen Fakultät Universität Ulm.

Oesterling JE (1995)
Using prostate-specific antigen to eliminate unnecessary diagnostic tests: significant worldwide economic implications.
Urology. 1995;46(Suppl A):26-33.

Ousager J, Johannessen H (2010)
Humanities in undergraduate medical education: a literature review.
Acad Med. 2010;85:988-998.

Oxman AD, Lavis JN, Fretheim A (2007)
Use of evidence in WHO recommendations.
The Lancet 2007;369:1883-1889.

Der Patientenbeauftragte der Bundesregierung
Eckpunkte Patientenrechte in Deutschland.
Abrufbar im Internet: http://www.patientenbeauftragter.de/upload/bilder/der_beauftragte/Eckpunkte_Patientenrechtegesetz_endg___2_.pdf, Stand: 15.08.2011.

Phan TD, Lau KK, De Campo J (2006)
Stratification of radiological test ordering: its usefulness in reducing unnecessary tests with consequential reduction in costs.
Australas Radiol. 2006;50:335-338.

Pichl E (2009)
Sicherheit, Risiko, Strahlenschutz: Ethische und normative Aspekte.
Diplomarbeit an der Karl-Franzens-Universität Graz.

Pindyck RS, Rubinfeld DL (2005)
Mikroökonomie.
6. Auflage, München.

Pöppel E (2008)
Zum Entscheiden geboren.
München.

Polensek SH, Tusa R (2009)
Unnecessary diagnostic tests often obtained for benign paroxysmal positional vertigo.
Med Sci Monit. 2009;15:MT89-94.

Popp R (2009)
Entwicklung eines Messinstruments zur Erfassung der „Gefühlten Sicherheit" bei Schülerinnen und Schülern an Realschulen in Baden-Württemberg.
Dissertationsarbeit an der Medizinischen Fakultät Universität Ulm.

Porter EP (2010)
What is value in health care?
N Eng J Med 363; 26 Dec. 2010.

Porzsolt F (2003)
Klinische Ökonomik: Die ökonomische Bewertung von Gesundheitsleistungen aus der Sicht des Patienten.
In: Porzsolt F, Williams AR, Kaplan RM (Hrsg.): Klinische Ökonomik. Effektivität und Effizienz von Gesundheitsleistungen. Landsberg. S. 17–40.

Porzsolt F (2007a)
Gefühlte Sicherheit – Ein Entscheidungskriterium für Patienten.
Z Allg Med 2007;83:501-506.

Porzsolt F (2007b)
Gefühlte Sicherheit – ein neuer gesellschaftlicher Wert.
Implicon plus – Gesundheitspolitische Analysen 2007;7:1-8.

Porzsolt F (2008a)
Verborgene Brillanten der Disease Management Programme.
Gesundh ökon Qual manag 2008;4:234-240.

Porzsolt F (2008b)
Evidence Level Ia – ist die Königin der wissenschaftlichen Evidenz so attraktiv wie ihr Ruf?
Zentralbl Chir 2008;133:46-50.

Porzsolt F (2010a)
Baskets, budgets and beyond one's own nose: Märchenhafte Tipps zur Steuerung des Gesundheitssystems im Wunderland.
Implicon plus – Gesundheitspolitische Analysen 2010;7:1-12.

Porzsolt F (2010b)
Lessons learned from prevention programs: different endpoints should be used in secondary and tertiary prevention.
In: Senn HJ, Otto F (Hrsg.). Clinical cancer prevention. Recent results in cancer research. Berlin/Heidelberg.

Porzsolt F (2010c)
Prävention aus Sicht der Klinischen Ökonomik – Eine lebensnotwendige Konsequenz der Zivilisation oder „gefühlte Sicherheit"?
In: Kirch W, Middeke M, RychlikR (Hrsg.). Aspekte der Prävention. Stuttgart.

Porzsolt F (2010d)
Die Symbiose von Medizin und Ökonomie aus ärztlicher Sicht.
In: Porzsolt F, Tilgner S. Managed Care. Perspektiven für das deutsche Gesundheitswesen? Berlin.

Porzsolt F (2010e)
The Y-nurse – pain in the neck or blessing for the team.
BMJ blog by BMJ group, December 29, 2010.

Porzsolt F, Bonotto de O. Costa IC, Thomaz TG for the SHUFFLE group (2009)
Advantages and limitations of twin assessement of clinical trials (TACT).
J Publ Health 2009;17:425-435.

Porzsolt F, Brähler E, Clouth J et al. (2008)
Konsensuspapier zur Lebensqualitätsmessung.
Gesundh ökon Qual manag 2008;13:61-65.

Porzsolt F, Braubach P, Flurschütz PI et al.
The contribution of medical students can help avoid the expert bias in medicine.
2011 Submitted for publication.

Porzsolt F, Eisemann M, Habs M (2010)
Complementary alternative medicine and traditional scientific medicine should use identical rules to complete clinical trials.
EUJIM 2010;2:3-7.

Porzsolt F, Gaus W (1993)
Wirksamkeit und Nutzen medizinischer Maßnahmen: Ein Beitrag zur Optimierung des Gesundheitssystems.
Der Klinikarzt 1993;12:522-528.

Porzsolt F, Ghosh AK, Kaplan RM (2009)
Qualitative assessment of innovations in healthcare provision.
BMC Health Serv Res. 2009;9:50.

Porzsolt F, Hölzel D (2009)
Spontaneous remissions in breast cancer underline the need of more evidence: screening should not detect more cancer but earlier cancer.
J. Publ Health 2009;18:15-19.

Porzsolt F, Kajnar H, Awa A et al. (2005)
Validity of original studies in health-technology assessment (HTA) reports: significance of standardized assessment and reporting.
Int. J. Technol. Assess. Health Care 2005;21/3:1-4.

Porzsolt F, Kaplan RM (2006)
"CLINECS": Strategy and tactics to provide evidence of the usefulness of health care services from the patient's perspective (value for patients).
In: Porzsolt F, Kaplan RM (Hrsg.). Optimizing health – improving the value of healthcare delivery. New York.

Porzsolt F, Kilian R, Eisemann M (2007)
Gefühlte Sicherheit – Ein neuer gesellschaftlicher Wert.
Gesundh ökon Qual manag 2007;12:7-10.

Porzsolt F, Kirner A, Kaplan RM (2009)
Predictors of successful cancer prevention programs.
Recent Results Cancer Res. 2009;181:19-31.

Porzsolt F, Kliemt H (2008)
Ethische und empirische Grenzen randomisierter kontrollierter Studien.
Medizin Klinik 2008;103:836-842.

Porzsolt F, Kojer M, Schmidl M et al. (2004)
A new instrument to describe indicators of well-being in old-old patients with severe dementia – the Vienna list.
Health and Quality of Life Outcomes 2004, 2:10.

Porzsolt F, Kumpf J, Coppin C et al. (2003)
Stringent application of epidemiologic criteria changes the interpretation of the effects of immunotherapy in advanced renal cell cancer.
In: William C (Hrsg.). Evidence-based oncology. BMJ Books 2003, S. 34–38. New York.

Porzsolt F, Leonhardt-Huober H. (2006)
Evidence-based medicine and ethics: desired and undiesired effects of screening.
In: Porzsolt F, Kaplan RM (eds.) Optimizing Health – Improving the Value of Healthcare Delivery. Springer, New York.

Porzsolt F, Leonhardt-Huober H, Kaplan RM (2006)
Aims and value of screening: is perceived safety a value for which to pay?
In: Porzsolt F, Kaplan RM (eds.) Optimizing Health – Improving the Value of Healthcare Delivery. Springer, New York.

Porzsolt F, Meuret G (1992)
Is non-symptomatic stable disease a relevant goal for treatment of metastatic breast cancer?
Onkologie 1992;15:25-30.

Porzsolt F, Ohletz A, Thim A et al. (2003a)
Evidence-based decision making. The six step approach.
Editorial. Evidence-Based Medicine 2003;8:165-166.

Porzsolt F, Ohletz A, Thim A et al. (2003b)
Evidence-based decision making. The six step approach.
Editorial. ACP-Journal Club 2003;139:A10.

Porzsolt F, Polianski I, Görgen A et al. (2011)
Safety and security: the valences of values.
J Appl Security Res 2011, online Oct 15, 2011.

Porzsolt F, Pressel H, Maute-Stephan C et al. (2010)
Appraisal of healthcare: from patient value to societal benefit.
J Publ Health 2010a;18:297-302.

Porzsolt F, Schlotz-Gorton N, Biller-Andorno N et al. (2004)
Applying evidence to support ethical decisions: is the placebo really powerless?
Science and Engineering Ethics 2004;10:119-132.

Porzsolt F, Strauss B (2002)
Evidenzbasierte Medizin: Konflikt ist lösbar.
Deutsches Ärzteblatt 2002;99:A-761.

Porzsolt F, Voigt W, Stemmer B et al. (1988)
Krankenhauskosten onkologischer und nicht-onkologischer Patienten.
ATO 1988;7:34-50.

Porzsolt F, Voigt W, Stemmer B et al. (1989)
Wie teuer sind Tumorpatienten?
Das Krankenhaus 1989;9:495-499.

Porzsolt F, Wölpl C, Rist CE et al. (1996)
Comparison of three instruments (QLQ-C30, SF-36, QWB-7) measuring health-related quality of life / quality of well being.
Psycho-Oncology 1996;5:103-117.

Porzsolt F, Wyer P.
Supplementing efficacy: Pragmatic clinical trials (PCTs) for comparative effectiveness.
Submitted for publication.

Porzsolt F, Zimmermann T (2010)
Optimierung der Gesundheitsversorgung am Beispiel der Rehabilitation: Angestrebte Ziele sind zu definieren und erreichte Ziele zu bestätigen.
Med Klin 2010;105:345-350.

Qu B, Zhao Y, Sun B (2010)
Evaluation of residents in professionalism and communication skills in south China.
Saudi Med J. 2010 Nov;31(11):1260-5.

Raffée H (1974)
Grundprobleme der Betriebswirtschaftslehre.
Göttingen.

Raffée H, Abel B (Hrsg.) (1979)
Wissenschaftstheoretische Grundfragen der Wirtschaftswissenschaften.
München.

Ratanawongsa N, Bolen S, Howell EE et al. (2006)
Residents' perceptions of professionalism in training and practice: barriers, promoters, and duty hour requirements.
J Gen Intern Med. 2006 Jul;21(7):758-63.

Reiser SJ (1993)
The Science of diagnosis: diagnostic technology.
In: Bynum WF, Porter R (Hrsg.). Companion encyclopedia of the history of medicine. London / New York, Vol. 2.

Revicki DA, Kaplan RM (1993)
Reationship between psychometric and utility-based approaches to the measurement of health-related quality of life.
Quality of Life Research 1993;2:477-487.

Richardson CG, Zumbo BD (2000)
A statistical examination of the health utility index-mark III as a summary measure of health status for a general population health survey.
Social Indicators Research, 2000;51:171-191.

Rochau U (2009)
Gefühlte Sicherheit in Selbsthilfegruppen nach Brustkrebs.
Dissertationsarbeit an der Medizinischen Fakultät der Universität Ulm.

Röper B (2010)
Der große Körpercheck.
Apothekenumschau. Abrufbar im Internet: http://www.apotheken-umschau.de/Medizin/Der-grosse-Koerpercheck-101397.html, Stand: 15.08.2011.

Rosati R, Ciampalini P, Grossi A et al. (2011)
An alternative evaluation of evidence: results from a CASP workshop.
In: Sharek PJ, Bergman D, Ducharme FM. Beclomethasone for asthma in children: effects on linear growth. Vovhrane DDatabase of Systematic Reviews 2011, Issue 7.

Rosenau PV, Linder SH (2003)
A comparison of the performance of for-profit and nonprofit U.S. psychiatric inpatient care providers since 1980.
Abrufbar im Internet: http://www.ncbi.nlm.nih.gov/pubmed [Abstract PMID:12556598 PubMed - indexed for MEDLINE], Stand: 05.11.2011.

Rothschuh KE (1978)
Konzepte der Medizin in Vergangenheit und Gegenwart.
Stuttgart.

Ruckenstein MJ (1998)
Evaluating facial paralysis. Expensive diagnostic tests are often unnecessary.
Postgrad Med. 1998;103:187-188.

Ruß H, Clouth J, Porzsolt F (2005)
Zur Theorie der Brückenprinzipien.
Gesellschaftspolitische Kommentare 2005;10.

Ruß H, Clouth J, Porzsolt F (2006)
Theory Behind the Bridge Principles.
In: Porzsolt F, Kaplan RM (eds.) Optimizing Health – Improving the Value of Healthcare Delivery. New York.

Sabino EC, Salles NA, de Almeida-Neto C (2011)
Performance of parallel screening of Brazilian blood donors with two human immunodeficiency virus immunoassays: implications for sequential immunoassay testing algorithms in other countries.
Transfusion, 2011;51:175-183.

Sackett DL, Straus SE, Richardson WS et al. (2000)
Evidence-based medicine. How to practice and teach EbM.
2. Auflage, Edinburgh / London / New York.

Sandler G (1980)
The importance of the history in the medical clinic and the cost of unnecessary tests.
Am Heart J. 1980;100:928-931.

Schäfer D, Frewer A, Schockenhoff E et al. (Hrsg.) (2008)
Gesundheitskonzepte im Wandel: Geschichte, Ethik und Gesellschaft.
Stuttgart.

Schafberger A (2010)
Verdacht auf HIV-Infektion. Wann ist welcher Test angezeigt?
MMW Fortschr Med. 2010 29;152(17):50-2.

Schiff GD (2000)
Fatal distraction: finance versus vigilance in U.S. hospitals.
Int J Health Serv. 2000;30(4):739-43.

Schmalenbach E (1963)
Kostenrechnung und Preispolitik.
8. Auflage, Köln / Opladen.

Schneemann H, Wurm G (1995)
Hagers Handbuch der pharmazeutischen Praxis.
Folgeband 1, Waren und Dienste. Berlin.

Schöffski O, von der Schulenburg JM (Hrsg.) (2007)
Gesundheitsökonomische Evaluationen.
3. Auflage, Berlin/Heidelberg.

Schoenberg MH, Weiss M, Radermacher P (1998)
Outcome of patients with sepsis and septic shock after ICU treatment.
Langenbecks Arch Surg 1998;383:44-48.

Schuhmacher M, Schulgen G (2007)
Methodik klinischer Studien. Methodische Grundlagen der Planung, Durchführung und Auswertung.
2. Auflage, Berlin/Heidelberg.

Schulman KA, Ohishi A, Park J et al. (1999)
Clinical economics in clinical trials: the measurement of cost and outcomes in the assessment of clinical services through clinical trials.
Keio J Med. 1999;48:1-11.

Schulte-Sasse U (2009)
Fehler durch Kostendruck. Keine rechtlichen Konsequenzen bei „Managerpfusch".
Deutsches Ärzteblatt Jg. 106;42:16.

Scott IA, Guyatt GH (2011)
Clinical practice guidelines: the need for greater transparency in formulating recommendations.
Med J Aust. 2011;195:29-33.

Sharpe R, Koval V, Ronco JJ et al. (2010)
The impact of prolonged continuous wakefulness on resident clinical performance in the intensive care unit: a patient simulator study.
Crit Care Med. 2010 Mar;38(3):766-70.

Sheynin OB (1982)
On the history of medical statistics.
In: Arch. Hist. Exact. Sci. 26:241-286.

Sigle J.
Homepage
http://www.ql-recorder.com/indexd.htm, www.ql-recorder.com/newanqd.htm.

Simons' video.
http://www.dansimons.com/videos.html, Stand: 15.08.2011.

Simon GE, Rohde P, Ludman EJ et al. (2010)
Is success in weight loss treatment contagious (do attendance and outcomes cluster within treatment groups)?
Obes Res Clin Pract. 2010;4:283-291.

Simon MA, Lokeshwar VB, Soloway MS (2003)
Current bladder cancer tests: unnecessary or beneficial?
Crit Rev Oncol Hematol. 2003;47:91-107.

Singer LE, Bess M (2009)
Teaching health law: combining pedagogy and practice: creating a 21st century health law curriculum.
J Law Med Ethics. 2009;37:852-856.

Sloane EB, Liberatore MJ, Nydick RL (2002)
Medical decision support using the Analytic Hierarchy Process.
J Healthc Inf Manag 2002;16(4):38-43.

Smith CA, Varkey AB, Evans AT et al. (2004)
Evaluating the performance of inpatient attending physicians: a new instrument for today's teaching hospitals.
J Gen Intern Med. 2004 Jul;19(7):766-71.

Stäudel T (1987)
Problemlösen, Emotionen und Kompetenz.
Regensburg.

Stern DT (2006)
A framework for measuring professionalism.
In: Stern DT (Hrsg.). Measuring professionalism. New York.

Straus SE, Richardson WS, Glasziou P et al. (2009)
Evidence based medicine.
3. Auflage, Edinburgh.

Tandeter H, Carelli F, Timonen M et al. (2011)
A "minimal core curriculum" for Family Medicine in undergraduate medical education: A European Delphi survey among EURACT representatives.
Eur J Gen Pract. 2011, in press.

Thomas EJ, Orav EJ, Brennan TA (2000)
Hospital ownership and preventable adverse events.
Int J Health Serv. 2000;30(4):745-61.

Train K (2009)
Discrete Choice Methods with Simulation.
2. Auflage, Cambridge.

Tschudy MM, Rowe PC (2010)
Research and statistics: number needed to treat and intention to treat analysis.
Pediatr Rev. 2010 Sep;31(9):380-2.

Tyler IV, Hau M, Buxton JA et al. (2009)
Canadian medical students' perceptions of public health education in the undergraduate medical curriculum.
Acad Med. 2009;84:1307-1312.

Udell JA, Redelmeier DA (2011)
Patient preferences and the ironic nature of randomized trials.
Med Decis Making. 2011;31:226-228.

Unalan PC, Uzuner A, Cifçili S et al. (2009)
Using theatre in education in a traditional lecture oriented medical curriculum.
BMC Med Educ. 2009;9:73.

Vangberg HC (2008)
Perceived Safety in Mining: A development of the (Vangberg-Eisemann) Perceived Safety Scale (VEPSS).
Master Thesis, University of Tromsø / Norway.

Varian HR (2001)
Grundzüge der Mikroökonomik.
5. Auflage, München.

Vickrey W (1996)
Fifteen fatal fallacies of financial fundamentalism. A disquisition on demand side economics.
Abrufbar im Internet: http://www.columbia.edu/dlc/wp/econ/vickrey.html, Stand 15.08.2011.

Viehöver W (2008)
Auf dem Wege zu einer protestantischen Ethik des Alterns? Anti-Aging als eine Form der methodischen Selbstdisziplinierung des Leibes.
In: Rehberg K-S (Hrsg.). Die Natur der Gesellschaft. Verhandlungen des 33. Kongresses der Deutschen Gesellschaft für Soziologie in Kassel 2006. S. 2756–2767, Frankfurt am Main.

Viehöver W, Wehling, P (Hrsg.) 2011
Entgrenzung der Medizin. Von der Heilkunst zur Verbesserung des Menschen?
Bielefeld.

de Vries TW, Wormmeester L, van Pinxteren-Nagler E (2000)
Routine laboratory tests unnecessary for children referred for recurrent wheezing and/or asthma.
Ned Tijdschr Geneeskd. 2000;144:2107-2111.

Waber RL, Shiv B, Carmon Z et al. (2008)
Commercial features of placebo and therapeutic efficacy.
JAMA 299:1016-1017.

Wehling P, Viehöver W, Keller R et al. (2007)
Zwischen Biologisierung des Sozialen und neuer Biosozialität: Dynamiken der biopolitischen Grenzüberschreitung.
Berliner Journal für Soziologie 17:547-567.

Weinstein ND (1987)
Unrealistic optimism about susceptibility to health problems: conclusions from a community-wide sample.
J Behav Med. 1987 Oct;10(5):481-500.

Weiss M, Huber-Lang M, Taenzer M et al. (2010)
How many general and inflammatory variables need to be fulfilled when defining sepsis due to the 2003 SCCM/ESICM/ACCP/ATS/SIS definitions in critically ill surgical patients: a retrospective observational study.
BMC Anesthesiol 2010,10:22.

Weisscher N, de Haan RJ, Vermeulen M (2007)
The impact of disease-related impairments on disability and health-related quality of life: a systematic review.
BMC Med Res Methodol. 2007;7:24.

Welch HG (2004)
Should I be tested for cancer?
University of California Press. 2004; 3:51-65.

Williams SV, Eisenberg JM (1986)
A controlled trial to decrease the unnecessary use of diagnostic tests.
J Gen Intern Med. 1986;1:8-13.

Willoughby RE Jr, Tieves KS, Hoffman GM et al. (2005)
Survival after treatment of rabies with induction of coma.
N Engl J Med. 2005;352:2508-2514.

Wilson IB, Cleary PD (1995)
Linking clinical variables with health-related quality of life. A conceptual model of patient outcomes.
JAMA 1995;273:59-65.

Winter E, Mosena R, Roberts L (Hrsg.) (2009)
Gabler Wirtschaftslexikon.
17. Auflage, Wiesbaden. Abrufbar im Internet: http://wirtschaftslexikon.gabler.de/Definition/nachfrage.html, Stand: 15.08.2011.

Wöhe G (2010)
Einführung in die Allgemeine Betriebswirtschaftslehre.
24. Auflage, München.

Zahl PH, Maehlen J, Welch HG (2008)
The natural course of invasive breast cancer detected by mammography.
Arch Intern Med. 2008;168:2311-2316.

Zhang Y, Borders TF, Rohrer JE (2007)
Correlates of intent to seek unnecessary pap tests among elderly women.
Womens Health Issues. 2007;17:351-359.

Zhou XH, Obuchowski NA, McClish DK (2002)
Statistical methods in diagnostik medicine.
New York.

Literaturverzeichnis

Die Autoren

PETER BRAUBACH

Peter Braubach, geboren 1984 in Friedrichshafen, studiert Medizin an der Universität Ulm. Neben dem Studium und seiner Doktorarbeit hat er sich intensiv mit der kritischen Auswertung von wissenschaftlichen Publikationen befasst.

DR. JOHANNES CLOUTH

Johannes Clouth, geboren 1953 in Mannheim, studierte Betriebswirtschaftslehre (Diplomkaufmann), Anglistik und Romanistik in Mannheim. Seit 1998 Gesundheitsökonom bei Lilly Deutschland GmbH. Promotion 2007 im Bereich Gesundheitsökonomie. Lehraufträge an der Rheinischen Fachhochschule Köln und an der Universität Ulm. Mitglied Lilly-Jury des Quality of Life Preises, der EuroQol Gruppe, der DGGÖ, ISPOR und GRPG. Beschäftigung mit Themen der Lebensqualität, Wissenschaftstheorie und Patientenpräferenzen.

Prof. Dr. med. Heiner Fangerau

Geb. 1972 in Bremen; 1999 Medizinisches Staatsexamen an der Ruhr-Universität Bochum; 2000 Promotion zur Geschichte der Rassenhygiene/Eugenik; Stipendiat des Graduiertenkollegs „Pathogenese von Krankheiten des Nervensystems" an der Universitätsklinik Bonn; 2002/3 Wissenschaftlicher Mitarbeiter am Institut für Ethik und Geschichte der Medizin der Georg-August-Universität Göttingen; 2003–2008 Wissenschaftlicher Assistent am Institut für Geschichte der Medizin der Heinrich-Heine-Universität Düsseldorf. 2007 Habilitiert im Fach Geschichte, Theorie und Ethik der Medizin. Seit Dezember 2008 Direktor des Institutes für Geschichte, Theorie und Ethik der Medizin der Universität Ulm. Seit 2010 Vorsitzender des Fachverbandes Medizingeschichte e. V. (AWMF) und Sprecher des Humboldt-Studienzentrums der Universität Ulm.

Sir JA Muir Gray

I was born and brought up in Glasgow and educated there; I also went to the University in Glasgow. After Medical School I went into surgery but moved from surgery to public health in 1972, principally because I was fascinated by the debate of the sixties on the nature of high blood pressure, namely whether there was such a thing as a disease called high blood pressure or whether it was a normally distributed variable. The topic was not discussed much in surgery at that time. I started work for the City of Oxford as a Local Government employee and moved to the NHS in 1974 with the rest of the Public Health Service. Since that time I have carried out a number of different jobs in public health. In the last twenty years, my responsibilities have included being Programmes Director of the UK National Screening Committee, the Director of the National Library for Health, and the Chief Knowledge Officer of the NHS. Working in Oxford has been wonderful due to the gathering of epidemiologists and people interested in knowledge and evidence, much of this a consequence of Richard Doll's enlightened leadership. I owe particular debts of thanks to many people but Iain Chalmers has been the person who has influenced me most over the years. I have also had a wonderful team who have compensated for my weaknesses and put their own creative stamp on the work we have done together.

I now work part-time for the NHS, being employed by the Oxford Radcliffe Trust, and my current responsibility is to lead the workstream called Doing the Right Things helping patients, clinicians, managers and commissioners decide the right thing to do, as distinct from doing things right. In the part of my life in which I don't work in the NHS, I am the Director of a charity called Knowledge

Into Action which supports the National Campaign for Walking. I have also launched Better Value Healthcare and our mission is to help individuals and organisations derive more from the available resources by: developing systems; changing the culture; involving citizens as full partners; managing knowledge as though it were money; exploiting the Internet relentlessly.

Dipl. hum-biol. Dagmar Ittner

Dagmar Ittner hält ein Diplom als Humanbiologin der Universität Marburg und hat am Institut für Wissenschaftliche Weiterbildung der Fernuniversität Hagen Betriebswirtschaftslehre studiert. Medical Advisor bei der Fujisawa GmbH. Produktmanager bei der Bristol-Myers Squibb GmbH & Co. KGaA. Lehrbeauftragte für Humanbiologie, Terminologie und Gesundheitsökonomik an den Hochschulen Aalen und Ravensburg-Weingarten.

Bastian Jedlitschka

Bastian H. M. Jedlitschka begann nach seiner Schulzeit am Christoph-Jacob-Treu Gymnasium in Lauf a. d. Pegnitz 2006 ein Studium der Kulturgeographie und Area Studies, Nebenfach Wirtschaftswissenschaften an der Universität Erlangen-Nürnberg. Nach einem Jahr wechselte er an die Universität Budapest für das Humanmedizinstudium. Er absolvierte dort den ersten Studienabschnitt und begann nach der Anerkennung des ersten Staatsexamens 2009 an der Universität Ulm mit der klinischen Ausbildung. Voraussichtlich 2013 wird er sein Studium abschließen.

Guy Oscar Kamga Wambo, MPH

Als Humanmediziner in Berlin tätig, MPH mit den Schwerpunkten Gesundheitsökonomie und -management, Bevölkerungsmedizin, Gesundheitssystemgestaltung, Epidemiologie und Statistik. Angewandte Epidemiologie (Robert Koch-Institut – European Centre for Disease Prevention and Control) mit den Schwerpunkten Ausbruchsuntersuchung, Surveillance, Lehre und Forschung.

Dipl. Volkswirtin Veronika Minich

Veronika Minich studierte internationale Volkswirtschaftslehre an der Universität Tübingen. Nach ihrem erfolgreichen Abschluss begann sie mit ihrer Doktorarbeit an der Universität Ulm in der Abteilung Klinische Ökonomik. Ihre Dissertation beschäftigt sich mit der Frage des Grundleistungskataloges und Prioritätensetzung im Gesundheitswesen.

Prof. Dr. med. Axel Muttray

Prof. Muttray ist Oberarzt des Instituts für Arbeits-, Sozial- und Umweltmedizin der Universitätsmedizin der Johannes Gutenberg-Universität Mainz, Facharzt für Innere Medizin und Arbeitsmedizin mit den Zusatzbezeichnungen Sozial- und Umweltmedizin. 1999 Habilitation für Arbeits- und Umweltmedizin. Verleihung des Franz-Koelsch-Preises 2001 durch den Bayerischen Staatsminister für Gesundheit, Ernährung und Verbraucherschutz. 2008 Best Paper Award der Gesellschaft für Arbeitswissenschaft. Arbeitsschwerpunkte: Arbeitsphysiologie und -toxikologie.

Prof. Dr. med. Franz Porzsolt

Jg. 1946, 1967–1973 Studium der Humanmedizin an der Philipps-Universität in Marburg, 1973/74 Medizinalassistent Universitätsklinikum Marburg, 1975/76 Stipendiat der Deutschen Forschungsgemeinschaft am Ontario Cancer Institute, Toronto/Ontario, 1976–1982 Ausbildung zum Facharzt für Innere Medizin, 1982–1985 Ausbildung zum Facharzt für Hämatologie und Internistische Onkologie, Leitender Oberarzt der Abteilung Innere Medizin III anschließend Geschäftsführender Oberarzt der Medizinischen Klinik Universitätsklinikum Ulm. Zehn Jahre wissenschaftlicher Sekretär des Tumorzentrums Ulm. 1992 Gründung der Arbeitsgruppe Klinische Ökonomik. 2010 Integration in die Abteilung für Geschichte, Theorie und Ethik in der Medizin, Universität Ulm und Fellow der New York Academy of Medicine. 400 wissenschaftliche Originalarbeiten und Buchbeiträge.

Dr. med. Jean-Baptist du Prel, MPH

Jean-Baptist du Prel, geb. 1967, promovierte 2000 an der Universität Würzburg. Nach initialer ärztlicher Tätigkeit ist er seitdem Wissenschaftler in der

Epidemiologie. 2004 wurde ihm der Titel „Magister für Public Health", 2010 das Zertifikat Epidemiologie verliehen. Aktuell ist er Sprecher der AG Methodik in der Epidemiologie, Universität Ulm. Er ist Initiator einer methodischen Serie im Deutschen Ärzteblatt und Autor zahlreicher Publikationen. Auszeichnungen: Stefan-Engel-Preis 2004 und Best-Paper-Award Wissenschaft 2008 als Koautor.

MARIA B. SAILER

Jahrgang 1985, 2005–2007 Studium der Humanmedizin an der Universität Szeged, 2007–2012 Studium der Humanmedizin an der Universität Ulm, aktuell Praktisches Jahr am Klinikum Kempten; seit 2009 Promotion und Mitarbeit im von Professor Porzsolt gegründeten „USP" (usability of scientific publications)-Projekt.

CHRISTOPH SCHLICHER

Christoph Schlicher studierte Humanmedizin an der Johann-Wolfgang-Goethe Universität in Frankfurt am Main. Er war in Herzchirurgischen Kliniken in Fulda und an der Universität Ulm tätig, bevor ins Key Account Management, Gesundheitsmanagement und in die Gesundheitspolitik wechselte. Dort verantwortet er Projekte zu Neuen Versorgungsformen in Kooperation mit Kostenträgern und Leistungserbringern. Seine Dissertation an der Universität Ulm beschäftigt sich mit dem Thema Analyse der Qualitätskriterien von Behandlungspfaden.

PROF. DR. PHIL. PETER STRASSER

Jg. 1950, unterrichtet an der Karl-Franzens-Universität in Graz Philosophie und Rechtsphilosophie. Von 1990 bis 1995 Beirat im Avantgardefestival „steirischer herbst". Seit 1999 Lektor und Gastprofessor am Institut für Philosophie der Universität Klagenfurt. Von 2002 bis 2008 Mitherausgeber der „Bibliothek der Unruhe und des Bewahrens" (Styria Verlag), ab 2010 wissenschaftlicher Berater in der Essayreihe „Unruhe bewahren" beim Residenz Verlag. Seit 2003 Verfasser der Mittwochkolumne „Die vorletzten Dinge" in der österreichischen Tageszeitung „Die Presse". Beschäftigung mit Fragen der Ethik, Rechtstheorie, Kriminologie, Metaphysik und Religionsphilosophie. Mehrerer Buchpublikationen seit 2004. Zuletzt erschien im Frühjahr 2011 bei Wilhelm Fink (München u. Paderborn): „Was ist Glück? Über das Gefühl, lebendig zu sein".

Prof. Dr. med. Manfred Weiss, MBA

Manfred Weiß ist seit 1995 Oberarzt in der Klinik für Anästhesiologie des Universitätsklinikums Ulm. Zusatzbezeichnungen Spezielle Anästhesiologische Intensivmedizin, Notfallmedizin, Spezielle Schmerztherapie, Palliativmedizin und Ärztliches Qualitätsmanagement. Seine wissenschaftlichen Interessen betreffen die kostengünstige Diagnostik und individualisierte Therapie, Fragen des Personalmanagements und der Gesundheits-Ökonomie. Er ist Mitglied in dem Bund Deutscher Anästhesisten (BDA), der Deutschen Gesellschaft für Anästhesiologie und Intensivmedizin (DGAI), der European Society of Intensive Care Medicine, der Deutschen Sepsis-Gesellschaft, der Deutschen Interdisziplinären Vereinigung für Intensiv- und Notfallmedizin (DIVI), des „Forum Qualitätsmanagement und Ökonomie" des BDA und der DGAI, der Arbeitsgruppe „Injektionen und Punktionen" des Robert Koch-Instituts, der AG Sepsis Diagnostik des Kompetenz-Netzwerkes Sepsis der Deutschen Sepsis-Gesellschaft (DSG).

Impressum

HERAUSGEBER

Prof. Dr. med. Franz Porzsolt
Universitätsklinikum Ulm
Klinische Ökonomik
Frauensteige 6
89075 Ulm

REDAKTIONELLE BEARBEITUNG

Ulrike Scholderer, M.A., PVS Verband

REALISIERUNG

Reihenkonzept: Stefan Tilgner, M.A., PVS Verband
Layout & Satz: FGS Kommunikation, Berlin
Grafik: FGS Kommunikation, Berlin
Repro & Druck: Königsdruck Berlin
Schrift: Generis, FF Quadraat
Papier: IGEPA Invercote, Munken Premium Cream

© 2011

Eigenverlag des PVS Verbandes
1. Auflage, Dezember 2011
ISBN 978-3-9809893-9-8
Printed in Germany